中华优秀传统体育文化对外
译介跨文化传播研究

刘卫华 著

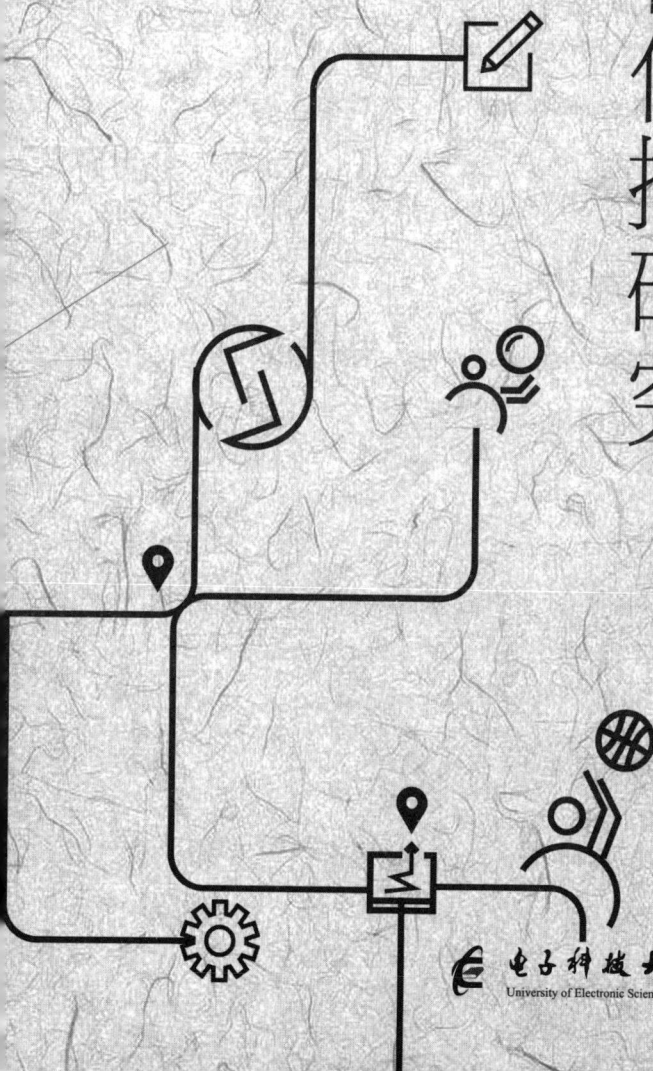

电子科技大学出版社
University of Electronic Science and Technology of China Press

图书在版编目（CIP）数据

中华优秀传统体育文化对外译介跨文化传播研究 /
刘卫华著. —— 成都 : 电子科技大学出版社, 2019
ISBN 978-7-5647-7440-0

Ⅰ.①中… Ⅱ.①刘… Ⅲ.①民族形式体育–体育文
化–文化传播–研究–中国 Ⅳ.①G852.9

中国版本图书馆CIP数据核字(2019)第257720号

## 中华优秀传统体育文化对外译介跨文化传播研究

刘卫华　著

策划编辑　　杜　倩　李述娜
责任编辑　　李燕芩

出版发行　电子科技大学出版社
　　　　　成都市一环路东一段159号电子信息产业大厦九楼　邮编　610051
主　　页　www.uestcp.com.cn
服务电话　028-83203399
邮购电话　028-83201495

印　　刷　三河市华晨印务有限公司
成品尺寸　170mm × 240mm
印　　张　12.5
字　　数　240千字
版　　次　2019年12月第一版
印　　次　2019年12月第一次印刷
书　　号　ISBN 978-7-5647-7440-0
定　　价　56.00元

随着科技的发展，全世界范围内各国联系愈加紧密，全球化已经成为当今时代的基本特征，而文化全球化是全球化不可缺少的一部分，没有文化的交流，就没有思想上的碰撞与融合，就像人失去了灵魂。而文化走向全球化的最终目的是实现文化在全球范围的交流和沟通，实现各文化之间的交流与碰撞。对一个国家来说，实力彰显影响力，同样文化也彰显实力，为了彰显我国的实力和适应全球化的变化，我国推出了文化"走出去"战略。

目前中华传统文化的对外译介跨文化传播有了一定的成效，尤其在文化方面，译作成果丰厚，使国外受众群体能够更好地了解和认识中国。但中华传统体育文化的对外译介尚属空白，只是介绍了个别体育项目，如武术、太极拳等，而没有从文化层面上把握传统体育文化的真谛与传播情况，这一部分有待进一步发展。我国的传统文化博大精深，属于传统文化一分子的传统体育文化，有着很强的生命力。当今时代，养生、健康、运动等成为全世界共同追求的理念，而中国的传统体育文化刚好契合大众的心理，因此有巨大的市场。

本研究以中华优秀传统体育文化的跨文化传播为研究对象，采用译介学方法，结合跨文化传播学的原理，对现阶段中华优秀传统体育文化在海外传播的现状、存在的问题等进行实地调查研究，对中华优秀传统体育文化的传播主体、传播内容、传播途径、传播受众和传播效果等进行深入研究，探索中华优秀传统体育文化"走出去"的有效译介模式。

本研究兼具学术和应用方面的价值。

学术价值：运用译介学理论探索中华优秀传统体育文化的跨文化传播，丰富和发展体育传播学理论，形成译介学视域下中华优秀传统体育文化跨文化传播的理论成果。通过对中华优秀传统体育文化跨文化传播的研究，探讨中国优秀传统体育文化"走出去"的有效译介模式，以实现其在西方强势文化的传播，进一步完善中华优秀传统文化传播学的方法论和方法体系。课题基于我国优秀传统文化"走出去"的文化传播策略及海外尤其是"一带一路"沿途国家的内在需求，探索"理论预设—实践反馈—理论修订"的方法论和方法体系。

应用价值：实现中华优秀传统体育文化译介工作的跨文化传播，可以推动我国高等院校优秀传统体育翻译人才的培养；为各相关部门制定中华优秀传统体育文化传播政策提供参考，为其他中华优秀传统文化的跨文化传播提供范式；中华优秀传统体育文化的跨文化传播，不仅要传播中华优秀传统体育文化的内容，更要将其养生、健身、竞赛、展演等功能价值在海外进行推广，扩大中华民族文化在世界的影响力，提升国人文化自信。

由于水平有限，撰写过程中难免出现错误，恳请读者批评指正。

# Contents
# 目录

# 第一章 中华优秀传统体育文化对外译介跨文化传播的背景及理论概述

全球化可以从狭义和广义两方面来理解，从狭义角度来看，全球化主要是指经济全球化；从广义的角度来看，全球化是一个以经济全球化为核心，包含各国、各民族、各地区在政治、文化、科技、军事、安全、意识形态、生活方式、价值观念等多层次、多领域的相互联系、影响、制约的多元概念。我们正处在这样的一个时代，它充满了竞争与合作、机遇与挑战。

## 第一节 全球化大背景下体育与文化"软实力"跨文化交流概述

### 一、文化软实力与文化"走出去"战略

#### （一）国家文化软实力

1.国家文化软实力的概念

我们所强调的国家文化软实力，主要是指那些在社会文化领域中具有精神感召力、社会凝聚力、市场吸引力、思想影响力与心理驱动力的文化资源。我们的着眼点是文化的基本层面，我们更加注重的是主流文化自身的积极建构，是文化产业与文化事业的繁荣与发展，是人的文化素养的提高以及文化精神的真正内化，而不是简单地把文化作为一种实现经济与外交目的的次等手段来对待。而且，我们强调的国家文化软实力，带有鲜明的国家意识形态属性，它是我国政体的文化显现，是我国利益的独特呈现方式，这些与约瑟夫·奈的文化理念存在实质上的区别。所以，我们寻求的不是一种抽象意义上的软力量，而是一种体现中国国家利益与国家意识形态的国家文化软实力。国家文化软实力是指国家运用文化、社会制度、价值观念等软性资源，增强国家发展模式、发展道路、国际治理理念的理解与认同，促进树立正确的国家观，提升国家的国际话语权，影响他国

的政策制定与行为，推动特定国家利益的实现，增进国际共同利益拓展的能力。

2. 国家文化软实力的提升路径

（1）坚持构建社会主义核心价值体系

国家文化软实力在很大程度上表现为国民的精神状态、意志品格和内在凝聚力，而这一切主要来自人们对社会核心价值体系的认同。社会主义核心价值体系是社会主义意识形态的本质体现，是社会主义制度的内在精神和生命之魂，在所有社会主义价值目标中处于统摄和支配的地位，为文化软实力的建设把握方向和提供坚实的基础。历史经验表明，任何一个国家想要把全社会的意志和力量凝聚起来，都必须有一套与经济基础、政治制度相适应的核心价值体系；要把建设社会主义核心价值体系作为提升我国文化软实力的首要任务；要正确把握社会主义核心价值体系的深刻内涵，充分发挥其在凝聚力量、引领风尚、教育人民方面的重大作用，努力把它转化为广大群众的价值取向、愿望要求和自觉行为，进一步在全社会形成统一的指导思想、共同的理想信念、强大的精神支柱和基本的道德规范，为推动经济社会又好又快发展提供强大的精神动力。

（2）提高全民族文明素质，优化文化建设环境

公民个人的文明素养在一定程度上反映着一个国家的文明程度，影响着国家的发展力和竞争力。提高公民个人的文化程度，从个人而言，一是要注重文明习惯的养成，要特别强化日常生活基本行为的教育和养成；二是要强化共同理想和奋斗目标的凝聚力，教育公民为建设中国特色社会主义事业贡献才智和力量，形成团结共进、齐心协力谋发展的社会氛围；三是要培养公民个人创造力；四是提升公民个人的知识水平。从社会的发展而言，要为公民个人文明习惯的养成创造良好的环境，形成支持、鼓励个人提升文明素质的氛围、机制。公民文明素质的提高将有效地激发社会的创造精神，提高社会的文明程度与和谐程度，有益于文化软实力环境的优化。

（3）推进文化创新，提升文化发展力和竞争力

创新是文化的本质特征，是推动文化繁荣发展、提高国家文化软实力的不竭动力。文化的创新力，在一定程度上也决定了文化的发展力和竞争力。

一要坚持文化内容创新。内容创新是文化创新的核心，是文化发展的根本。要通过不断推进文化内容创新，使我国文化产品更加具有鲜明的实践特色，讴歌中国特色社会主义的伟大实践，讴歌人民群众的伟大创造，讴歌火热的现实生活；要通过不断推进文化内容创新，使我国文化产品更加具有鲜明的时代特色，体现时代精神，具有浓厚的时代气息，让人民群众共享文化成果。

　　二要坚持文化形式创新。要在发扬我国丰富的文化品种的基础上，不断为传统文化注入新的元素，催生新的品种；要大力推进方式方法创新，适应群众的接受能力，总结群众的丰富创造，广泛进行实践探索，不断推出人们喜闻乐见的文化新形式；要适应现代科学技术的迅猛发展，大力推动现代科技在文化领域的广泛运用，改进和提高文化表现形式；要积极推动不同文化门类相互学习，推动传统文化与现代文化、民族文化与外国文化相互借鉴，促进各种文化形式的共同发展。

　　三要坚持文化业态创新。随着文化与科技融合的日益加深，现代科技在文化领域的运用更加广泛，不断创新文化业态，是文化发展的必然要求。文化业态创新既给我们扩大文化阵地、为加快文化发展提供新的途径，也为各种文化形态的变革创造新的机遇。要积极运用高新技术改造传统文化产业，运用电子出版、数字影视、网络传输等现代技术，催生新的文化业态，大力发展文化创意、文化博览、动漫游戏、数字传输等新兴产业；要注重培育新的文化生长点，大幅度提高我国文化产业的科技水平，力争在形成具有自主知识产权的核心技术方面取得新进展、新突破；要鼓励网络文化产品的创作和研发，开发文化数据处理、移动文化信息服务、数字远程教育及数字娱乐产品等增值业务，推动我国文化产业不断升级。

　　（4）繁荣文化事业和文化产业，提升文化传播力和影响力

　　我国的文化产业发展尚处于起步阶段，在文化产业增长值、文化产业从业人数、文化消费结构等方面还有广阔的发展空间。要加快发展文化事业和文化产业，不断提高我国文化总体的传播力和影响力。一要开阔发展思路，拓宽发展途径，推动我国文化事业全面繁荣和文化产业快速发展。要把发展公益性文化事业作为保障人民基本文化权益的重要途径，坚持以政府为主导，加大财政投入力度，加强社区和乡村文化设施建设，鼓励社会力量积极参与公益性文化建设；拓宽服务渠道，健全服务网络，不断提高公共文化产品和服务的供给能力。二要进一步完善文化产业政策，制订产业发展战略。要在对国际、国内两个市场演进趋势准确判断的基础上，坚持把市场作为配置人才、资本、信息等要素资源的基本手段，推动文化产业结构的优化、文化产业主体的壮大和民族文化产业世界品牌的形成；通过有效的扶持政策，形成我国文化产业发展的核心竞争力，不断扩大我国文化产品和服务在国际文化市场上的份额；在现代高新技术环境下，把高新技术作为提升文化产业水平和能力的新引擎，在科技与文化的联合中努力探寻我国文化产业发展的新路径，并注重利用现代科技手段对民族文化资源进行挖掘、

整理、保护和利用，尤其是要注重"数字化时代"内容产业的发展。三要完善文化领域的立法工作，制订和完善一系列加强宏观管理、实现资源整合、促进原始创新的法律法规，特别要抓紧制订和完善非物质文化遗产保护、文化产业促进、知识产权保护等方面的法律法规。

（5）加强文化交流，构建中华民族主流文化

中国特色社会主义文化建设是以马克思主义为指导，以培养"四有"公民为目标，发展面向现代化、面向世界、面向未来的民族的、科学的、大众的社会主义文化。立足当代，（又）继承民族优秀的传统文化。中华文化博大精深，历史悠久，源远流长。在几千年中形成了以爱国主义为核心的团结统一、爱好和平、勤劳勇敢、自强不息的伟大民族精神，是我国文化软实力的首要资源，我们应当充分发掘中国传统文化的优势，构建中华民族的主流文化。如何对待中国的传统文化，毛泽东曾指出："中国的长期封建社会中，创造了灿烂的古代文化。清理古代的发展过程，剔除其封建性的糟粕，吸收其民主性的精华，是发展民族新文化提高民族自信心的必要条件。"这教育我们要全面正确认识祖国的传统文化，使其与时代精神相结合，与现代文明相协调，与人民的生活相联系，繁荣中华民族的文化。中华民族在悠久的历史发展中，积淀和形成了自己独特的文化风格，立足本国又充分吸收世界的优秀文化成果。迈向 21 世纪，政治多极化，经济一体化，文化多元化，价值取向多重性，各阶层利益矛盾日趋突出等现象开始出现。对于外来文化，我们要有分析、有选择、有批判地去吸收和借鉴。一方面西方国家敌对势力对我国实施西化、分化的图谋从未改变过，他们重点对我国青年一代进行意识形态的渗透，并通过各种传播媒介宣传西方价值观来攻击我国的社会主义制度，我们必须坚决抵抗。另一方面，越来越多的外国人对中国的文化产生了浓厚的兴趣，开始学习中国语言文化和武术。所以，我们要加强中外交流、增进相互了解，倡导文化多样性，推动人类文明发展进步。让中国走向世界，让世界了解中国。

（二）我国文化走出去战略的提出

我国文化走出去战略是随着我国的经济社会发展而不断形成和发展的，关于文化对外交流和文化走出去在不同时期有不同表述，十五大报告中对我国文化对外交流和发展的表述是"我国文化的发展，不能离开人类文明的共同成果。要坚持以我为主、为我所用的原则，开展多种形式的对外文化交流，博采各国文化之长，向世界展示中国文化建设的成就，坚决抵制各种腐朽思想文化的侵蚀"。

《关于＜中共中央关于深化文化体制改革　推动社会主义文化大发展大繁荣

若干重大问题的决定 > 的说明》中对文化走出去战略的定位是"坚持发展多层次、宽领域对外文化交流格局，借鉴吸收人类优秀文明成果，实施文化走出去战略，不断增强中华文化国际影响力，向世界展示了我国改革开放的崭新形象和我国人民昂扬向上的精神风貌"。

十七大则从"文化软实力"的角度使文化的重要性得到进一步提升，具体表述是"当今时代，文化越来越成为民族凝聚力和创造力的重要源泉、越来越成为综合国力竞争的重要因素，丰富精神文化生活越来越成为我国人民的热切愿望。要坚持社会主义先进文化前进方向，掀起社会主义文化建设新高潮，激发全民族文化创造活力，提高国家文化软实力，使人民基本文化权益得到更好保障，使社会文化生活更加丰富多彩，使人民精神风貌更加昂扬向上"。同时还强调"加强对外文化交流，吸收人类优秀文化成果，提高中华文化影响力"。

2011 年十七届六中全会将文化产业提升到了国家战略层面，提出"文化强国"战略，实施文化走出去工程。从四个方面推进文化走出去：

（1）我国文化产业发展差距还非常明显，文化产品和服务出口总体上还处在探索起步阶段，规模总量偏小、结构不尽合理、营销手段落后，特别是缺乏在国际上有较大影响力的文化企业和文化品牌。这就迫切要求我们具有更加广阔的国际视野、更加开放的文化心态，创新推动中华文化走出去的思路和模式，在继续做好对外文化交流的同时，切实扩大对外文化贸易，培育外向型文化企业，打造知名文化品牌，加强出口平台和营销渠道建设，不断提高国际文化市场所占份额，有效扩大中华文化国际传播力、竞争力和影响力，在激烈的国际文化竞争中赢得主动。

（2）完善支持文化产品和服务走出去政策措施，政策是推动文化走出去的有力杠杆。这些年，各地各部门出台了一系列促进文化出口的政策措施，要做好宣传解读工作，完善实施细则，确保各项政策落到实处、发挥实效。要充分考虑文化产品和服务出口起步晚、基础弱的实际，进一步加大政策扶持力度，完善译制、推介、咨询等扶持机制。

（3）培育一批具有国际竞争力的外向型文化企业和中介机构。文化企业的质量、规模和实力，决定着一个国家和地区在国际文化市场格局中所处的地位。要加快培育一批能与西方文化企业相比肩的骨干文化企业，加大对文化出口重点企业和重点项目的扶持，不断壮大对外文化贸易的主力军，努力形成以国有文化企业为主体、非公有制文化企业积极参与的对外文化贸易格局。加强与国外知名文化机构的合资合作，积极发展各类版权代理、交易机构，推动对外版权贸易鼓励文化企业和重点主流媒体通过独资、控股、参股等多种方式，在境外设立分支机构，使我国文化产品和服务更直接地打入国际文化市场。

（4）推进出口平台和海外营销渠道建设，拓展文化贸易网络。继续办好、用好中国国际文化产业博览交易会等重点国际文化会展，加强统筹规划，加大海外推介和招商力度，改善硬件软件方面的服务，不断提高会展的层级、水平和成效。支持和组织国内文化企业参加境外节展，借助国际文化交易平台推销优秀文化产品。注意发挥海关保税区"境内关外"的优势，加强文化出口基地建设。

《文化部"十二五"时期文化改革发展规划》指出，进一步密切中国与世界各国及重要国际组织的文化关系，配合国家重要外事工作，组织国家文化年、中国文化节、文化周等重大对外文化活动，精心组织"欢乐春节"等大型品牌活动，"十二五"期间，在国际、多边、双边等场合举办国家级重大涉外文化活动30项以上。

加强文化人士交流与互访，拓展表演艺术、视觉艺术、文物、图书、影视等各领域的交流与合作。加强思想文化领域的国际对话，倡导相互尊重、开放兼容的文明观，支持在哲学社会科学领域开展学术对话与研讨，增强国际学术界的中国声音，"十二五"期间，邀请500名国际文化名人与1 000名青少年文化使者来华访问，对外文化援助的受援国家达20个以上。

加快海外中国文化中心建设，加速建设布局合理、功能多样、内容丰富的海外中国文化中心，到"十二五"期末总数达到25～30所。密切海外中国文化中心与其他海外教育和文化机构的合作，借助扎根当地的平台优势，加强与驻在国民众的交流互动，提高中华文化的国际传播能力和对国外优秀成果的吸收借鉴能力。

积极探索推动中华文化走出去的新方式、新办法，鼓励更多地以民间和商业的方式走出去，促进不同文化的相互了解和尊重，建立健全政府对外文化贸易工作框架。

推动一批大陆优秀文化项目及文化产品交流，不断增强对台文化交流的亲和力、感染力、影响力。选派一批优秀内地艺术团赴港澳交流，充分发挥区位优势，不断深化对港澳地区的文化交流与合作。

随着文化在我国发展的重要性逐渐增加，文化走出去战略成为文化强国的重要内容，文化走出去战略部署也在"十二五"期间基本形成。

## 二、全球化大背景下中国的国际地位及表现

改革开放 40 年来，中国的国际地位日益凸显。在国际形势的不断发展变化中，中国逐渐成为一个有影响力、负责任的大国。北京奥运会和上海世博会的成功举办，向世界展示了中国的实力。随着我国改革开放不断深化和社会经济发展不断推进，我国同国际社会的交往日益频繁，世界各国意识到中国强大的生命力和爆发力，也越来越关注中国。中国现在是世界上发展速度最快、变化最频繁的一支力量。从纵向看，中国正处在几个世纪以来发展最快的时期，从贫穷落后到总体小康，从商品短缺到商品丰富，可以说，变化是翻天覆地的；从横向看，中国与发达国家相比，还是相对滞后的发展中国家，尽管如此，中国的发展变化对世界产生的广泛而深刻的影响世人有目共睹，中国的影响力也在不断提升。

中国的国际地位显著提高，主要表现在：中国在国际政治、经济事务中发挥着越来越重要的作用，在一系列国际事件中扮演着重要角色；中国经济的快速发展对世界经济的发展起着重要的推动作用；中国企业走出国门，中国产品推向世界各地；中国文化走进世界各国，孔子课堂掀起汉语热和中国文化热；许多国家向往中国，渴望了解中国。

### （一）中国成为负责任、有影响力的世界大国

中国是联合国安全理事会五个常任理事国之一，在联合国正确利用自己的影响和否决权，努力使联合国摆脱霸权主义和强权政治的控制，为世界和平发展做出了重要贡献。

中国是一个负责任的世界大国，在联合国事务、国际经济金融改革，联合国维和、反恐、气候变化、能源安全、国际援助、防止大规模杀伤性武器扩散、打击海盗等方面的行动和表现受到世界范围的肯定和认可。中国在国际关系与国际事务中扮演着越来越重要的角色。

中国国际地位的提高使中国成为国际事务的重要参与者，没有中国的参与，世界许多重大问题都难以取得有效的解决。德国对各界精英的一项问卷调查结果认为，20 年后，中国在经济方面的重要性将超过美国，成为世界第一，在政治影响力方面，中国仅次于美国。就目前的国际地位而言，作为最大的发展中国家，中国是有世界影响的区域大国，当今世界的许多重要事件，不论在亚洲还是其他地区，如东北亚地区问题、世界经济问题、能源问题、气候问题以及中东和平问题，在解决国际争端和地区冲突等方面，中国都发挥着举足轻重的作用。同时，中国实施和平崛起外交战略，同世界各国的友好合作全面推

进，与各大国的关系不断向前发展，与周边国家经贸联系日益紧密，同发展中国家的友好合作不断取得重大进展。目前，中国与世界 170 多个国家建立了外交关系，双方的经济关系、政治关系不断深化和发展，形成了"朋友遍天下"的可喜局面。

### （二）"中国速度"

中华人民共和国成立以来，特别是经过改革开放 40 多年的发展，中国综合国力大大增强。自 21 世纪以来，中国进入经济增长的快车道，经济平均增长速度为 10.7%。2018 年，中国经济总量首次突破 90 万亿美元，稳居世界第二名，成为仅次于美国的世界第二大经济体。此外，中国还是世界第三大贸易国。中国经济的飞速发展使全球经济从衰退中复苏，中国劳动密集型行业提供的廉价商品让世界许多国家受益。哈萨克斯坦东方研究中心研究员茹马古洛夫说："新中国成立后，中国成功解决了这个世界第一人口大国的百姓温饱问题，这本身就是对全人类的巨大贡献。20 世纪 70 年代末，中国走上改革开放的道路，中国人民的生活水平不断提高，从'温饱'过渡到'小康'。整个国家的社会经济领域不断发展，综合国力不断增强，国际地位迅速提升。"

中国经济增长创造了"中国速度"。作为世界上第二大经济体及人口最多的国家，中国在世界上扮演着重要角色。作为主要的债权国之一，中国在国际金融体系中也起着至关重要的作用。此外，中国的市场前景是世界各国投资者的关注焦点，中国经济的持续发展成为世界经济繁荣的动力。中国与世界的关联度空前增强。中国广泛参与全球和区域合作，成为世界经济增长的重要动力。中国对世界经济的贡献也越来越大。国家统计局发布的《新中国 60 周年系列报告》显示，1978 年，中国经济对世界经济的贡献率为 2.3%，2008 年则超过 20%，位居世界第一。"只要中国打一喷嚏，各国经济就要感冒"，似乎可以用这一句话来形容中国在世界经济中的地位。

中国成为应对金融危机的重要力量。日中经济协会理事长清川佑二说："自金融危机爆发以来，中国为确保经济较快增长和稳定就业，早早研究对策，全力以赴保持本国经济活力，采取了包括扩大内需、改善民生的政策。"中国应对金融危机采取的措施不但对本国经济，而且对区域经济乃至世界经济都产生了积极影响。自金融危机以来，中国及时调整宏观经济政策，形成了进一步扩大内需、促进经济增长的计划。在美欧经济衰退的情况下，世界普遍寄希望于中国率先走出危机带领世界经济复苏。中国一再表明，将继续同国际社会加强宏观经济政策协调，推动国际金融体系改革，积极维护多边贸易体制稳定，为推动恢复世界经济增长做出应有贡献。中国一直在向世界传递着战胜危机的"中国信心"。

### （三）中国文化影响力显著增强

一个真正强大的国家不仅在于它的经济的强大，还在于它的文化的强大。国务院前总理温家宝曾经说："一个国家的实力不仅表现在经济上，而且表现在国民素质、文化发展和道德情操上。我们国家有着五千年的文化传统，在世界上历经劫波，而现在还保存完整传承下来，中国是一个典范。"中国在经济高速发展的同时，在各方面都取得了长足进步。中国一直以悠久的历史文化、快速发展的经济以及中国美食闻名于世，其文化多样性为世人公认。中国文化在保持历史和文化根基的同时，显示出强大的活力，成为当今世界文化不可或缺的重要力量。从古至今，世界渴望了解中国文化，尤其目前更是如此。许多外国人对中文感兴趣，这显示出中国文化的魅力。当前，全球华语市场与华人市场正在加速形成和扩大，200多所孔子学院遍布世界，4 000多万外国人在学习汉语。孔子学院和其他推广中国文化的措施为提高和发展全球文化提供了有力的支持。近年来，中国文化在世界上越来越受到关注。谭中教授说："中国传统文化对世界文明做出了杰出的贡献。中华文明是一盏从未熄灭并永远照亮人类的明灯。在人类文明发展史上，中华文化是一种特殊而巧妙的融合中外的文化。"中国有五千年的文化历史底蕴，有多民族的特色资源，有大量优秀的文化人才和作品，这是我国文化软实力的巨大财富。在世界多元文化格局中增强中国的国际影响力，要增进国际社会对中国国情、价值观念、发展道路、内外政策的了解和认识，展现当代中国各领域的成就。中国不能仅仅成为世界的加工厂，输出中国制造的产品，同时需要向世界展示中国文化和文化创新能力，传播中国的文化主张和文化价值观。

当然，中国文化走向世界，不是靠政治宣传，不是靠意识形态的传播，而是靠文化的传播和交流。任何文化都是以物质为载体，如果更多国家的人不但崇尚中国人的文化观念和中国人的生活方式，而且流行具有中国文化特点的时尚产品，中国文化就真正走出去了。一个国家文化的影响力不仅取决于其内容是否具有独特魅力，还取决于是否具有先进的传播手段和强大的传播能力。特别是在当今信息社会，哪个国家的传播手段先进、传播能力强大，其文化理念和价值观念就能广为流传，就能掌握影响世界的话语权。文化的传播能力已经成为国家文化软实力的决定性因素。在新闻传播领域，只有提升媒体的信息传播力和舆论影响力，才能增强国家的软实力，形成与我国国际地位相称的舆论力量。

### 三、中华文化全球影响力增强

前联合国秘书长加利在1992年联合国日的致辞中说："真正的全球化的时代已经到来。"至此，"全球化"一词被广泛地引证到各个领域之中，"经济全球化""文化全球化"等概念相继出现。"全球化"成了一个极具扩张性力量的"现代性"。在经济全球化的世界性发展潮流中，"全球化"在文化领域广泛流通，形成的"文化全球化"已经成为不可抗拒的世界文化发展的趋势。正如胡明在《经济的全球化与文学的现代性——兼谈人的精神家园看守问题》一文中所说的那样：在经济全球化的过程中，物质文明与精神文明的共生性，决定了在经济全球化的时代，必然要驱动精神文化系统的一体化发展。马克思主义认识论告诉我们：对于事物的认识普遍存在着否定之否定的螺旋上升的过程，这个规律同样适用于对"全球化"的认识。

2018年，中国科学院发布的《中国现代化报告2018——文化现代化研究》显示，在2018年的世界文化影响力指数排名榜上，中国位居世界第7，亚洲第1。与2002年相比，中国的文化影响力指数和世界排名都得到了显著提升，与国际差距进一步缩小。

2005年至今，中国已成为世界第二大经济体，并先后成功举办了第29届奥林匹克运动会、2010年上海世博会、第16届亚运会，妥善应对了世界金融危机，综合实力不断增强……这一系列的成就为中华文化全球影响力的提升注入了强大的现实动力，让世界目光聚焦到了"中国模式"和支撑这一模式发展的五千年文明积淀上。在新形势下，世界愈发渴望了解中国，渴望在许多重大国际问题上听到中国的声音，看到中国全面参与全球事务。同时，重新崛起的中国也需要向世界传达和平发展的真诚期盼，展示自身充满东方智慧的文化内涵，驳斥对中国发展存疑的不实言论。

可见，无论从"内需"还是"外需"层面来看，我国文化影响力的大幅度提升都为文化"'走出去'工程"提供了难得的机遇。

（一）中华文化影响世界的主要途径

1.文化与中华文化的定义及组成

文化是影响和解释人类生活方式的知识、制度和观念的复合体，广义上指人类创造的物质财富和精神财富的总和，狭义上指人类创造的精神财富的总和，包含语言、文化、艺术、哲学、宗教、法律、道德、习俗、科技知识、政治文化、经济文化、社会文化、地域文化和个人行为等内容。中华传统文化内涵丰富，是中华民族几千年文明的结晶。从思想内涵上看，中华文化以儒家学说为核心，兼容并包了来自宗教思想、诸子百家学说等很多其他形态的内容，如注重自身德行修养，谨守"仁、义、礼、智""道法自然""和合"等。从形式来看，中华文化包含汉字汉语、百家经典、诗词歌赋、戏曲作品、传统中医药、中华武术、科技发明、饮食风俗、民间工艺等。当今的中华文化兼具传统与现代性，在继承五千年历史文化遗产的基础上，进一步突出了以和谐为核心价值的时代内涵。"和谐"是中华传统文化中的重要理念，"和而不同""合则两利""强不执弱，众不劫寡，富不侮贫""兼爱""非攻"等哲学思想都是这一理念的真实写照。以和谐为核心的当代中华文化内容由对内倡导构建"和谐社会"和对外主张建设"和谐世界"两个部分组成。"民主法治、公平正义、诚信友爱、充满活力、安定有序、人与自然和谐相处"是我国构建"和谐社会"的主要内容，提倡"和谐世界"的理想则主要强调世界各种文明间和谐相处、共生繁荣、互相融合、彼此交流。

总体而言，与以法理型、外向型、分析性思维、个人本位为特征的西方文化相比，中华文化以伦理型、内向型、分析性思维、家族本位为基本特征，致力于追求社会均衡与和谐，在稳定中求发展。

2. 文化影响力和中华文化影响力的两次大转变

文化影响力是指一个国家对世界文化市场和文化生活的客观影响的总和，既是一个国家通过国际文化对环境施加的实际影响力，也是一个国家的国际影响力在文化领域的表现形式。文化影响力与国家"软实力"的关系密切，在一定程度上，文化影响力评价可以作为国家"软实力"的一种衡量方法。

在几千年的中外交流史上，古代中华文化为世界留下了灿烂光辉的文化、历史、哲学等精神财富，以四大发明为代表的古代科技成果更直接推动了欧洲在后来的学术、航海、军事等方面的巨大进步，中华文明的思想观念、组织模式和物质文化也对日本、朝鲜、越南等国家的文明史产生了重要影响。时至今日，当世界需要一种有别于西方"扩张型""进攻型"文化的指导思想来真正实现持久和平、共同繁荣的人类社会时，中国的和谐理念恰好符合国际社会的普遍期待和世界发展的主要潮流。

大体而言，中华文化的全球影响力经历了如下两次较为明显的转变：

第一次在 18、19 世纪之交，中华文化的对外输出从"出超"变为"入超"，尤其在对西方世界的文化影响方面。当 13 世纪中西方严格意义上的直接交往开始后，中国作为世界农业文明的杰出代表和历史悠久的文明古国，其含义丰富、成就斐然的文化为西方世界在思想观念、道德标准、情致爱好等方面，都带来了前所未有的冲击与启发，"中国热"也在 18 世纪达到顶峰，席卷欧洲。随着西欧各国在经历文艺复兴、宗教改革、科技革命后迅速崛起，尤其自 18 世纪"中国热"消退、19 世纪鸦片战争以降，过去经济繁荣、文化先进的中国在西方国家眼中的形象一落千丈，甚至几乎成了"落后、贫穷、愚昧"的代名词。同时，这样的局面更影响到整个世界在新形势下对中华文化的认可。

第二次转变发生在中华人民共和国成立特别是改革开放以来，中华文化对外输出能力渐渐恢复，甚至在局部领域"扭亏为盈"，这是由于几代国人运用东方智慧，在国家建设的各个方面不断开创新局面，使中国文化的内涵与外延在外部世界重获重视。具体而言，中华人民共和国成立以来通过积极向外宣传不称霸、和平发展的理念，在国际上获得广泛尊敬，争得了宝贵的发言权。尤其改革开放以来，伴随着我国经济、政治、科技等的进一步发展，中华文化更为广泛地在全球范围内开始流行。世界各国的政界、商界、汉学界、大众媒体也不断提出对中华文化的重新思考和再发现。

3. 当前中华文化影响世界的三种主要途径

当今世界正处在大发展、大变革、大调整时期，世界多极化、经济全球化深入发展，各种思想文化交流、交融、交锋更加频繁，文化在综合国力竞争中的地位和作用更加凸显，增强国家文化软实力和中华文化国际影响力的要求更加紧迫。在党的十七届六中全会上，中共中央明确了进一步推动中华文化走向世界，增强中华文化感召力和影响力的工作方向，对文化"走出去"工作做出了战略部署，提出要实施文化"走出去工程"，完善支持文化产品和服务"走出去"的政策措施，支持重点主流媒体在海外设立分支机构，培育一批具有国际竞争力的外向型文化企业和中介机构，同时要把政府交流和民间交流结合起来，发挥非公有制文化企业、文化非营利机构在对外文化交流中的作用。

最近几十年，我国主要通过以下三种途径开展了提升中华文化世界影响力的工作：

（1）对外文化宣传。目前，我国对外文化宣传渠道分为直接与间接两个层面，主要由国内各外宣机构的直接宣传和国际媒体的间接宣传（对中国举办的重大国际活动进行的报道）组成。

① 对外宣传机构的直接宣传。我国对外文化宣传工作主要由新华社、中国国际广播电台、中央电视台等几大中央新闻单位承担。外宣媒体为增进国际社会对我国基本国情、价值观念、发展道路、内外政策的了解和认识做了大量工作，使我国文明、民主、开放和进步的形象得到了具体展现。

②国际媒体间的间接宣传。近年来，我国连续举办了多项世界级重大活动，如2008年的北京奥运会、2010年的上海世博会和广州亚运会等，通过国际媒体对这些活动的相关报道，进一步拓展了世界了解中国的渠道，有效提升了中国在世界上的关注度。

比如，2008年北京奥运会开幕式通过国际媒体的全面转播，为全世界奉献了一场中国传统文化饕餮大餐。所有的媒体在评价这次开幕式时态度竟然出奇地一致，连平时对中国颇有微词的国际媒体也不得不对今天中国的繁荣发展发出感慨："北京奥运会华丽、壮观的焰火以及运动员参与的规模前所未见。一个亚洲国家开启了最大规模、组织最为细致的奥运盛会。"英国《经济学家》杂志描述道："当游客们降落在北京未来派风格的机场时，当他们成群结队地步入雄伟壮观的新体育场时，许多人都会屏住呼吸，惊异于中国现代化的速度之快与规模之大。"西班牙《先锋报》在评论2008年北京奥运会的时候刊文指出："（中国）没有对外侵略的历史和拥有谨慎智慧的特点正是我们面对的这个躁动的世界所需要的。"埃及著名专栏作家马莱克在《金字塔报》上发表文章称"北京奥运会充分体现了中国和谐发展、世界和谐共处的理念。而'同一个世界，同一个梦想'的和谐理念彰显了中国文化的包容力、生命力和延续性，也指引了一条世界和平共处的光辉大道"。北京奥运会的成功举办给世界留下的印象如此之深，以至于时隔一年后，美联社在评论中国应对金融危机和派兵参与亚丁湾护航行动时也承认，"北京奥运会的成功举办以及中国经济的不断发展给许多中国民众注入了自信，中国在世界舞台上展现出了更加自信的姿态"。

2010年的上海世博会成为世界各国人民互相学习的舞台。荷兰《商报》评论说："如果1851年的伦敦世博会开启了'英国时代'，2010年上海世博会则展示了中国的勃勃生机和中国人民谋求发展的坚定信心。"历时6个月的上海世博会结束时，多家西方媒体在突出位置报道了这一消息，"人气足""最高级""打破所有纪录"等成为西方报道中出现最多的字眼。英国广播公司在同年的10月31日称，上海世博会被认为是展示中国"软实力"的一个机会。世界各地的人们通过访问上海，能感受到这座城市正在倡导的"城市，让生活更美好"的理念。甚至早在世博会开幕之前，就有超过1 000名日本记者递交申请要求参加报道活动，而日本游客迅速就将10万多张世博会的门票抢购一空。

（二）文化外交

推动中华文化走向世界还需要开展多渠道、多形式、多层次的对外文化交流活动。就中国而言，"对外文化工作作为我国总体外交的重要组成部分，成为我国对外关系中继政治、经济之后的第三个支柱"❶。目前，中国对外文化交流的形式主要是与国家签订了政府间文化合作协定、交流文化执行计划、与民间文化团体和组织建立了友好的合作关系、与文化组织保持着密切的合作关系、开展双边和多边人文交流机制等。

中国文联在开展对外文化交流中，坚持分清层次，抓住关键，广交深交各界朋友，取得了良好效果。例如，在希腊11个重点城市举办"北京风韵"美术巡展，用美术这一独特的艺术形式，生动描绘了北京的历史建筑、文化特点和现代风貌，受到希腊人民的普遍欢迎；为庆祝中澳建交35周年，中国戏剧家协会组织梅花奖艺术团"澳洲行"活动，得到澳大利亚主流社会的高度重视，引起强烈反响，取得轰动效果。

近年来，我国对外文化交流活动异彩纷呈。例如，利用春节、国庆日、建交日等重要节日、纪念日积极举办对外文化交流活动；通过文化领域的多层次互访加强友好城市间的文化交流，主动开展对外文化合作；开展中外互办文化年，在国外举办中国文化节、文化周、艺术周、电影周、电视周和文物展等文化交流活动。这些文化交流活动推动了中华文化面向世界、走向世界。

我国政府在文化"走出去"方面的工作也开始了大胆创新，其中更不乏许多精彩案例。2011年在美国时报广场和CNN投放的中国国家形象系列宣传片就是一个突出例子。从2011年1月17日开始，由数十位中国杰出人士担任的以"智慧、美丽、勇敢、才能、财富"等形象诠释中国人形象的宣传片。继2003年中法推出互办文化年后，中国文化年、中国文化节已成为中国对外交流的重要文化标志品牌。在近几年，我国在50多个国家举办的约200次此类活动中，欢乐春节、相约北京、亚洲艺术节、中非文化聚焦、阿拉伯艺术节，德国、意大利、澳大利亚"中国文化年"以及在国内的上海国际艺术节、吴桥国际杂技艺术节、各类艺术比赛、成都国际非遗节，等等，均以丰富多彩的品牌活动推动了中外文化交流。

（三）对外文化贸易

伴随着全球文化贸易的快速发展，中国对外文化贸易额不断增加，贸易规模迅速扩张。总体来看，中国对外文化贸易顺差现象显著，由2002年的顺差295.93亿美元扩大到了2011年的1259.16亿美元，这表明中国文化贸易对世界文化贸易的影响越来越大。

---

❶ 孙家正.提高推动中华文化走向世界的能力[J].求是，2006(1)：35-36.

文化贸易分为文化货物贸易和文化服务贸易。中国对外文化贸易产品主要包括文化艺术品、声像制品、设计品、新型媒介物、表演艺术品、印刷品和视觉设计品等。总体而言，中国对外文化产品贸易的出口产品结构呈现一枝独秀、进口产品结构呈现三足鼎立之势。随着十七届六中全会明确提出"培育具有国际竞争力的外向型文化企业，开拓国际文化市场"，提出"发挥非公有制文化企业、文化非营利机构在对外文化交流中的作用"，可以说，我国对外文化贸易已经迎来了一次难得的战略机遇期。

## 四、中华传统体育文化走出去的历史必然

体育文化作为我国优秀文化组成的一部分，具有它独特的优势，成为文化走出去战略中的主要项目之一。体育运动作为全球不同国家和民族共通的语言，没有国界、民族的差异，因而成为重要的文化传播形态。无论是竞技性运动还是传统的日常的体育运动项目，都在文化传播中发挥着越来越重要的作用。竞技性质的运动，如奥运会、亚运会、锦标赛等，成为全世界范围内共同关注的体育活动；传统的日常的体育运动，如足球、篮球、羽毛球、武术、瑜伽、相扑等，无论是专业运动员还是普通人都可以参与进去，消除了不同国家、地区、民族之间的文化差异。体育全球化是一个大的趋势，近年来，体育文化的海外传播已经成为国家与民族之间相互交流、相互理解的重要手段之一。

### （一）体育全球化发展是中国传统体育文化走出去的客观要求

文化全球化是利大于弊还是弊大于利，一直是个争论不休的话题。早在全球化这一概念产生之初，很多人看到的仅仅是全球化为世界带来的全球一体的正面效应，因此所到之处获得的大都是溢美之词。有学者就提出，全球化不但是客观事实，而且是世界发展的一种趋势；它是我们理解人类社会步入 21 世纪的关键所在；也有人把全球化看作打通现在社会与未来世界的万能钥匙；也有些学者为了掩盖西方世界主导的全球化的真实目的，把全球化粉饰为新媒体的出现带来的文化全球化传播。很显然，仅仅把全球化认为是一个传播性概念是不真实的。更有学者毫不掩饰地提出全球化即指世界是一个整体化意识的加强和世界范围内的社会关系的强化。

世界在经历了近半个世纪所谓的全球化之后，人们开始重新审视全球化为人类社会带来的各种弊病。2000 年 4 月，前联合国秘书长安南在联合国的一次经济会议时反思：全球化只是给一少部分人带来无法想象的利益，但同时使更多的人陷入贫困境地。无独有偶，马来西亚总理马哈蒂尔也深切地认识到全球化不但

加剧了发达国家和发展中国家的贫富差距，而且全球化使发展中国家失去的不仅仅是财富，更是国家和民族的独立性。也有些学者从合理化西方发达资本主义国家主导的本质出发，提出全球化除了给世界各个民族带来不间断的政治和经济利益纷争之外，也是导致世界各民族的文化冲突与斗争的罪魁祸首。尽管学者们的所说所指都比较严厉，但是我们从中不难看出：全球化的本质是以西方发达资本主义为更快、更高效地抢夺发展中国家的政治、经济和文化等资源为目的的。

综观以上论述，尽管全球化趋势为发展中国家参与分享世界经济发展成果、引进发达资本主义国家的资金技术以及先进的管理经验，为本国经济发展提供了机遇，带来了一定的利益，但由西方发达资本主义国家主导的全球化对发展中国家的政治经济安全和人文价值观念提出了前所未有的挑战，如果任其自由发展，发展中国家就可能为西方社会所谓的全球化付出沉重代价。但是，全球化并不是洪水猛兽，文化全球化很有可能是一次机遇。整体来说，文化全球化扩大了文化产品的选择，丰富了全世界文化消费者的文化生活，使世界人民都能享受到来自全国各地的文化经典。对于一个国家来说，文化全球化更是一次难得的文化走出去的机遇。

在中国，历史发展到近代，传统体育逐渐让位于西方科学体育。但是，中国传统体育并没有因此而消亡，反而表现出强大的生命力。特别是北京成功申办2008年奥运会，给了以武术为代表的中国传统体育新的生机。但是，中国传统体育仅依靠国人的支撑势必难于在国际体育中占有一席之地。近代西方体育的发展雄辩地说明，中国体育要发展，必须走"走出去，引进来"的发展道路。国际体育运动事实上是20世纪以来人类社会全球化的先驱，而且至今仍是全球化实现程度最高的人类活动。之所以如此，其根本原因是国际体育运动具有雄厚的民族文化依托。现代奥运会从第1届设立的9个项目到第27届奥运会设立的28个大项、300个小项，就是不断吸收各国、各民族体能文化发明的结果，而且这种吸收仍在继续，民间传统体育的规范性提高和现代科学健身创造的运动项目将源源不断地向国际体坛输入新的活力，促进国际体育运动在保持民族文化多样化基础上的融合与繁荣。

无论如何，体育运动国际化来源于体能文化的民族化，而且这种国际化并非消除民族化的特点。中国武术已成为国际比赛项目，但武术的套路招式、服装器械、衡量标准仍是中国化的，国际武术比赛的裁判需要中国的武术专家培养和鉴定，而通行世界的"功夫"一词，世人皆知是武术；日本的柔道是奥运会项目，其基本技巧、服装、比赛场地，甚至裁判用语都保留了日本的传统，这类实例不胜枚举。各民族体能文化的国际传播不断充实和丰富着国际体育运动，国际体育运动的全球化普及又促进了各民族体能文化的发展、提高、规范和传播。

**（二）体育文化的自觉是中国传统体育文化走出去的内在动力**

1. 中国体育文化自觉融于中国文化自觉的深层背景中

中国体育文化自觉的深层根源是民族主义与现代化的双向诉求，中国的民族主义诉求与现代化要求几乎同时迸发于鸦片战争的硝烟中。相伴相生的民族主义与现代化诉求势必纠葛着强烈的民族仇恨心理，"天朝大国"的文化优越感在洋枪洋炮中自然被扭曲成狭隘的民族主义和对西方文化全面拒斥的心态。"以夷攻夷、以夷款夷、师夷长技以制夷"没能达到目的，畸形的民族意识所孕育的文化民族主义没能假他人之文化强自己之国体，却阻挠了世界先进文化的引进和吸收。被坚船利炮打醒的中国人意识到，富国强民只有走现代化的道路，并开始了不懈的跨世纪的漫长追求。因此，强烈的民族主义、面对西方文化时的褊狭情怀、借鉴外来文化时的痛苦心境与迫切的现代化诉求，一直深深萦绕在一代又一代中国人的心头。

中国文化自觉的历程可谓曲折而漫长。近代西方率先实现了工业化，西方文化一枝独秀，居于世界领导地位。鸦片战争后国家陷入任人宰割的境地，使中国人被迫从华夏文化中心主义的传统思维中走出，认真思考中西文化优劣短长，并以西方为参照系，开始了中国之出路的漫长求索。18世纪，西方启蒙运动完成了反封建、反教会的思想斗争历程，为其后的资产阶级革命扫清了思想障碍，达到真正教育民众的作用。而辛亥革命虽推翻了帝制，却没能使人民真正觉醒。"扫除蒙昧，启发民智"的五四新文化运动虽然堪称中国文化自觉的里程碑，但历史未能循着这一方向走下去。在接下去的救亡图存的炮火中和无数次改天换地的政治运动中，真正意义上的文化自觉只能让位于文化的现实需要，遮盖于表层的文化功用。20世纪80年代中期的西方文化热、传统文化与现代化关系的讨论、儒家现代转换的探讨使改革开放中的中国又一次酝酿着文化自觉运动。20世纪90年代中国文化学术领域的"国学热""弘扬传统"的文化思潮以及文化讨论中对激进主义的批判和对保守主义的肯定等，既是对20世纪80年代激进"西化"的反传统倾向的反驳，又与反对西方中心和西方文化霸权的反殖民主义理论相呼应。伴随着种种曲折与觉醒的努力，历史走进了21世纪。

2. 现代中国传统体育文化自觉的努力过程

中国体育文化自觉伴随着近代中国的社会发展的一次次曲折和反复，种种狭隘的民族文化意识和超前的海纳百川的恢宏气度交错在一起。从文化根源上讲，中国几千年的文明史使人们习惯于居高临下地看待异族文化，有很大的保守性和惰性。

但是，事物的发展总是前进性和曲折性的统一。在五四运动对传统文化摧枯拉朽之势的影响下，西方体育的发展自然要走上科学的轨道。麦克乐的《新体育观》提出了"体育发达当以新科学为根基"，随后的国内体育界都以传播科学的西方体育为荣。体育学术一时繁荣起来，各种冠以科学大名的体育专著相继出版发行。但是，随后的"土、洋体育之争"给这一热潮泼了一盆冷水。许多国术大师力倡武术，拒斥西方体育。包括袁敦礼在内的一些体育专家对西方体育都提出了异议。从现在国际体育发展的态势看，这次自觉是消极的，也是失败的。但是，作为中国体育文化的自觉，其意义不在于此，而在于唤醒了民众，让人们认识到中国传统体育文化的价值所在。

由于技术层面的发展，体育文化才能借助现代媒介更广泛地向世界各个角落传播，身居不同地域的人群都能接触以西方体育为主体的、以"增强体育、意志和精神并使之全面发展的一种生活哲学"为宗旨的奥林匹克，受其影响，并逐渐地将其价值内化为自己的行为和意识。体育文化之所以能够成为全球性的文化内容之一，其中重要的一点就是体育文化本身的通约性。因为体育文化是一种体能符号，它能使不同人群直接理解其中的意义，达到交流的目的。1949 年以后，中国体育文化的自觉一刻也没有停止过。尽管我们中断了与国际奥委会的联系（由于政治上的原因），只和少数几个友邦国家有体育交流，但中国体育自觉的最高要求是进入奥林匹克大家庭。

尽管在东西方关系格局中，包括中国在内的东方始终是一个"沉默的他者"，整个西方在面对东方文化时，依然是以其西方文化语境为标准和价值参照系。东方无法在西方意识形态规定的舞台上言说自己，因而也不能和西方形成真正的对话。作为一种文化，各民族和国家的价值判断和追求更多地呈现出它的非一致性。但是，中国从来没有放弃融入世界体育大家庭。1979 年，我国恢复在国际奥林匹克委员会中的合法地位后，两次申办奥运会，体现了中国体育文化自觉的延续性。开放的中国毅然接受了奥林匹克的挑战，这是历史积淀下来的勇气，也是时代感召出来的勇气。

20 世纪的中国文化一直处于变革之中，中国近现代体育的发展就置身于这一历史大环境中。在 20 世纪初，经过鸦片战争、洋务运动、维新运动、辛亥革命和五四运动后，中国社会的主体文化第一次出现了现代意义上的错位，被称为"西学"。"西方文明"的现代资本主义文化逐渐在公共领域攫取了主流文化的地位，并因资产阶级政权的建立而一跃成为社会的主导文化，但它却并未成为中国社会实际上的主体文化。传统文化普遍的社会基础并未因为一两次革命或运动就得到根本改变。随着西方文明的大肆入侵，中国社会步入"全盘西化"阶段。中国近代体育的发展出现了浓重的西方色彩，以武术为基本内容的传统体育逐步退出主导地位而流行于民间，西方近现代体育迅速发展成为中国近代体育运动的主流。随着信息社会的到来，人类文明正步入人类历史上第一个涉及整个世界、将所有人类社会紧密结合起来并使之屈从于全球共同命运的时代，其最终结果是东西文化的融合。这种文化融合反映到体育领域，则是体育国际化的扩大与深入，未来体育的国际化将不仅仅是体育某一表层部分的国际交往与渗透，而是体育内涵与全球文化的互动和融合。开展全球化的文化交流恰恰大大有利于荡涤千百年来的封建遗毒。中国体育文化自觉不仅有利于中国体育文化走向世界，更有利于世界体育与中国体育的融合。

**（三）体育运动自身迸发的强大生命力是中国传统体育文化走出去的根本保障**

体育具有全民性的特点，它自身蕴含的文化在精神上主要表现为以下几点。

（1）改造人的精神理论或观念。体育作为一项强壮身体、提高精神愉悦的运动，需要在多个方面给予科学的支撑，体育学科就是在体育活动的理论需求背景下产生的。例如，体育心理学揭示体育运动过程中人们的各种心理现象及其规律，体育史学揭示人类体育产生发展的历史过程及规律，引导人们在现实的体育实践中趋利避害。这些学科的研究大多以书面文化的形式体现，集中反映了该领域中用于指导人们体育活动的思想观念和理论体系。

（2）表现体育精神的艺术文化。体育活动的激烈、直观、惊艳和宏大等特点使它往往成为文艺表现的对象，如小说、影视、歌曲、漫画、图片等。这些蕴含着人们的情感、审美、意志等的文艺作品归属于体育精神文化的范畴。当人们关注体育艺术作品时，焦点一般集中在对它所表达的思想精神或情感与审美等深层次的感悟上，而非物质外观本身。体育精神文化的这个层面属于艺术文化的一部分。

（3）改造人的主观世界的各种想法和打算。文化和艺术直接指向人们的精神世界，它的实现方式往往贴近人们的喜、怒、哀、惧等心理体验，这些属于意识形态领域的文化。体育文化一度并非被视作具有改善灵魂的作用，但实际上它改造人们的主观世界的可能性是非常巨大的。例如，体育道德、体育精神、体育人格，体育理想等心理文化范畴的内容对改善人们的情感、态度、价值观有着积极的意义，是体育精神文化的重要部分。

中国传统体育文化的内在生命力表现在"多元一体"的构成形态和秉承了博大精深的中国传统文化内涵的精髓。

"多元一体"在中国传统体育结构形态学的表现方面是指其包含了武术、中国传统养生、民间传统体育游戏和少数传统体育等"多元化"形态，在漫长的历史进程中不断"同化"与"融合"之后，逐渐形成"一体"的中国民族传统体育。也可以说，中国传统体育文化强大的生命力表现在它强大的同化力与融合力上，当外域文化进入中国后，逐步中国化，并融入其中而成为一体；同样，也可以理解为以中国各个民族体育文化积极融合，互相取长补短形成"多元一体"的中华传统体育文化。

因此，中国传统体育可以说是包罗万象。据《中国传统体育志》记载，目前发掘和发现的汉族体育项目有 301 项，少数民族传统体育项目有 676 项，共 977 项。其实中国传统体育如果不是按照项目进行统计的话，其包含的远不止于此。例如，仅仅风筝种类就有 500 种之多，武术类中的汉族拳术就有 90 多种，如果配之与器材种类，其数值远远大于现在的统计数据。因此，对于中国传统体育传播过程中的受体——个人来说，他（她）总能在其中找到一个钟爱的项目或种类。中国传统体育的另一个显著特点就是"传承有序"，每一个种类或项目背后，总有一个美丽的传奇故事或是神秘的传说。正是这种略带"神秘"的故事与传说，吸引着一代代的人们去探究它、传承它。

中华传统体育蕴含了强大的生命力，加上我国实施文化走出去战略，中国优秀的体育项目及体育文化精神将会以迅猛的速度为世界所关注。

## 第二节　中华传统体育文化的内核及其影响力

### 一、我国体育活动中的传统文化理念

中华民族的文化价值被形象地表述为具备水一般的文化特性，这种特性实际上是一种社会文化价值体系的表现。从远古先秦开始，各种文化的价值意识、价值实践纷繁复杂，正如事物发展的规律一样，人们在反复的价值实践、价值反思中，逐步理清了思路，建立了文化价值基因，形成了文化价值体系。

中国的文化价值体系在早期是以儒道互补为主体架构的。春秋战国时期，思

想界出现了百花齐放、百家争鸣的局面，儒道二家思想影响较大。汉初又崇尚黄老之学，至汉武帝接受董仲舒"罢黜百家，独尊儒术"的建议后，儒学由子学一跃而成为官学。汉末以后，由于中国本土道教的兴起以及外来文化的传入，很快形成了儒、释、道三足鼎立的局面，并且日趋融合。魏晋玄学从本质上说是儒、道结合的产物，宋明理学则是儒、释、道三教综合的结果。

中国文化的本质特色是以人为本的人文主义或人本主义，这其实也是中国文化精神的重要内容。与古希腊文化注重人与自然的关系以及希伯来文化、印度佛教文化重视人与神的关系不同，中国文化侧重人与社会、人与人的关系以及人自身的修养问题。中国哲学，无论是儒、释还是道，本质上都是一种人生哲学。从总体上看，以儒家为代表的以人为本的思想在后来的社会中得到广泛的认同和创造性的发展。

以和为贵、持中贵和是中国传统文化重要的思想观念。中国文化重和谐统一，重视自然的和谐、人与自然的和谐、人与社会的和谐、人与人之间的和谐、人自身的身心和谐等。中国传统文化以和为贵的和合精神最为典型地体现在"天人合一"的思想传统中。在中国古代思想界看来，天与人、天道与人道、天性与人性是相类相通的，因而可以达到和谐统一。"天人合一"理论将人放在一个社会大系统中，天、人、地，人处于中心地位，但人的作用必须遵循自然的规律和法则，人的行为受制于天和地。中国传统的养生方式强烈地受到道家思想的影响，构成了保全自己的观念与养气练形技术相结合、个体顺应、遵循自然的思想倾向。由于受这种思想的影响，人则是天地阴阳育化，"精神本于天，骨骸本于地，精神入其门，骨骸反其根"。所以，人必须做到"法天顺地"，保持与天地和谐共生。

## 二、传统体育的功能

### （一）健身功能

传统体育的健身功效是现代竞技体育不能代替的。塔吉克族居民在长期的生产劳动中创立了许多强健体魄、有利身心健康的体育项目，如秋千、拍打毛线球、跳高、跑步等，这些项目能促进心肺耐力，提高肌力和身体柔韧性。传统体育项目是以身体为中心的活动内容，它对身体素质的提高主要表现在能和自己的身体融合，通过感触，使全身各肢体参与运动起到锻炼心肺功能的目的，并且能提高身体的柔韧性和轻盈性。此外，通过一些传统体育项目的锻炼还可以培养身体器官良好的感知能力，从而达到愉悦身心的目的。中国特色的养生、气功和导引的健身效果也非常显著。由于传统体育强调以健身为主,以增强体质、强身健体、益寿延年为最终目的,所以其训练方法讲究精、气、神相互平衡,动静结合,快慢相兼,运动量适中。

### (二)娱乐功能

传统体育是一种以闲暇消遣、健身娱乐为主要目的,而又有一定规则的民俗文化活动。它是人类在具备起码的物质生存条件的基础上,为满足精神的需要而进行的文化创造。从简单易行、随意性较强的项目到技艺精湛、有严格规则的竞技;从因时因地、自由灵便的嬉耍到配合岁时节令的大型文体生活广场表演,把体育融汇于宗教礼仪、生产劳动、欢度佳节、喜庆丰收之中,载民族文化艺术形式,同民族舞蹈、音乐相联系,使传统体育的娱乐性体现得更加充分。在全民健身的活动中,随着我国人民生活水平的提高,闲暇时间的增多,极具趣味性的传统体育项目,如跳绳、拔河、荡秋千、放风筝、踢毽子、抢花炮、赛龙舟、武术等,将成为广大群众社会生活中日益重要的组成部分,它将给个人、家庭和社会带来更多的乐趣与幸福。

### (三)教育功能

传统体育是一种综合性的民族文化,它包含着人们的价值观、伦理道德观、审美观以及人们的行为模式,从古到今对教育有着重要的影响,是中国学校教育不可缺少的内容之一。武术作为中华各民族都有的传统体育项目,对教育的发展起着重要作用。在殷周时期,"国之大事,唯祀与戎"说明学校教育的主要内容是祭祀与军事,其重点是军事(即武艺)。当时学校称"序",据史书解释:"序者,射也。"可见,学校就是学射的地方。西周学校教育中,教授"礼、乐、射、御、书、数"六艺,射、御直接与军事技能有关。由于武术无论在军事上还是在民众强身健体方面都有极高的实用价值,为历代统治者所重视,所以,武术在古代教育中是不可缺少的重要组成部分。中华人民共和国成立后,传统体育在学校教育中得到了前所未有的发展。以武术为例,成绩斐然。目前,传统体育已形成包括不同层次、不同类型的武术人才培养体系。1997 年,传统体育又被国家列为体育学下属二级学科中的四个学科之一。由原来单一的武术项目提升为一门具有独立体系的体育学分类学科,远远超出了以武术运动为范畴的研究范围。这充分显示出国家对传统体育教育事业的重视。

### (四)宗教功能

原始体育和宗教从一开始就处于混沌状态。时至今日,在些民族地区两者的关系仍处于纷繁复杂的局面。传统体育活动能给崇拜者带来一种至高无上的体验，这种体验需要一种象征性的语言和许多崇拜者的拥护。古代传统体育活动是由巫师引导的祭祀活动，这种娱神又娱人的双重活动既达到了宗教活动的目的，又成为一种出自自愿的身体活动。天主教神学家和哲学家米歇尔·努克指出："体育的自然推动力和促使宗教地位在社会中上升的力量出于同一源泉。"体育作为类似于上帝的形象，同样要求身体、意念和精神完美的结合。这种原始的完美引导人们形成上帝的观念，而这种观念从形式上体现了特定的团体和对未来社会的理想化。

**（五）文化功能**

传统体育体现了中华民族优秀文化传统的思想精髓。《易经》说："天行健，君子以自强不息。"又说："地势坤，君子以厚德载物。""自强不息""厚德载物"正是对中华民族优秀文化传统的集中表述。中国传统体育以"天人合一""气一元论"为哲学基础，形成了独特的崇尚礼让、宽厚、平和等价值取向的体育形态。博大精深的武术要求不仅是习武，还要健身、健心——修身养性。武术给人们灌输的教育价值取向是多层次的，其中就包含有"天人合一""内外兼修""厚德载物"等中国传统文化思想。

## 三、传统体育的现代价值

**（一）强身健体价值**

体育的健身功能是指体育对增强体质、增进健康、延缓衰老的作用。人作为有生命的物质存在，是有意识机能的能动存在物。人类的历史就是人类运用自己的智力和体力改造客观世界、改造自身的历史，体育正是人类自我改造的产物和手段。传统体育项目主要来自人们的生产、生活以来，体育活动要求人们直接参与运动，在娱乐身心的同时改善民族体质，提高各民族人民健康水平。因此，强身健体就成为其主要的功能之一，通过参与运动锻炼能促进有机体的生长发育，提高运动效果和提高中枢神经系统的功能，调节人的心理，提高人体对环境的适应力。强身健体是人类的第一个追求，许多从生产劳动中衍生出来的传统体育项目就是人们健身意志自觉的产物。从事畜牧业的许多少数民族，如哈萨克族、蒙古族等，经常在狩猎活动中学习和培养使用马匹的能力，他们在日常的射猎活动中练出了高超的骑术，后来又衍生出赛马、叼羊、骑射、马球等相关的传统体育项目。

传统体育的健身价值是由促进传统体育的各类活动的基本属性和早期民族各项活动较多依靠自然力的特点决定的，也是时代不断发展、人们健身需求不断增长的结果。传统体育中的"导引养生""五禽戏""八段锦""太极拳"等成为人们健身与修身养性的最好方法和最具实效性的健身运动。传统体育不仅可以强身健体，还可以修身养性，促进身心全面发展，提高生命质量，将成为现时代人们的主动选择。具有独特健身功能的传统体育将在满足人类健身需求方面发挥更大的作用，其健身价值将得到更加深广的开发。民族传统体育为全民健身活动的开展提供了丰富多彩的练习形式和方法，展现了无限的发展空间，它与全民健身活动的统一是民族文化与体育文化发展的价值回归。

### （二）休闲娱乐价值

娱乐是体育起源要素中一个比较主要的成分，它逐渐成为民族体育发展的重要动力。其娱乐成分主要包含身体技能性、谋略性和机遇性。第一种技术要求比较高，具有强烈的自娱性和他娱性；第二种对人的谋略、心语水平要求较高；第三种主要是对机遇的期待。快乐是人们追求的最理想的人生状态，体育娱乐是体育功能的重要组成部分。随着社会精神文明和物质文明的发展，人们对体育的价值需求发生了根本性的变化。休闲时代的来临使体育运动回归到人们的现实生活：传统体育开始走进了当今的小康社会。从各民族生活环境和生产运动中产生和发展的传统体育就具有可喜的娱乐价值。人们为了体验在生产和生活中的某些场景和情景而创造出一系列满足其娱乐需求的体育活动。一些活动的娱乐性和健身性就丝丝入扣地交织在一起，形成许多娱乐性极强的活动，在今天还难以从体育或文艺的角度将它们截然分开。

人们不仅直接参与娱乐性强的体育活动，还从观看运动竞赛和表演中获得身心娱乐。许多少数民族的传统体育项目正因为具有强烈的娱乐性得到广泛传播和普及。我国少数民族运动会上的许多项目体现着这种鲜明的特点：娱乐性越强的项目越受到人们的普遍欢迎。总之，许多传统体育的娱乐价值从这些活动产生的那一刻起就在逻辑上具有从必要的劳动和生活中摆脱出来，追求健身价值的取向。随着人们娱乐欲望的不断迸发，娱乐性最终发展成为传统体育最鲜明的个体价值之一。

### （三）道德教育价值

一般来说，中华民族的优良道德传统是指以古代儒家伦理道德为主要内容，并包括墨家、道家、法家等传统道德思想的精华。在两千多年的历史过程中，儒、墨、道、法各家伦理思想及佛学中的心性之说相互影响、相互吸收，形成了中华民族特有的伦理传统。

中国传统体育伦理思想建立在儒家伦理和体育实践基础上，对解决现代体育的道德评价失范、个人主义盛行和道德调控机制柔化等问题具有重要的价值。具体表现为通过传统体育伦理思想构建"和谐"的现代体育伦理原则，弘扬"礼让"的体育道德规范，倡导"轻利明德"的体育自律精神，等等。例如，中国武术就是一种典型的将道德和审美等作为其重要文化内涵的民族传统体育。在武术的整个文化体系中，锄强扶弱、重气轻生、尊师重道、孝道为先等始终是广泛推崇的道德标尺——武德。陆草先生在其《中国武术》一书中将武林的道德归纳为五个方面：谦和忍让、立身正直、见义勇为、尊师重道、武林义气。可以说，这些道德规范是习武者应遵循的重要行为准则，体现出传统的武术对整个社会道德水准构建具有的独特作用。

### （四）民族认同价值

在民族认同中，一是血缘认同，二是民族文化的认同。一种文化体系以民族为载体，民族又以文化为聚合体。体育作为文化的重要组成部分，在民族文化认同方面不仅具有符号作用，更具备民族文化形象的意义。例如，搏克是蒙古族的摔跤，且里西为维吾尔式摔跤，北嘎是藏族的摔跤形式。从体育活动内容上看，同为摔跤，但起源民族不同，所表现的形式各异，具有标志不同民族符号的作用。中国武术就是有别于其他民族对战争技术总结后归纳出的体育项目，武术是将战争中的技术成分加以提炼，经过长期的中华民族文化熏陶，演化出的一种既有技击意识、健身观赏性质，更具东方哲理内涵的体育项目，它充分表现出中华民族文化的独有性质。

传统体育是各民族中普遍流行的、满足本民族的健身、娱乐等需求的社会文化。由于传统体育具有普遍性、亲和性、地域性、民族性等特点，因此传统体育活动使民族产生认同感，乃至一个国家和社会产生共谐的价值。民族的认同感是在团体内部的相互依赖和详尽的价值观念、伦理道德、审美情趣的基础上形成的，它是一种民族内部成员对本民族的自豪感和亲近感。由于体育活动具有鲜明的身体表征属性、参与者杰出的频繁性、对情感和遗址体现的直观性等特点，参与传统体育的人们很容易进行情感的交流、思想的交锋、意志的考验，从而不断增进相互了解和理解，达到培养民族认同感的显著效果。一些常在节日和特定季节举行的传统体育活动也以其新颖的形式、活泼的内容等吸引各族人们积极参与，并且营造浓厚的人文氛围。在以家庭、社区、村寨等为单位参加的体育活动中，各个参与单位共同体验同一种体育活动的乐趣，感觉同一种体育活动的意境。尤其是一些竞争性较强的运动，往往能够培养参与者的集体荣誉感，将个人的荣誉与集体的荣誉融为一体，达到群体成员间相互认同的效果。蒙古族的那达慕大会就是一种培养民族文化认同极有效的群众性集会，其中的三项竞技使得参与者和观赏者都能尽情愉悦。对于栖息在草原上、过着游牧生活且一般集会机会不多的蒙古族人来说，那达慕大会为他们提供了极好地接触和交流的机会，以此为契机有效地增进了民族成员间的感情，促进了蒙古族内部的文化认同。

**（五）经济发展价值**

经济是传统体育发展的调节杠杆。经济性是指传统体育活动内容更多地是以生产、生活为根本，与各自的生活、生产方式密切联系，依赖经济活动方式的支撑。传统体育的繁荣与发展为民族主体强化其利益动机提供了条件。市场经济机制强调公平、有序和守法的原则，而民族体育作为一种体育文化也弘扬公开、公正和平等的精神。由于它们之间的运行法则、表现形态和内在本质规定的相似性和相同性，加之人们的主动介入和不断深化，因此传统体育在步入有序竞争的市场经济轨道中形成了"文体搭台、经贸唱戏"的地方民族体育特色。特别是我国实施"全民健身计划纲要"以来，民族传统体育到了极大发展，各少数民族也在不定期地发展各种传统体育活动。体育从本质上属于一种精神文化，它无疑需要物质支撑和物质消耗。精神文化生产所需要的成本和精神消费本身都属于经济的一部分。民族传统体育的广泛深入开展，不仅具有文化学意义上的道德教育价值和政治学意义上的民族认同价值，还具有培植产业门类、带动经济振兴的经济价值。参与各项传统体育活动所需要的专门服装、器材和设备需要一定的物质支撑。支持和扶助各类传统体育活动需要人力、物力和财力，几乎所有的传统体育活动创造出来的观赏效应和愉悦效果都可以作为产业开发。可以说，传统体育活动的广泛开展带来的大量关注人群是民族传统体育的经济价值得以发挥的社会市场。传统体育活动的组织者也可以在商业开发的基础上获得显著的经济效益，进而带动村寨乃至整个地区和民族的经济发展。20世纪80年代后期以来，中国一些逐步走向国际化的民族传统体育项目也在大力拓展各自的活动空间，多次举办中外人士共同参与的传统体育赛事活动，如龙舟比赛、国际风筝节、太极大会等。当众多人士参与这类活动，并饶有兴趣地购买与传统体育相关的各种器材设备、服装及文化产品时，就推动了传统体育的产业化。目前，国内许多少数民族的传统体育节日也能够聚集大量的人流、物流和资金流，成为拉动地方经济增长的重要因素。随着时代的发展和社会的进步，随着全球经济的一体化、社会综合化、政治多元化的发展，随着人类对内在精神实质和自我生命质量的追求，中华传统体育将在经验与科学相结合、民族和世界相统一、福利与产业相依存、自我与组织相适应、专业与社会相借鉴、民俗与法制相应配等方面迈出新的步伐，越来越凸显其在人类社会生活中的重要位置和价值。

## （六）竞技竞赛价值

竞技性是传统体育活动中竞争意识的体现。这项最能显示人们强壮、机敏和征服的活动，早在原始社会就出现了体育竞技的萌芽。竞赛活动是自黄帝以来为报答神灵赐福的宗教庆典的重要内容，先秦时期以技击为基本特征的武术已有一定的发展。以民族、地域构成封建割据时代的国体政体，为生存，同恶劣的自然环境斗；为争夺地盘，兵事纷争；为扩充势力，就得练兵习武。因此，全民尚武成为弱小民族理所当然的习俗。在战争中孕育成长、在生活中扩大丰富、在体育活动中继承发扬、在交往中维系与承传的民族体育活动，有着其独特的技击、练武和宗教信仰等特点，是古代体育竞技精神的突出表现。它使参加者在相互较量的竞赛中获得心理的愉悦，起到磨炼意志、开启心智的作用。现代开展的摔跤、射箭、赛马、斗牛等比赛就是其竞技性的表现。

中华传统体育不仅运动项目多，还具有多种复合价值。它集健身性、娱乐性、竞技性、文体统一性等为一体，具有丰富的审美价值。中华传统体育在内容上包含身体美、运动美、精神美；在形式上表现为形体美、姿态美、要素形式美、技战术美、表情美、语言美、行为美、服饰美、器械美和环境美等，这是近现代体育无可比拟的。我国少数传统体育还反映了人们对美好生活、崇高理想的追求，它与本民族的生产劳动、民间艺术、科学文化、道德风尚、风土人情乃至除暴安良、保家卫国紧密结合，内容丰富、形式多样，呈现出美感的复合性。这些要素是西方近代科学体育缺乏的，它不仅是国际奥林匹克体育的希望，还是未来社会追求人全面、和谐发展的必由之路。

总之，形式丰富、内容多样的各民族体育不但在过去是一种辉煌的文化创造，而且在现在仍具有多种价值，其趣味性、健身性、娱乐性是西方竞技体育没有，我们只有将其挖掘和发扬光大，才是一种对历史和民族负责的态度。

## 三、中国传统体育文化"走出去"海外市场的文化功能与传播价值解析

### （一）文化功能研究概述

通俗地说，当我们把文化当成工具时，文化所表现出来的功能也可以说是文化的作用。也有学者认为，文化是为了满足人类自身的需要创造出来的，任何文化必有其特定的功能。从宏观而言，文化的功能一般归纳为凝聚、规范、认知、技术、熏陶人文、经济等功能。在论述文化的正面功能的同时，也有不少专著提到了关于文化的负面功能。有学者认为，文化的功能不是静止不变的，是一种动态的功能，本来是很有积极意义的文化，但在特定的条件下，如在跨文化传播过

程中，不同的文化背景、民风民俗或者是一些不同避讳、禁忌等，都会引起文化功能上的变化。文化的某些正面功能就会变成负面功能，从而引起很多不必要的争端。因此，正确地认识中国传统体育文化的功能，对我们在文化传播动中如何正确地筛选传播内容、选择传播路径、提高传播正面功能、减少负能等，都有极其重要的指导意义。

**（二）中国传统体育文化功能与传播价值释义**

英国的马林诺夫斯基在《文化论》一书中提到："文化有工具的属性。"掌控文化工具的主体不同，其目的就会不同，也就会彰显文化不同的功能。因此，本文将从跨文化传播这一动态的文化交流角度出发，探讨中国民族传统体育文化的内在功能和外显作用。

1. 中国传统体育文化的民族凝聚功能与传播中的文化认同

中国传统体育文化的一个最重要功能就是内在的民族凝聚功能。中国传统体育文化实践活动鲜明的身体表征属性、参与者接触的频性、对情感和意志体现的直观性等特点使参与传统体育文化活动的人们很容易进行情感上的交流、思想上的碰撞，意志上的互助和磨炼，从而不断增进相互理解，促进民族间的融合与凝聚。因此，中国传统体育文化有着巨大的实践动员能力，它不仅可以超越地域和种族的界限，还可以跨越文化的不同、运动形式的多元，形成具有高度统摄性的文化，实现对内高度的民族凝聚功能。正是这种高度的民族凝聚，使中华民族在遭遇外敌入侵时，能万众一心、同仇敌忾抵御外侮；同时，也正是这种高度的民族凝聚，使中国各族人民能齐心协力、团结一致，共创社会的繁荣与和谐。可以这样说，没有民族凝聚，就没有我们今天经济繁荣、政治稳定、社会和谐的美好生活。

人们常说"落后要挨打"，同样，"分裂也要挨打"。一个经济衰弱、民族分裂、社会动荡的国家，它不但没有经济实力宣传自己的文化，而且不可能得到平等的待遇，更谈不上"文化的认同"。因此，中华民族的高度凝聚不但是中国可持发展的重要保证，也是获得其他国家或民族文化认同的有力保障。换句话说，只有中华民族的内部高度的凝聚，才能在世界上真正地获得其他民族的尊敬和认同。从这个角度讲，中国传统体育文化的"民族凝聚"功能在跨区域文化传播中就显得更加重要了。

2. 中国传统体育文化娱乐功能与传播中的社会与经济效益获得

随着中国传统体育文化物态层中的传统体育项目的传播和推广，中国传统体育中的健身娱乐功能获得了极大程度的释放。通过传统体育活动，人们的身体得到了锻炼，体魄更加健壮。同时，极富娱乐性的中国传统体育活动不但可以陶冶人的情操，锻炼人的意志，而且可以增进人们对民族的了解，丰富了人们的业余体育文化生活，使人们的好奇心也得到了极大的满足。因此，从这个角度讲，中国传统体育文化在海外的传播不但为当地的体育文化消费市场的繁荣带来巨大的经济利益，而且也为当地的体育文化多元发展提供了丰富的素材，创造了宏大的社会效益。

中国传统体育包含着丰富的物质文化与财富，因此，其在创造物质文化的过程中无疑需要实际物质、人员的支撑以及物质上的消耗。也就是说，在生产物质文化的同时是需要成本核算与利益分配的，这些也都属于文化传播带动经济效益的一部分。因此，中华传统体育文化的传播过程不但有教化与文化认同功能，而且对带动当地传统体育产业发展和促进当地经济振兴都有显著效果。参与中华传统体育活动所需的项目传播、设备器材生产、中华传统体育服装制作以及相应的音像书籍买卖等相关的一系列物质生产、销售以及维修等都会因为中华传统体育文化传播而带来巨大的经济效益。例如，一双普通的飞跃田径鞋进入海外市场之后，经过了"文化品牌"的确立，获得了额外的经济增值，其作为中国"功夫"的练功鞋，价值由原来的20元人民币提高到了约400元人民币一双；同样，相应的服装、器材设备等基本都达到了10~20倍的因"文化"而带动的经济增值。因此，中华传统体育文化在海外传播过程中，其产生的社会效益与经济效益都是非常显著的。

文化的传播是双向互动的过程，因此其社会效益与经济效益功能也是双向互动的。中国传统体育文化在传播的过程中，一方面，为当地的体育文化消费市场带来了新的体育文化元素，刺激了当地人民的消费欲望，促进了当地的体育文化消费市场的繁荣和多元发展；另一方面，在输出和传播中国传统体育文化的同时，也将为我国一系列的相关产业带来巨大的经济效益，为我国国内传统体育文化产业的快速发展、传统体育文化消费市场的尽快形成提供强有力的刺激和支持。因此，无论是从社会学角度还是经济学角度来说，中国传统体育文化在国外的传播过程对中国和接受地都是一个获得"双赢"的过程。

3.中国传统体育文化的精神激励功能与传播中的人文教化

中国传统文化中刚健自强的精神在五千年的历史发展过程中，一直都激励着整个中华民族奋发向上、反抗压迫、不断进取。中国传统体育文化对中华民族的每一个成员有着强烈而积极的精神激励功能。从物态层角度出发，传统体育活动能够激发每一个参与者积极锻炼的思想、强健体魄的精神、克服困难的意志，使人们在体育实践活动中获得中国传统文化的熏陶，获得维护正义的决心和斗志。这也正暗合了中国传统文化中的"以人为本"的精神，尊重人的价值和尊严，在相互尊重的道德修养过程中，潜移默化地提高人们的修养。

精神的激励往往伴随着人文教化的功能。中国传统体育文化彰显着中华民族不畏强权、维护正义、反抗压迫的民族精神。它不但始终激励着每个中国人积极进取、团结奋进，而且在它海外传播的过程中，使每一位华人深切地感受到祖国的亲近和伟大，激励着他们生活的意志和发展的斗志。

"人文教化"是指文化的教育和感化，在传播过程中更多表现的是中华民族传统体育文化的包容力和自信心。正因为中国传统体育文化具备了包容一切的博大的胸怀和自信，所以在其传播的过程中，它能一直坚定着"中国传统文化"的本色。"只有民族的才是世界的，只有传统的才是时尚的"，这从另一侧面告诉我们，只有"民族"和"传统"的文化才最具感召力和吸引力。

中国传统体育文化的精神激励功能与传播的人文教化价值是相辅相成的。"精神激励"是中国传统体育文化生命力的外显，是中华民族反抗压迫、奋发向上、得以延续的动力和根源，也是民族精神和民族气节的所在。中国民族传统体育文化表现出来的维护正义、奋发向上、反抗压迫的民族精神和民族气节不但是"人文教化"的主要内涵，而且是其功能实现的基础所在。

### （三）中国传统体育文化的海外传播可能出现的一些其他作用

中国传统体育文化是中国传统文化的重要组成部分，通过多种多样的民族传统体育活动的形式，千百年来为世世代代的炎黄子孙所传承。在信息全球化的今天，中国传统体育文化搭乘现代传媒的高速信息列车，已经远播到了世界各地，为全世界所共享。这不仅使中国传统体育文化得到广泛传播和弘扬，还是中国传统体育文化与世界各国、各民族体育文化交流的证明。中国传统体育文化在世界范围内的传播也促成了它在世界范围内的"文化传承"。然而，事物的发展总是要经历一个否定之否定的过程，同时这个过程是一个螺旋式上升的过程。正因如此，在西方竞技体育文化掌控世界体育发展"话语权"的今天，中国传统体育文化的传播必然在一定时期内也会经历这样或那样的困难局面。因此，如果说中国传统体育文化海外传播可能会带来一些负面作用的话，那也只是出于不同文化之间暂时的磨合与碰撞的火花而已。随着中国传统体育文化在世界范围内传播的深入和发展，其最终必然会获得全世界人民的欢迎和热爱。

# 第三节　跨文化传播及译介学相关理论概述

## 一、跨文化传播的媒介、方式及途径

### （一）跨文化传播的媒介

传播媒介的发展是人类传播能力发展变化的表征。从某种意义上说，传播的发展史实际上就是传播媒介的发展史。传播媒介的发展受制于两个基本因素：一是思想文化的发展程度；二是科学技术水平。（陈龙，2006：174）也就是说，人类的思想文化愈发达，参与传播活动的人就愈多，引起的传播速度变化也就愈大。这就必然促进人们不断改革传播的媒介来适应日益发展的思想文化的需要。另外，传播媒介的发展又受制于科学技术的发展水平。没有造纸术、印刷术的发明，就不可能有印刷媒介（如报纸、杂志、书籍）的产生；没有光电技术的发明创造，就不可能有电影、广播、电视等的问世。人类每次传播技术的提高都会带来传播方式的重大变革。

从传播技术分类角度看，传播媒介可分为印刷媒介和电子媒介两大类。印刷媒介主要指报纸、书籍、杂志三种，在人类历史上出现较早，历史也较悠久，它使语言文字得以大量印刷而大规模传播，其社会意义更为深广，大大推动了人类文明的进程。电子媒介则是近代的产物，主要包括电报、电话、广播、电影、电视、传真等，而计算机、因特网的使用又把传播史上的革命推向新的阶段。

在跨文化传播中，一般最简单的传播关系也必须在两个以上的组织和个人之间才能形成。人们即使不是生活在同一社会文化中，也彼此相互联系、相互作用，从而构成跨文化传播的信息渠道。传播媒介连接传播关系的工具和手段可以是人、物，也可以是社会组织，如工会、社团等。虽然人是跨文化传播的主体，又是最活跃的传播媒介，但是人类的传播更多还是借助于物而进行的，因为这些传播工具或媒介有跨越时间、空间的广度，而且具有反复传播的深度。（周毅，2004）

### （二）跨文化传播的方式

跨文化传播过程不同，方式也不同。一般说来，传播方式主要有直接传播、间接（媒介）传播和刺激传播三种。

第一，直接传播。直接传播是最简单、最基本的跨文化传播方式，其表现形式是单向传播，指传播者与接受者像接力赛跑似的，一站一站地传到远方。中国造纸术的推广就是一个很好的例证。根据文献记载，105 年，蔡伦发明了纸，很快造纸术就普及到了中国很多地方。264 年，这项技术传到新疆，以后逐渐外传到撒马尔罕（751）、巴格达（793）、埃及（900）、摩洛哥（1100）、法国（1189）、意大利（1200）。任何文化信息都有一个原始的信息源，当一条文化信息发布的时候，往往是许多人同时听到，然后由这些人传播开来。这种传播方式谓之波式传播，就如同水中掷了一块石头激起的波纹一样，一层一层地向四周扩散。因为它是在同一时间的横向传递，所以又可称为横向传播。在传统社会中，由于报纸、广播等传播文化的发展，文化信息的发布常常是自上而下层级进行的。这种文化传播方式谓之根式传播，就如同树根一样从主根、支根到须根依次传递和扩散，这种传播基本上是垂直传递的，所以又可称为竖式传播。如果把传播文化放到一个更为广阔的空间和持续运动的时间内观察，就会发现在传播文化过程中，单纯的波式传播或根式传播很少见，而常常是一个复杂的多层次的结构模式，是一个持续运动着的各个部分相互作用的模式，既表现为根式传播，又表现为波式传播，如科学的发明或发现，大都是采取多层次交互作用的传播方式。这种方式超越时间空间，跨越社会区域和社会群体，其持续运动常常表现为历史文化发展变迁的过程。

第二，间接传播。如果两种文化不是直接交往，而是通过第三者作为媒介使某种文化因素得以交流，这就是间接传播，又称媒介传播。在一般情况下，贸易是常见的传播方式。以中国文化的输出而言，在物质文化方面除丝绸、瓷器外，明清时代的铁器还曾输出到菲律宾、缅甸、泰国。而精神文化产品同样是历代商人贩运的对象，唐代白居易的诗和张旌的文章都为朝鲜人和日本人所喜爱，唐代商人甚至伪造白居易诗以谋利。明清时赴泰国的商人对《三国演义》的谈论引起了泰国人民对这部著名小说的兴趣，由此产生了几部泰文译本。此外，帮助日本了解世界起了很大作用的魏源的《海国图志》就是由清朝商人几次航海时传过去的。（周毅，2004）

第三，激起传播。激起传播又叫刺激传播，是指某一个社会掌握了某项知识以后，刺激了另一社会，即给另一社会以灵感和启发，使之相应发明或发展了类似的文化因素。或者说，激起传播是由外来文化的先例所促发的新的文化因素的成长，如 16 世纪欧洲已大批从中国进口陶瓷器皿。到 18 世纪，在不知道具体制陶技术的情况下德国人找到了制陶的原材料并重新发明了制陶技术。十分明显，这种发明并不是完全独立的，其目标是由已在另一文化中存在的东西确定的，发明的独创性仅限于获得上述目标得以实现的技术。如果不是先在中国存在制陶技术并将瓷器传到了欧洲，那么欧洲人在 18 世纪甚至以后就不大可能会产生这项发明。激起传播既有历史性，又具有独创性。中国印刷术的传播所引发的许多民族对印刷术的日臻完善就是一个比较典型的激起传播事例。活字印刷术是 11 世纪中国北宋刻字工人毕昇发明的，最初是陶活字和木活字，传到朝鲜后，发展成为铸铜活字。13 世纪，我国印刷术传入欧洲。1454 年，德国人古登堡受其启发，发明了铅字印刷。1466 年意大利出现了印刷厂后，欧洲各国的印刷业如雨后春笋般发展起来，直到 1590 年占据澳门的葡萄牙人用铅活字印刷了传教士孟三德的《日本派赴罗马之使节》一书，印刷术又倒输回中国。可见，印刷术从发明到日臻完善，包含了亚欧许多民族的集体智慧和贡献。（冯天琦，1988：156；周毅，2004）

### （三）跨文化传播的途径

如上所述，跨文化的信息传播都是直接或间接通过人的接触和交流进行的。人类社会越发展，跨文化传播与人类社会生活的各个方面就越紧密地交织在一起，成为不同文化之间必不可少的交往活动。纵观世界文化发展史，跨文化传播的途径多种多样（金鸣娟，2009：246-249），把它们归为以下几种：

一是自然式跨文化传播。它主要是由于自然环境和生存环境的变化，引起了人类向新的地方迁徙和流动从而形成的一种文化传播方式。在传统社会里，人们生活所需的主要物质要依靠大自然的赐予，当这种有限的赐予无法满足不断增长的人口的需要时，或是在遇到自然灾害时，人们就会向新的地方迁徙和流动。在迁徙过程中，迁徙的人们将前人所创造的文化成果，即生产生活的知识、经验、技术、能力等作为文化积累凝聚在自己身上，人的流动也把这些文化积累从一个文化空间带到了另一个文化空间。他们或是与沿途居住地的人们进行跨文化交流，或是部分成员在新的地方定居下来。无论是哪种情况，都会产生跨文化传播的结果。

二是强迫式跨文化传播。它主要是指某些国家和地区出于经济、政治等方面利益的考虑，用武力手段和强制政策，强迫另一些国家和地区接受自己的文化。这是一种野蛮的、常常伴随着血与火的跨文化传播方式。从世界历史看，很多大规模的跨义化传播行为往往都与战争或异族入侵有关。美洲、澳洲等地与欧洲文化共同体的形成都是当时的欧洲人（主要是英国人）占领这些地方后，用武力屠杀和强制移民的后果，使当地土著人的文化被边缘化，同时在那里强力推行欧洲文化。在第二次世界大战期间，日本军国主义在武力侵占中国、韩国等国后，强迫当地人学习日语，强制推行日本的生活习惯。这些都是强迫传播日本文化的行为，其目的是企图用日本文化取代当地的文化。

早期的宗教传播是一种自然式或交流式的跨文化传播，如佛教在中国的传播。但是，后来在某种特殊的社会历史条件下，它也成为一种强迫式的跨文化传播，如基督教民族向伊斯兰教地区进行的强迫式的跨文化传播。在中国近代史上，一些早期西方来华传教士遵守中国法律，尊重中国风俗习惯，受到官方认可，他们为中西文化交流都做出了不同程度的贡献。但伴随着西方国家的武力侵略与征服，基督教也成为西方列强对中国进行文化征服、强迫式跨文化传播的工具。（余三乐，2001：9）

三是交流式跨文化传播。它主要是指不同国家和地区在加强理解、共同促进发展的前提下，彼此之间互相介绍和推广自己的文化。这是一种积极主动的、文明的跨文化传播方式，是社会文明发展到一定程度的国家和地区所采取的跨文化传播的主要方式，其具体的途径也是多种多样的，主要包括以下几点：

（1）商贸传播。随着商品经济的发展，归属于不同文化的国家和地区之间建立了商业贸易关系。商品之间的交换不仅促成了彼此之间的贸易往来和经济发展，还促进了双方的跨文化交流与传播，如中国古代著名的"丝绸之路"最初就是为了国际性的丝绸贸易而由商人们开辟的。通过贸易往来，中国的丝绸、瓷器、茶叶等不断地输往国外，文化产品（如书籍、书法和绘画作品等）也成为开展贸易的对象。商业通道也成为不同文化相互交流与传播的渠道。

（2）宗教传播。宗教是一种包含多层次内容的文化形式，宗教传播是一种影响广泛的跨文化传播途径，能够传播多种文化要素，在人类文化交流史上发挥过重大的作用，如印度佛教传入中国后，其富有思辨性的哲学、逻辑学、文化、艺术等因素也随之而来，大大充实和丰富了当时的中国思想文化内涵，最终发展成为中国化的佛教。而鉴真和尚东渡日本，使中国的建筑、绘画、音乐和工艺技术、饮食习俗、医药等也随着佛教的传播在日本得到传播。

（3）学术传播。随着人类生活实践、知识经验以及思想认识的不断积累和发展，不同文化的国家和地区之间展开的学术交流日益频繁，这也促进了异质文化的融合。许多世界经典名著被翻译成不同语言的文字，让不同语言文化背景的人了解他者文化；国家之间互相派遣留学生和访问学者等，可以对异国文化进行全面、深刻和系统的了解；国际召开多个国家学者参加的学术讨论会等都是进行跨文化交流和传播的重要途径。

总之，随着人类生产和交往范围的不断扩大，跨文化传播的方式和途径也越来越趋于多样化，如体育传播、旅游传播等。特别是由于现代传播技术和信息网络水平的提高，跨文化传播受技术手段影响越来越大，并呈现出媒介化的发展趋势。跨文化传播已经成为人类文化创新和发展的有效方式，是世界上不同国家和地区弘扬本民族文化，提高文化软实力的重要途径。

## 二、译介学相关理论概述

### （一）译介学

译介学是比较文化中的译介研究，是整体译介研究的一部分，主要指文化译介、译介文化和文化层面上的译介研究。译介学开始是从比较文化（尤其是文化）中媒介学的角度出发，但目前越来越多是从比较文化的角度出发，对译介尤其是对文化译介和译介学进行研究。严格意义上说，译介学研究不是一种语言研究，而是一种文化研究，它关心的不是语言层面上出发语与目的语之间如何转换的问题，而是原文在这种外语和本族语转换过程中信息的失落、增添、变形、扩伸等问题，以及译介（主要是文化译介）作为一种跨文化交流的实践活动所具有的独特价值和意义。

译介学的主要内容可以从与传统意义上的译介研究对比中看出。

译介学将译作、译者和译介行为作为研究对象，并将它们置于两个或两个以上不同的民族、社会文化背景下研究，审视和阐发不同民族、文化社会是怎样进行交流的。而传统译介研究以原文为研究对象，对原文进行语言文化等对比研究。

译介学研究重点是在译介转换过程中表现出的两种文化之间的交流，它们的相互理解和交融、相互误解和排斥以及相互误释而导致的文化扭曲与变形等。而传统译介研究多注重于语言的转换过程以及与之有关的理论问题。

译介学把译介看成文化研究的一个对象，不在乎译本译介质量的高低优劣，不涉及价值判断，而是把译介作品当作一个既成事实加以接受，然后在此基础上展开译介作品对文化交流、影响、传播、接受等问题的考察和分析。传统译介研究者的目的是总结译介方法来指导译介实践，这是译介学和传统译介研究最根本的区别。

"创造性叛逆"是译介学的基础和出发点，包括译者的创造性叛逆和接受者与接受环境的创造性叛逆。译者的创造性叛逆指译者在世界观教育等影响下，理解作品时会产生创造性叛逆；在译者译介理念和译语环境的译介规范制约下，译者也会做出种种"改写"，译作的语言和风格较原作会出现创造性叛逆。接受者与接受环境的创造性叛逆即读者在自己的世界观、文化观念、个人阅历等的影响下，对译作的理解产生的创造性叛逆，其根源还在于接受环境。传统译介研究的出发点是寻求对原文最大限度地"忠实"而不是对原文的"创造性叛逆"或者改写。（谢天振，1999：8，10-11，130-143）

### （二）跨文化传播下的"译"与"介"

#### 1.译介即传播

传播最基本的要素是符号，其本质体现为信息的共享、交流和传播。译介因语言障碍存在导致无法沟通而成为一种必需，为克服语言障碍而达到不同语言的人们之间的交流，便成为译介之目的。（许钧，2002：63）正如劳伦斯·韦努蒂所言，译介是在致力于转述一个异域文本，以达到理解交流传播之目的。（劳伦斯·韦努蒂，2001：359）

译介与传播有很多共同点，具体体现在以下几点：

第一，译介和传播的目的都是传递信息，具有互动性。译介与跨文化传播都是双向的，是译者（传播者）与读者（接受者）之间信息共享和双向交流的过程。常见的人际传播和交流主要有无反馈的单向式交流和有反馈的双向式交流两种。单向式交流区分了传播者与接受者的固定地位和作用，却忽视了传播者与接受者还可以转换角色。而在双向式交流中，传讯者与受讯者的作用是对等的，双方是互动关系。罗选民（2008：91-94）认为尤金·A·奈达的译介动态对等模式作为一种译介检验法与双向式的文化传播模式在理念上极为相似。"动态对等"是指译文读者对译文的反应相当于原文读者对原文的反应。这种对译文质量的检验是建立在译文读者对译文的理解与原语读者对原文理解的比较基础之上，而且只有译文被译文读者理解，才能最终衡量译文是否正确和恰当。（谭载喜，1999：21-22）这种强调译文与译文读者同原文与原文读者的互动与传统的"作者—文本译者"的单向分析有很大的不同。（罗选民，2008：91-94）

第二，正因为文化是动态的，总是处在不断的传播之中，而文化又是多元的、异质的，所以它的传播并不是封闭的、单向的，而是互动的、双向的，甚至是多维的，这就是跨文化传播以及作为跨文化传播的译介所共有的特征。

第三，传播和译介的载体是符号，两者都离不开语言和符号。传播离不开媒介和符号，媒介负载符号，符号负载信息。符号与媒介是一切传播活动赖以实现的中介。传播的核心是信息，它是信息的流动过程。在人类传播活动中，既不存在没有信息的传播，又不存在脱离传播的信息。文化是以符号的形式而存在着的，文化的产生目的就是为了传播，任何符号只有在传播中才能获得意义和价值。没有传播，符号便没有了意义，文化也就失去了存在的可能。因此，跨文化传播活动离不开语言和人类所独创的符号——人类正是通过这些语言、符号才得以进行信息的交流、实现价值观的沟通及意义的重构。（罗选民，2008）译介作为跨文化传播的主要方式，其对语言和符号的需求和依赖更甚于其他因素。离开了语言和符号，译介根本就无从进行。

　　第四，译介和传播都是有意识、有目的的社会行为和信息交流传递，其过程都表现为一种互动性，各要素组成了一个系统动态的整体。跨文化传播是人类的一种有意识、有目的的自觉活动，传播主体希望能达到一定的目的和效果。可以说，跨文化传播是异质文化间动态地传递信息、观念和感情以及与此相联系的人类交往沟通的社会性活动。同样，人类的译介活动也总是在一定的意识支配下有目的、有指向地进行，是一种主体的认知活动，也就是说没有意图的跨文化传播和译介都是不存在的。在跨文化传播活动中，传播者对信息进行收集、选择、加工和处理，几乎在每一个环节都在有意识地进行跨文化的创造活动，体现着一定的意图性和目的性。

　　就译介的传播本质问题，钱锺书先生在论述"林纾的翻译"时就论述过"汉代文字学者许慎有一节关于翻译的训诂，意蕴颇为丰富。《说文解字》卷十二《口》部第二十六字：南唐以来，小说家都申说'译'就是'传四夷及鸟兽之语'，好比'鸟媒'对'禽鸟'的引'诱'"。"媒"和"诱"当然说明了译介在文化交流里所起的作用。它是个居间者和联络员，介绍大家去认识外国作品，引诱大家去爱好外国作品，仿佛做媒似的关系，使国与国之间缔结了"文化因缘"，缔结了国与国之间唯一的较少反目、吵嘴、分手、挥拳等危险的"因缘"。（张经浩，2005：57）译介本质上与文化传播密不可分，甚至可以说你中有我、我中有你。

　　罗曼·雅各布逊将译介分为三类。第一类：言内译介，即在同一语言内部进行译介。第二类：通常所指的译介，是指两种不同语言信息文化转换。第三类：符号译介，是非语言的译介。（Jakobson，2000：114）这样的分类使译介成为人类文化活动的总体特征，每时每刻人们都在用不同方式在译介、诠释，进行文化或者跨文化传播。

　　2."译"与"介"

　　20世纪40年代，当代译介理论研究开始了"语言学转向"，译介学者开始从科学的、现代语言学的视角讨论译介中如何"译"的问题。

　　译介语言学派代表人物有奈达、卡特福特、纽马克、哈蒂姆、雅克布逊、乔治·穆南、斯奈尔·霍恩比等。他们通过运用结构理论、转换生成理论、功能理论、话语理论等现代语言学理论对译介进行了科学系统的研究。（谢天振，2008：1）奈达把译介定义为"用最贴切最自然的自然对等值再现源语的信息，先是意义后是风格"。（Nida，1969：12）卡特福特将译介定义为"用一种等值的文本材料替换另一种语言的文本材料"，认为"任何译介理论都必须采用某种关于语言的理论"。(Catford, 1965 : 20) 纽马克认为译介就是"把一种语言中某一语言单位,用另一种语言表达出来的行为"。(Newmark, 1991 : 27) 费道罗夫认为译介就是"用一种语言把用另一种语言内容与形式的统一中所表达的东西准确而完全地表达出来"。(费道罗夫,1955 : 9) 雅克布逊的论文《论译介的语言学问题》对译介进行了分类,成为语言学派译介研究的经典之作。译介语言学研究认为,译介隶属于语言学,将译介看成语言符码之间的转换科学,对译介认识局限于语言层面的转换,关心的是源译文间如何实现等值,研究方法以规约性为主导,以源语为中心,解决译介中的"译"的问题。

随着译介研究的发展,人们发现译介活动与译本生产以及文本的传播不是在真空中进行的,而是与文化其他表现形态存在有机的密切联系。译介语言学研究范式只能解决译介文本生成问题,而无力有效解决译介文本之后"介"的问题,即影响、接受、传播问题。例如,为什么语言上更忠实的译本反而不如不怎么忠实的译本受欢迎?为什么相同译本在有些文化中受欢迎但在有些文化中却遭到冷遇?译介文本该如何才能得到目标读者的青睐?于是,从20世纪七八十年代开始,译介研究突破单一语言学的"译"研究,开始关注译介文本"介"的问题,开始了"文化转向"。译介研究不再把译介看作语言转换间的孤立片段,而是把译介放到一个宏大的文化语境中去审视。(谢天振,1999 : 32) 文化学派从文化层面进行译介研究,将译介文化作为译语文化系统的一部分,采用描述性的研究范式,其核心研究范式是"描写、系统、操纵"。译介研究文化学派的代表人物有伊塔马·埃文—佐哈尔、詹姆斯·霍尔姆斯、西奥·赫曼斯、吉迪恩·图里、苏珊·巴斯奈特、安德烈·勒菲弗尔等,他们的译介理论不再局限于译介研究语言学派所聚焦的源文与译文的语言对比,而是更多侧重从文化层面审视译介研究对影响译介产生和接受的规范和约束机制、译介和其他类型文本生成之间的关系、译介在特定文化以及不同文化之间的相互影响中所扮演的角色和地位。(Hermans, 1999 : 10–11) 译介文化转向意味着译介研究不再去问"什么是好的译介""应该怎样译介",而是去探索"译本在做什么""怎样才能达到读者手中并让他们接受""怎样才能更好地传播并引起反响"等问题。译介研究因此走出了没完没了的关于"对等""忠实"等问题的辩论,转而讨论跨越语言界限的文本生产所涉及的诸多因素以及文本产生后如何传播问题。(耿强,2010 : 34)

译介研究文化学派译论与译介学所关注的重点是一致的。和译介研究文化转向一样,译介学跳出了简单的两种语言文字转换的直译、意译、归化、异化等译介方法和译文是否忠实于原文、文本如何等值等具体语言操作的问题和译介标准等层面"译"的问题，而是把译介放到不同民族文化社会背景下去审视，更关注译介文本生成后"介"的问题。

译介文化传播到外国是跨文化传播过程。译本出版不是传播的结束，而是异国传播的开始。译本进入异域阅读层面，赢得异域行家的承认和异域读者的反响才是作品在海外传播成功的关键。（吕敏宏，2011：11）

就通过译介促进中国文化"走出去"而言，译介学认为通过译介促使文化"走出去"不是简单的文字译介或译介质量问题，译介文本的产生只是传播的开始，在它之前还有选择谁译介和译什么的问题，在它之后还有"交流、影响、接受、传播等问题"。（谢天振，1999：11）只有深入考察和分析译介文化的交流、影响、接受、传播等问题，才能深刻认识译介与语言文字转换背后的诸多因素之间错综复杂的微妙关系，才有可能抓住中国文化如何走出去这个问题的实质，才有可能发现问题的关键所在。（谢天振，2013：47）中国的文化为什么走不出去？有人认为是因为译介的语言太差。这样认为是对译介认识的局限或者不懂译介。从这个意义上来说，国际译联 2012 年确定国际译介日的主题是"译介即跨文化交流"，这是对译介和译介研究本质目标的重申。如果只关注语言文字的转换，忽视了跨文化交际的大目标，译介则失去了意义。（王志勤、谢天振，2013：24）

### （三）"译入"与"译出"

译介的方向除了"译入"行为外，还有"译出"行为。在"译入"活动中，译入语国家对外来文化有着强烈的需求，译者只需集中精力把外国的文化、先进的思想与理论著作忠实地译介过来，让本国人民从中吸取营养，借鉴丰富先进的经验。因此，在"译入"活动中，译者只要把文化作品译介好了，其接受、传播和产生影响都很容易。（王志勤、谢大振，2013：25）"译出"是要把自己的文化送出去，要让译入语读者文化接受，要在异域文化得到传播、产生影响，忠实的译介远远不够。好的译介并不意味着好的接受，并不等于就走了出去。（谢天振，2012：3）

译介的一般规律都是从强势文化走向弱势文化，是输入国有强烈的译介需要，而不是输出国一厢情愿的行为。（谢天振，2013：46）在中国译介史上，从 146 年开始的佛经译介时期，明末清初西方科技著作的译介、以严复为代表的清末西方书籍的译介、五四运动译介高潮到改革开放以来对西方书籍的译介，我国的译介都是以"译入"为主。当前的通过译介促使中国文化"走出去"是"译出"行为。"我们是弱势文化，就得主动推介。"（鲍晓英，2013：43）鲁迅说："他们不来拿，我们就送过去。"季羡林也曾说，我们要采取"送去主义"，把精华送到你眼前，如把珍馐送到你嘴里，把美酒灌入你口中，把绫罗披到你身上，把珠翠带上你手指。译介是将中国文化精髓传播出去，实现中国文化与世界文化的汇通和融合，完成中国文化"走出去"时代重大使命的途径之一。（黄友义，2008：9）"送出去"与"拿进来"是有区别的，把过去对"译入"活动总结出来的理论简单拿来指导今天的"译出"实践，这注定是不能成功的。（谢天振，2013：47）目前对中国译介文化"译出"的认识主要存在两个误区：一是以对抗的方式挑战西方文化的强行输入；二是主张抵抗式异化译介方法。（胡德香，2006：23）这种误区一方面是因为忽视了译介是跨文化的交流，其实质和最终目的是推动不同民族和文化之间的交流；另一方面是忽视了我国文化在世界上所处的弱势地位。只关注语言文字的转换，忽视跨文化交际，译介必然不会成功。建立在"译入"实践上的理论核心是只要把译本翻好就可以了，不用考虑其他的因素，而"译出"不仅要把作品译好，还要考虑文本以外的接受因素。只有尊重文化译介规律，积极探讨对外译介的译介理论，才能更好地指导"译出"实践。（王志勤、谢天振，2013：25）

### （四）传播的模式

美国政治学家哈罗德·拉斯韦尔在《社会传播的结构与功能》一文中提出了拉斯韦尔传播模式。文章中，拉斯韦尔认为传播过程均包含五大基本构成要素，即谁（who）、说什么（what）、对谁说（to whom）、通过什么渠道（in what channel）、取得什么效果（with what effect）。具体说，"谁"指的是传播者，在传播过程中承担着信息的收集、加工与传递的任务，传播者既可以是个人，又可以是集体或专门机构；"说什么"指的是传播内容，它是由有意义符号组成的信息组合，符号包括语言符号与非语言符号；"渠道"是信息传递所必须经过的中介或借助的物质载体，可以是诸如电话、信件等人与人之间的媒介，也可以是报纸、电视、广播等大众传播媒介；"对谁说"指的是传播受众，如听众、读者、观众等，它是传播的最终对象；"效果"指的是信息到达受众后在其认知情感、行为各层面所引起的反应，即对信息的接受情况，它是检验传播活动是否成功的重要尺度。（郭建斌、吴飞，2005：116-125）拉斯韦尔传播模式奠定了传播学研究的五大基本内容，即"控制分析""内容分析""媒介分析""受众分析"以及"效果分析"。

后人在拉斯韦尔传播模式基础上，又增添了其他一些考虑因素。比如，1954年施拉姆根据奥斯古德的观点提出了传播过程中的回馈，认为传播过程是一种有回馈的循环，强调了传播的互动性，并把传播双方都看作传播行为的主体。20世纪60年代，德国学者马莱兹克从心理学层面建构了包括传者、讯息、媒介、受众、来自媒介的压力与限制、受众对媒介印象六个要素的传播模式。在该模式中，马莱兹克突出了受众的社会心理特质，主张受众自我形象、所处社会环境、对媒介印象影响传播接受过程，正视受众主动性，如其对媒介内容的选择和对传播者的自发回馈。20世纪90年代，申农和韦弗提出要注意外界因素对传播效果的影响。传播学者赖森主张回馈代表接受者解码后的传播流程噪音、内容反应。赖森认为接受者有两个责任：一是接受者对客观信息和个人主观看法间求得平衡后提出合理性批评；二是做出合适回馈，取决于接受者的理解力立场表达能力。（王锡苓，1988：34）布雷多克指出应考虑传播者传递信息的具体环境与传播目的。奥斯古德和施拉姆也强调接受者的反馈对传播者的影响和作用，把传播看作一个循环过程，而不是一个直线过程。可以看出，虽然后来的学者都对拉斯韦尔传播模式进行过各种修订、补充和发展，但是大都保留了它的本质特点。拉斯韦尔传播过程模式是传播学的理论经典，对实现有效传播有着积极的指导意义。

（五）译介的模式

译介的本质是跨文化传播，同样包含拉斯韦尔传播模式五大基本要素，将该模式应用到文化译介，即包含译介主体、译介内容、译介途径、译介受众、译介效果五大要素的译介模式。

可以看出，译介作为传播文化的一个重要环节并不单独决定文化的传播效果，文化的译介不是在真空中进行的，需要考虑的有选择译介谁、译介什么作品、采用什么译介策略、使用何种译介策略、通过何种渠道传播、对谁译介、译品的接受效果如何等。"谁"就是译介主体，"说什么"就是译介内容，"对谁说"就是要关注译介受众，"通过何种渠道"指的就是译介途径，"效果如何"就是指译介效果。译介研究就是要把译者、译作或译介行为置于不同社会文化大背景下进行考察，分析其文化交流、影响、接受和传播，考察译作的传播就是要关注其传播链上的各个要素等问题。

考察中国文化译介就是要考察其译介过程的不同要素，即考察中国文化的译介主体、译介内容、译介途径、译介受众和译介效果这五大要素，针对该五大要素提出的观点共同构成了中国文化"走出去"译介模式的主要内容。对译介主体、内容、途径以及受众进行深入研究有助于探索最佳译介模式。加强对译介主体、内容、途径、受众和效果的研究、探索中国文化"走出去"最佳译介模式是重要的研究课题和任务，在国家大力寻求文化"走出去"、提高我国文化软实力的今天，完成该任务显得尤为紧迫。（鲍晓英，2014：74）

### （六）跨文化传播与译介传播的对应关系

在进入全球化时代的 21 世纪，跨文化传播将渗透到人类生活的方方面面，从不同角度影响我们的思维和行为方式。美国学者亨廷顿（Huntington，2002：129）认为，在当今时代，文化差异是客观存在的，而且将是未来世界冲突的主要原因。要让世界充满爱，充满理解，充满和平，跨文化传播的通畅与否就变得十分重要。然而，在跨文化的传播活动中，人们大部分是通过文字（翻译）达到交流目的的，翻译和写作构成我们跨文化交流的基本形式，因而把跨文化传播同翻译研究结合起来，无疑可以开拓新的研究方向，丰富翻译研究的内涵。

翻译作为跨文化传播的主要方式，其传播过程必然符合跨文化传播的基本特征和属性。我们不妨从跨文化传播学的角度分析翻译活动包含的各个要素。总结前文，跨文化的信息传播过程具体涉及 8 个要素：谁传播（who says）、传播什么（say what）、通过什么媒介传播（through which channel or medium）、以何种方式传播（in what way）、向谁传播（to whom）、传播的目的是什么（for what purpose）、在什么场合下传播（in what circumstance）以及传播的效果如何（with what effect）。（张燕琴，2003）这 8 个要素之间的关系是互相联系、彼此制约，共同构成跨文化传播过程的有机整体。我们也将从这几个方面研究翻译活动及其动态特征，即研究翻译主体、翻译内容、翻译渠道、翻译方式、翻译受众、翻译目的、翻译语境以及翻译效果，并通过这一有机整体体现翻译的功能（图 1-1）。

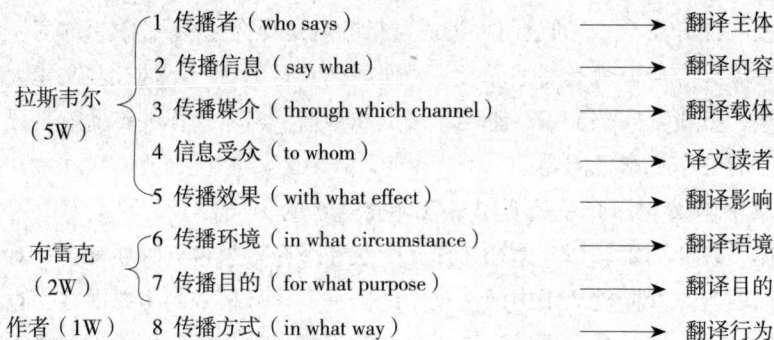

拉斯韦尔
（5W）
1 传播者（who says）————→ 翻译主体
2 传播信息（say what）————→ 翻译内容
3 传播媒介（through which channel）————→ 翻译载体
4 信息受众（to whom）————→ 译文读者
5 传播效果（with what effect）————→ 翻译影响

布雷克
（2W）
6 传播环境（in what circumstance）————→ 翻译语境
7 传播目的（for what purpose）————→ 翻译目的

作者（1W）　8 传播方式（in what way）————→ 翻译行为

**图 1-1　跨文化传播 8 要素 VS 翻译的跨文化传播 8 个属性**

这些环节要素与跨文化传播相吻合，联系也极为密切，恰恰说明翻译的跨文化传播本质和属性。事实上，跨文化传播离不开翻译，而翻译就是跨文化传播。

### 三、文化翻译与文化传播

文化翻译的目的就是文化传播。文化全球化加速了各民族文化的交流、借鉴和融合，文化翻译就是把一个文化中独特的内容和文化现象介绍到更多的文化中，文化翻译活动有助于打破文化的趋同与单一，建构多样和谐的文化生态。但在实际的跨文化交际中，文化翻译面临不同文化之间的竞争，既要促进国际文化发展的多元化趋势，又要抵制文化霸权。

要维护世界文化的多样性并与文化霸权抗争，实现世界多元文化的平等对话，就必须加强文化传播。就中国文化而言，我们当前积极开展的汉译外活动就是积极的文化传播，通过汉译外的文化翻译，弘扬中华民族文化。每一个国家的翻译都是与文化战略联系在一起，也就是说，将翻译定位为文化战略手段，实质服务于国家或者民族的核心利益。这就是所谓的"文化翻译政治观"。（刘宓庆，2007：13）我国翻译史上的三次翻译高潮都具有明显的文化战略目标。

文化的本体论特征具有民族性、传承性、流变性和兼容性。文化的民族性和传承性使文化具有相对的稳定性和排他性，使文化翻译面临一定的困难，要将一个民族文化传播到另一个文化当中，并被其接受，具有一定的困难。但是，文化的流变性和兼容性又使传播成为可能。

文化翻译是文化传播的一种方式。文化翻译必须考虑文化传播的效果，因此使用不同的文化翻译策略可能会导致不同的文化传播效果。翻译必然发生在一定的社会环境和条件之中，依托特定的社会历史潮流与时代变迁而服务于某一特定社会群体，传播其文化与价值。

"文化翻译是一种文化互动而不是简单的同化。翻译的衍生性和调节作用意味着跨文化翻译是阐释的具体化，而不是文化形式的直接转换。"（孙艺风，2012：20）成功的文化翻译必须是一次有效的跨文化交流和文化传播。为了达到这一目的，翻译通常会对文本进行文化改写。改写是否有助于或阻碍了来自源语文本的信息取决于文化翻译最终所导致的差异。

"文化即传播，传播即文化"。（霍尔，1991：206）文化传播是文化展现的形式，同时是文化形成的主要途径。在传播的过程中，我们按照当前文化存在和发展的需要去设计，当这种文化的偏向与文化传播的偏向一致时，文化就融合形成新的文化。当文化的偏向与传播的偏向不一致的时候，不同文化背景的人与人之间的理解与沟通就会困难。因此，传播可以看作创造、修改和转变一个共享文化的过程。在传播过程中，文化圈不断扩展、延伸，并与其他文化圈发生交流关系，形成了创造、修改和转变一个共享文化的过程。文化传播表现为文化的内在张力，传播可以是多渠道、多层面的，但通常都离不开各种形式的翻译。各种形式的文化翻译本身就是一种文化传播行为。

# 第二章 文化"走出去"战略下中华优秀传统体育文化对外译介跨文化传播的现状及困境

## 第一节 文化"走出去"战略与体育文化的跨文化传播背景

### 一、翻译的跨文化传播功能阐释

人与人之间的交流、文化与文化之间的传播都离不开语言。语言成就了世界，传播缩小了世界，翻译沟通了世界。作为一种社会实践活动，翻译既是跨语言的，又是跨文化的，同时具有传播性。从跨文化传播意义上讲，翻译是桥梁，是纽带，是黏合剂，也是催化剂。它可以传递思想，丰富语言，开发智力，开阔视野，从其他语言文化中汲取对本族语文化有益的成分，从而变革文化，发展社会，推进历史演进。只有通过翻译，才能把人类社会不同文明推向一个更高的层次和发展阶段。

#### （一）翻译是一座跨文化传播的桥梁

众所周知，翻译是人类社会迈出相互沟通理解的第一步。无论是东方社会还是西方世界，一部翻译史就是一部生动的人类社会跨文化传播交流与发展史。随着全球经济一体化步伐的不断加快，世界各国间的科技、经济、文化等领域的交流日渐频繁，对翻译的需要越来越多，翻译的重要性也不断凸现。另外，人类社会越发展，越体现出一种开放与交流的精神，越不能故步自封。而人类社会要想走出封闭的天地，首先必须与外界进行接触，以建立起交流的关系，向着相互理解共同发展的目标前进。自人类有语言文化、习俗风尚以来，各民族之间为了传递讯息、交流文化，没有一桩事不是凭借翻译达成的。翻译恰如一座桥梁，把两个相异的文化连接起来，在不同文化之间的交流过程中扮演着至关重要、必不可少的角色。著名诗人歌德就一直呼唤要打破国界，积极进行不同民族文化间的交流。在他看来，翻译在人类文化交流中起着"至关重要的作用"——不仅起着交流、借鉴的作用，还具有创造的功能。（许钧、穆雷，2009：18）当然，就现实而言，歌德之所以成为世界性的歌德，他的文化生命之花之所以开遍异域，其力量也正是靠了翻译这座桥梁。

### （二）文化翻译产生翻译文化

文化是社会经验，是社会习得，它只能在社会生活的实际交往中完成；文化是历史传统，是世代相传、不断延续的结果。文化能帮助人们了解过去、认识现在、明白将来，推动社会有序地向前发展。所以，文化是动态的，它处在不断的传播之中；文化又是多元的，它的传播不是单向、封闭的，而是多维的、交叉的。一个民族的语言可以折射出这个民族纷繁多彩的文化形态，所以文化信息传播不仅是物质文化形式的引入，还是价值观念、思维模式、社会心理、感情传达等精神文化层面的相互接触与认识、选择与吸收，同时涉及各文化层面上错综复杂的关联以及深层次的转化与变异。在异语文化传播中，文化是翻译传播的内容，翻译传播是文化的羽翼，异质文化借翻译而传播、交融和延续。

人类社会的发展史是一部各种文化不断相互融合的翻译历史。多样的文化造就了五彩缤纷的现实世界，翻译则打通了不同文化社会之间的分割，形成了一种文化信息与另一种文化信息的交流互动，推动了世界文化的共同发展，创造了共享的人类文明。跨越文化障碍而进行的文化信息的传递过程是人类社会所特有的活动，需要借助符号进行思想交流和文化传播。（雷巧梅、徐美娥，2006）作为跨文化传播的中介，翻译参与文化符号的解码和编码活动，因而同时具有文化和传播的双重性质。翻译的过程本身既是文化行为，又是传播活动，是发生在语际交流过程中跨文化信息的传播。一方面，受译者自身知识范围、经验、世界观、价值观等因素的制约；另一方面，受其所处社会、文化环境的制约，体现了民族文化的特色。

文化翻译的结果是产生翻译文化。所谓"文化翻译"，一方面就像"文化翻译"或"文化创作"等概念一样，仅指一种文化传播行为；另一方面是指对文化进行翻译的活动，是一个对异语文化进行移译的动态过程。"翻译文化"是"文化翻译"的结果，可从两个层面理解：一是指以翻译理论和实践为研究对象，并在对其进行研究的过程中所产生的文化，包括翻译标准、翻译方法、翻译批评等一系列和翻译研究有关的内容；二是从跨文化传播意义上进行理解，是指通过翻译而输入的源语文化或外来文化，以及该源语文化在与目的语文化融合后而产生的文化，即"第三种文化"，或"杂合文化"。这个过程是从输入到融合再到发展，从简单到复杂，从初级到高级，从一元到二元甚至多元。其实，从文化翻译到翻译文化的过程就是跨文化传播视野下从翻译开始到翻译产生效果后翻译功能的实现过程。

### （三）翻译传播的社会文化功能

翻译的功能主要体现在社会文化层面。社会的变革和文化的发展往往和蓬勃开展的翻译活动有关。翻译可以引发对特定文化乃至社会制度的"颠覆"，也可以助推不同文明向前演进。古罗马的希腊文化翻译导致了拉丁文化的诞生，五四运动时期的西学东渐及大规模翻译活动促进了现代白话文的形成和发展，这些无疑都是体现翻译的社会文化功能的最佳佐证。

在全球化时代，信息传播与大众传媒的崛起使全球化与文化全球化休戚与共，翻译无疑是跨文化的信息传播，是信息跨文化传播的必备工具与渠道。因而，全球语境下的翻译研究必须摆脱狭窄的语言文字层面的束缚，将其置于一个文化全球化的跨文化语境之中，何况研究翻译本身也是一个跨文化的问题，尤其是涉及多种文化互动关系与比较研究。翻译研究的兴衰与文化研究的地位有着密切的关系。如果跨文化研究算作一门新兴的跨学科研究的领域，以语言转述和文化阐释为特征的翻译研究就是一门独立的人文社会科学分支学科。在跨文化传播研究的大语境下，研究翻译自然也成了一种跨文化现象与活动。由于翻译历来就是一种跨文化传播与文化阐释的重要手段，在人类社会历史文化发展过程中，它的功能是任何人工智能都不能取代的。

#### 1. 翻译传播促进了文化整合

翻译传播具有对异质文化的整合机制。我们说文化是整合的，指的是构成文化的诸要素或特质不是各个成分的随意拼凑，而是在大多数情况下相互适应或磨合共生的。（卡罗尔，恩伯，1988：47）人类文化的交流和传播是促使文化整合、生成新的文化结构和文化模式的关键因素。人类发展的历史可以说就是不同文化通过翻译不断整合的历史。（庄晓东，2003：41）在文本翻译中，文化信息整合的结果是使译文富有他种文化的气质、意象或意境。在整合过程中，有必要将文化信息载体（如语言、场景、事件、气氛等各种语境的组成部分）进行充分了解、识别、重组。这就要求译者必须具备敏感的跨文化意识和文化信息感应能力，使翻译效果得以充分体现。另外，翻译文化在目的语社会环境的传播过程中也会与目的语社会文化因素接触，通过或碰撞，或冲突，或交融的方式达到整合，最终产生新的文化因素和面貌。一般来说，通过翻译而实现的文化整合是不同文化的兼容和重组，是异质文化之间彼此吸收、借取、认同并趋于一体化的过程（孙英春，2008：23–26）。

### 2.翻译传播促成文化增殖

文化增殖是文化在质和量上的一种"膨胀"或放大，是一种文化的再生产和创新，是一种文化的原有价值或意义在传播过程中生成一种新的价值和意义的现象。一种封闭、保守、落后的文化，一种缺乏创新性的文化是不会增殖和再生的，这种文化必然随着历史的发展而被淘汰出局。翻译引入其他民族的文化，增进本民族的文化，从而促进本民族文化的繁荣与发展。另外，跨文化翻译传播的结果不是1+1=2的简单运算，不是甲文化和乙文化简单相加的结果，它会产生非算术相加所能得到的效应，还会激发人们追求更多的知识与信息的兴趣和无穷的创造力。(邹振环，2000：8)因此，它可能是甲文化与乙文化融合后产生的化学催化反应，其结果可以使其中一种文化性质以及该文化所处的社会发生根本性的变革。可见，翻译传播是形成、保存和发展人类异语文化的必由之路，赋予了译入语文化以新的生命活力，实现了异语文化的增值。

### 3.翻译传播形成文化积淀

翻译文化传播使源语文化财富在译入语文化中被承接和传播开来，成为译入语社会不断积累的文化遗产，使异语文化在历史长河中得以堆积和沉淀，这种文化的承继和发展便是文化积淀。翻译文化传播的时间越久远，在译入语社会的积淀就越深厚。这种文化的积淀不仅是简单的由上一代文化机械地传递给下一代的历时性过程，还是在传播过程中不断吸收外来优秀文化的共时性的创造过程。(雷巧梅、徐美娥，2006)异语文化积淀促进了人类文明的共同进化和发展，如古代印度辉煌的佛教文化在其自己的故土早已沉沦，却通过佛经翻译活动在中国得到保存，并找到了生存、发展和积淀的环境，成为中国文化重要的一部分。

### 4.翻译传播推进文化变迁

文化变迁是指世界上任何一种文化都处在动态的发展和变化之中，都不同程度地经历着产生、发展、变化、衰退和再生的过程。翻译传播使异语文化成为连续的机体并不断发生改变。翻译的跨文化传播则是异语文化变迁最普遍、最根本的原因。比如，得益于西方民主和科学思想在中国的传播，20世纪初中国发生的五四运动和新文化运动是中国近现代社会的一次大规模的文化变迁。中国文化在经过了五四运动和新文化运动洗礼之后，不仅接受了近代西方民主与科学思想的传播，更重要的是接受了马克思主义在中国的广泛传播，为建构一种新的社会文化模式和文化体系提供了必要条件，从而使中国文化实现了从半殖民地半封建文化向社会主义文化的跨越，开创了中国文化发展的新视野和新境界。又如，古罗马文化不仅继承和发扬了希腊文明，更重要的是随着罗马帝国的向外扩张，它把同一种文明传播推广到了整个西欧大陆，使西欧各国结合各自的文化语境以自己独特的方式发生着变化。由此可见，跨文化的翻译传播为社会文化的创新与发展提供了强大的推动力。纵观人类社会文化发展的历史，虽然引起异语文化变迁的原因是多方面的，但其中最普遍、最根本的原因是跨文化的翻译传播。

## 二、中国面临的国际形势概况

第一次工业革命后，西方世界在科技、经济、军事等领域长期处于世界领先地位。西方世界实力的提升、东西方关系消极转变以及长期大规模的扩张，使西方世界逐渐拥有较强文化优越感和一整套遍及世界政治、经济、文化领域的话语体系，西方文明开始世界化，世界文明也开始西方化。在改革开放以来，我国经济发展快速，并在全球化发展过程中加速融合和吸收各种文化，促进了各种文化在广泛传播中发展，但这也使我国民族文化日益面临着"文化侵略"和"殖民文化"的压力。经济上的支配力量衍生出的强势文化在文化全球化的过程中是以处于强势地位的西方发达国家的价值标准、文化秩序、权利实践作为基本点的。西方发达国家极力扩张西方的意识形态和文化模式，力图建立与其地位相一致的"西方中心模式"，形成西方"文化霸权"的局面，利用科学技术和大众传媒设施的优势，占领精神空间，推销意识形态和价值观念。

西方文化的顺势植入同样影响着中国文化，使其慢慢开始向西方文化靠拢，出现了文化上的"西化"，以至于失去了大量的优秀传统文化。就目前形势而言，发达国家不断在向发展中国家植入西方文化，实行"全盘西化"的操控，使之成为主流文化，以保持自己在国际上霸主的地位。

## 三、中国文化的国际挑战与机遇

### （一）中国当前面对的文化攻势

如今，全球化已经成为当代世界发展的历史趋势，各个国家都只能面对不能回避。文化软实力作为体现一个国家综合实力的重要指标之一，其主要体现在强势文化对弱势文化的渗透和影响上。西方人逐渐习惯于"西方中心论"的思维和行为方式，很难以平等、理解的心态进行沟通。西方社会认为，东方并不是与西方平等地居住在地球的另一半，而是西方的原料产地、销售市场，西方才是强大的本土，东方只不过是受西方支配的遥远异邦。

"冷战"结束后，竞争对手的衰落使以美国为代表的西方国家的国际地位骤然上升，这也进一步加快了西方国家推行文化霸权主义的步伐。

1992年，美国前总统布什在《美国复兴日程》一文中明确指出："我们的政治和经济联系由于美国文化对全世界的吸引力而得到补充。这是一种我们可以利用的软力量。"克林顿政府更是把"诱导和扩大民主的战略"作为重点施政方针。后来小布什上台后，推行文化霸权的战略更是有过之而无不及。文化霸权实质上是强权政治和霸权主义在文化领域中的明显反映，是西方文化中心主义的变种。它通过向对象国输出、推销自己的价值观念和生活方式，实现文化"入侵"和"占领"的目的，并企图以自己的政治和文化理念主导世界舆论。

西方遏制我国的文化软实力主要从以下几个方面入手：第一，经济上宣扬自由市场经济和私有化。把资本主义主要国家利益上升到国际经济利益的高度，宣扬资本主义经济制度的资本主义国家对发展中国家经济援助的全人类性和优越性。第二，在社会意识形态上，攻击马克思主义。意图解除马克思主义在中国的主流价值地位，用拜金主义、享乐主义和极端个人主义取代集体主义和爱国主义，用"全人类的价值观"取代马克思主义的地位。第三，在政治上颠覆我国的政党制度和政体。把中国的国家政治制度作为集中歪曲、攻击和诋毁的对象，否定无产阶级政党的执政地位和领导权。第四，在历史问题上筹划和否定中国共产党的领导人与革命史。第五，在国际关系上，鼓吹文明冲突和普世文化价值观，否认国家主权。

### （二）中国传统文化备受世界关注

在世界文化史中，中国文化可以说是唯一一个能够保持几千年的文化，其文化精神绵延不绝、生生不息，并且是具有一脉相承的文化特质的民族文化。另外，中华文化传承千年而未衰，还在于它蕴含着优秀的民族精神。千百年来，这种精神成了中华民族战胜各种内忧外患、屹立在世界东方的精神脊柱，是中华文明历经时代更迭而始终发展着、维系着的重要力量和精神支柱。这种无形的民族气质是我们最宝贵的支柱力量，也是源远流长的历史文化传递给我们的最宝贵的精神财富。

英国历史学家汤因比曾指出："就中国人来说，几千年来，比世界任何民族都成功地把几亿民众从政治文化上团结起来。他们显示出这种在政治、文化上的统一的本领，具有无与伦比的成功经验。"中国文化一直备受世界的关注，不仅是因为其有丰厚的文化底蕴，更是因为改革开放以来坚持走中国特色社会主义道路，不断自主创新，利用传统文化的优势，结合本国国情，走科学、可持续的发展之路。所以，文化"走出去"战略的实施也易为世界大众所接受。

## 四、传统体育跨文化传播面临的国际文化差异

鸦片战争后，中西文化的交流碰撞十分激烈。从国格或横向地域的角度来看，这种文化交流是平等的，但从社会发展的纵深角度来看，这种交流存在着巨大的时代差异。我国有着历史悠久、博大精深的文化，这是中华民族自强不息的成果和文化传统，需要十分珍惜和继承。但任何文化都是一定社会经济和政治的反映，都有其历史局限性。因为我国民族文化存在的土壤与西方先进文明有着巨大的差异，所以随着世界政治经济文化"一体化"的进程加快、中国加入世界贸易组织，我国现今传统的体育文化的传承、发展不可否认地受到了西方文化的影响。在历史大变革的今天，民族文化的前途命运尤其是西方文化严重冲击下的传统体育文化的发展命运必须引起理论界的高度关注，进行深入探讨。

### （一）中西文化本体有着显著的差异

人类文化的存在和发展不但有共性的一面，而且有个性的一面，这主要通过人类文化的民族差异具体表现出来。众所周知，人类文化的具体差异是十分复杂的，而其具体差异主要分为人类文化的历史时代差异和民族差异。关于中西文化本体的比较，我们一般侧重中国传统文化与西方近代资产阶级文化的比较。这两者显然都有着历史时代的差异与民族的差异。关于文化的差异，普遍认为只有相对的区别。具体而言，中国传统文化比较重视人与自然、人与人之间和谐统一的关系，西方则比较重视人与自然、人与人之间分别对立的关系。所以，自"文艺复兴"以来，西方文化复兴的是个性、自我超越、创新、奋斗、反传统等，中国文化则有所差异，侧重内心修为、自然、继承传统、安怡等。我国传统体育文化在此文化底蕴之下就自然而然地注重自然的和谐、内心的愉悦。中西文化本体的差异性决定了中西文化在交流、沟通之中绝对不是一种缓和的相互包容、接纳，而是一种带有革命性的巨大文化冲击与反冲击。

### （二）中西文化主体有着显著的民族性格差异

从"人的文化存在即他的本质"这一命题出发，人是从文化世界获得价值意识的主体，是文化上意识的存在者与实现者。文化表现的是人的创造，反过来，文化又塑造着人。人的这种存在的本性其实就是"本性外教"的一种存在。中西文化主体指中西文化的创造者或受中西文化影响的生存者。中国与西方政治、经济、文化的历史发展轨迹不同，所处地理环境不同，各自的人格心理个性就有着显著的差异：中国重人的道德、人的社会性，强调"中庸"之道；西方国家则重个性张扬、人的自我存在，强调人的自由意识。在体育方面，中国民族体育文化

的差异就多与休闲文化联系，注重"自娱"与"娱人"。西方体育文化就是商业体育文化、竞技体育文化、博彩体育文化的合一，注重自我的得失。在奥林匹克运动重新勃兴以后，西方体育文化已具有世界意义，成为当代世界体育文化的主流。中国人民的心理性格因政治、经济、文化多角度、全方位地与西方交流，已与西方人形成渐同趋势，这使当今中国传统体育文化因文化主体心理性格的渐变而面临着严重的文化自我否定、排斥问题。

### （三）中西文化存在氛围有着绝对的差异

对于中西文化的差异，我们不仅要进行广义的文化本体与存在主体的分析，还要在狭义的文化概念中寻找中西文化因存在氛围的差异而存在的差异。从狭义的文化概念来看，中西文化存在着政治氛围、物质基础、地理环境等差异。西方因地理位置相对开放，工业文明、后工业文明以及生态文明的全面发展，在交通、通信、科技等社会生产力方面大都优越于我国居住于边远地区的少数民族。由于地理环境、物质基础、民族心理等多重自闭，我国少数民族地区的传统文化是一种原汁原味的野地文化，相对恶劣的历史地理人文因素又使其长期处于自给自足的自然经济状态。物质文明与精神文明相对于西方落后，因此其文化发展前景问题就成了当今少数民族发展的焦点问题。在政府加紧对民族地区的开发下，民族地区的文化存在氛围已有较多转变，部分民族的民族个性不再显著，尤其是居住于城市而非民族地区的少数民族人民受现代文化影响颇多，传统体育文化面临发展为"孤岛文化"的危险。

## 第二节　中华传统文化相关译介研究的现状

### 一、中华文化对外翻译的阶段

通过翻译向世界说明中国，助推中国走向世界，目前已被公认为中华文化国际传播的一条有效且必要的手段，也越来越受到重视。但因为翻译不只是语言之间的简单转换，而是与历史、政治、经济等因素密切相关，所以中华文化对外翻译的实践与研究是学界的一个难点，甚至可以说一直备受忽视。但随着中国综合国力的不断增强，中国的国际影响力不断增大，虽然从深度和广度方面翻译的"东学西渐"仍总体落后于"西学东渐"，但中华文化的外译总体呈现出强劲的发展态势。梳理中华文化对外翻译的现状并据此展望其未来方向和趋势，可在一定程度上使翻译更好地推动中华文化国际传播工作。中华文化对外翻译的步骤和步调与中国走向世界的节奏基本一致。改革开放以来，中华文化对外翻译的实践和研究大致经过了三个发展阶段。

（一）初创期（1980—2002 年）

20 世纪 80 年代之前，中华文化的对外传播主要服从于政治需要，相关翻译和研究负荷过多的政治色彩，除毛泽东诗词英译本外，大多数外译作品并没有在目的语文化中引起大的反响，局限性明显。20 世纪 80 年代以来，随着改革开放政策的实施及不断深入，中国的国门渐渐打开，中外文化交流日益丰富和活跃。翻译作为一种交流工具，成为日常文化交流的一种常态，越来越受到重视。尤其是 1990 年中国成功举办第 11 届亚运会后，中国的国际影响力日益增长，国家形象的塑造也成为国人共识，中华文化对外翻译工作被视为一种事关国家形象的战略，成为中国政府和学界关注的热点和焦点。与此相一致，中华文化对外翻译从实践和研究方面进入稳步发展期。相关研究一致认为，做好中译外工作才是一个翻译工作者对中华文化建设所做出的最有意义的贡献；翻译是中华文化国际传播的重要推手；新时期翻译的新使命是"让世界认识中国、了解中国"；等等。从译者和翻译策略方面对中华文化外译的研究也是从这一时期开始。

（二）拓展期（2003—2009 年）

这一时期，中华文化外译的制高点是北京奥运会举办前后形成的。2008 年奥运会自始至终是一场国家形象工程，是向世界规划、设计和传播中国的新形象。围绕着如何塑造这一形象及如何向世界说明这一新的国家形象的内涵，中华文化外译不但关注对外翻译中的中华文化元素，而且侧重发现中华文化外译中的问题并探索性地提出解决策略。比如，谢天振指出"对当下的中国来说，翻译是文化走向世界所必须重视的倚仗"，并提出 3 个工作重点：① 本国翻译者应更了解本国读者的阅读兴趣；② 中华文化走出国门需要国际合作的前瞻眼光；③ 国外的汉学家、翻译家应该受到鼓励和支持。另外，翻译主体能否正确认识和表达中华文化也是中华文化能否走出去的关键因素，因此，从事中译外的翻译者应加强自身的中英语言与文化修养。

（三）高潮期（2010 年至今）

这一时期的中华文化外译高潮不断，尤其是 2012 年莫言获得"诺贝尔文化奖"，使中华文化成为一个世界性的话题，相关翻译和研究也成为热点。

从翻译研究方面来看，这一时期研究者在继续关注翻译本体的同时，开始把目光投放到目标语文化语境"接受"和"国家机构""赞助人""读者期待"等其他关键外围因素上。研究者以"莫言获诺奖"为案例，指出中国文化、文化要成功走出去，必须遵循译介规律，综合考虑作者、译者、赞助人和出版机构等各种因素，绝不能用"译入"理论指导"译出"实践。除此之外，中华文化走出去还受源语国家和译语国家外交关系、意识形态、诗学及翻译规范的制约，并受翻译政策、读者期待、发行渠道的制约，而且译本能否受欢迎在很大程度上取决于接受方对译本的选择性阐释和接受，还要注意目标语文化系统内部的政治、经济和文化语境。汉英互译中的这种硬伤一直存在，并且将永远存在，所以必须在继续加强交流的基础上增进了解和理解，逐步消解文化外译中的屏障和壁垒，同时端正心态，掌握好节奏。

## 二、中华文化对外翻译的原则

综观改革开放以来中华文化外译的实践与研究，中华文化对外翻译整体上取得了长足的发展，但也存在着明显的问题，主要表现在以下几方面：一是功用主义色彩浓重；二是整体质量不够高；三是相关研究多以微观探讨翻译策略与方法为主，主观经验总结过重，缺乏客观数据的分析和理论重心；四是相关翻译理论主要基于语言学派和文化学派，对翻译学与比较文化译介学、传播学、社会学等学科的交叉创新研究不够；五是研究方法主要以文本分析为主，缺乏整体的历时和共时的描述与分析。

为了满足国内外日益增长的中华文化外译的需求，未来中华文化外译应更加重视以下几个方面：

### （一）中华文化外译应坚持"国家主义"原则

文化翻译虽然对国家的世界形象至关重要，但输入"软实力""潜实力"，效果不直观，价值不外现，经济效益滞后，而在以功用主义为导向的社会价值观影响下，中华文化外译也会因这些因素而得不到应有的重视。因此，虽然相关翻译和研究看似热闹，实则重复性强，观点缺乏创新，浅入浅出。因此，要让中华文化更好地走出去，必须从政策层面、操作层面改变"功用主义"翻译观，把中华文化外译提升到国家认识层面，在全社会形成"文化传播，人人有责"的"国家主义"翻译观，切切实实地把中华文化翻译工作当成大事业、不朽之功业，"子子孙孙，无穷匮也"。

### （二）提高层次，扩大辐射范围

中华文化外译的质量亟须提高，翻译的范围应继续扩大，受众覆盖面需要延展，避免低水平的"跟风"。另外，中华文化的外译除了依靠政府机关、教育机构和一些专业杂志外，还要营造"人人都是翻译家"的氛围，每个有意识地向海外传达中华文化精神的中国人都属于这样的"翻译家"，从而达到"文化外译的百家争鸣"局面。

### （三）加强跨学科的中华文化对外翻译研究

探索人文社会科学跨学科发展的路径及其条件已经成为当前中国人文社会科学繁荣发展的一个重要问题。中国的翻译研究从最初的语言学派所注重的文本内容与形式关系上的等值论到注重翻译受众效果的等效论，再到文化学派强调文化在翻译中的制约地位，其研究的系统性、稳定性越来越强，局限性也越来越明显。当前，中华文化外译应走出"钻牛角尖"式的实践和理论研究模式，树立以解决社会现实需要为导向的"问题"翻译观和研究观，加强翻译与社会学、人类学、历史学、传播学等多学科的综合性研究。

### （四）加强中华文化对外翻译的历时和共时研究

翻译以语言为载体，语言本身具有共时性和历时性，因此，翻译活动也是一种处在动态变化中的行为，具有共时性和历时性。共时具有"多样性"和"稳定性"，同一历史时期由于翻译主体的不同、翻译服务对象的不同、翻译目的的不同等，同一原语作品会出现不同翻译，即"多样性"；同一历史时期由于政治意识形态的相似、经济发展水平的接近、翻译现实需要的趋同，不同作品的翻译又会呈现出类似的特点，即"稳定性"。历时具有"不稳定性"，即翻译的标准、翻译的方法会随着历史的变更而发生变化。中华文化对外翻译的研究必须紧紧抓住翻译活动的共时与历时规律，在共时中寻同求异，在历时中寻异求同，从而更好地梳理、分析、推介中国的文化精髓。目前，中华文化外译的这两条规律尚未得到足够的重视，亟待基于文化外译的实践加强研究。

文化翻译任何时候都不单纯是文化问题，而是一个国家问题、世界问题，其复杂性和艰巨性无论怎么估计都不过分。因此，只有在充分尊重文化交流规律的基础上，全方位推动中华文化外译工作，树立"打持久战"的思想准备，并保持锲而不舍的精神、坚韧不拔的斗志，中华文化外译一定会成为中华文化国际传播的一道心灵之桥、彩虹之桥。

## 三、中华文化对外翻译的研究现状

我国关于传统文化译介的研究工作始于 21 世纪初，主要集中在对文化著作的译介。对中国文化译介研究的文献数量不多，已有文献中期刊论文可以分为两类：

第一类论文介绍了具体历史阶段和译介个案的译介传播情况及特点等，如

《理雅各与中国经典的译介》《古典文学西传研究——英语世界清代小说译介及特点》《论民国时期的中学西传》《论〈易经〉的英译与世界传播》《网络时代下的〈论语〉英译本传播及思考》《从〈三国演义〉到鲁迅，中国文学在泰国的传播》《中国道教综经籍在 19 世纪英语世界的译介与传播》《〈孙子兵法〉在英语世界的传播》《〈庄子〉在英语世界的传播》《〈红楼梦〉在法国的传播和研究》《〈孟子〉西译史评述》《石头激起的涟漪究竟有多大？——〈细论红楼梦〉霍译本的西方传播》《"熊猫丛书"走向世界》《翻译与翻译之外：从〈中国文学〉杂志谈中国文化"走出去"》《传教士译介与晚清文化社会现代性》《"熊猫丛书"英译本的跨文化传播》《从改写理论看杨宪益与〈中国文学〉杂志》《〈中国文学〉与"熊猫丛书"》《"一经品题，便作佳士"——英语世界的李劼人研究成果与现象》《老舍作品英译中的译出、译入比较》《文本的旅行与译作的操控——从操控论角度分析戴乃迭译作〈芙蓉镇〉》《论先锋小说在英语世界的传播与影响》《从莫言获奖谈英文文学期刊的困境与出路——以〈中国文学〉和〈人民文学〉英文版为例》《全球化语境下中国电视剧的跨文化传播研究》《〈浮躁〉英译之后的沉寂——贾平凹小说在英语世界的译介研究》《跨文化语用学视角下的外宣翻译策略研究》《城市外宣翻译跨文化文本重构研究》《中国文学（1949—1999）的英译本出版情况述评》《意识形态与赞助人合力作用下的对外翻译——外文局与 20 世纪后半叶中国对外翻译活动》等。

第二类论文是从跨文化、译介文化转向理论的角度看中国文化的译介和传播，如《中国现当代小说在英语世界传播的背景、现状及译介模式》《立足典籍传播提升中国文化软实力》《译介再生中的本土文化和异域宗教：以天主、上帝的汉语译名为视角》《从信息传播模式论翻译》《从翻译批评看中国现代文学在法国的译介与接受》《中国文化对外传播规律的思考》《中国智慧的跨文化传播》《从翻译的传播本质看其过程中的语境适应》《国家机构翻译规范研究译介学视角》《论英译中国文学的对外传播与接受》《中国现当代文化作品英译的出版传播及研究方法刍议》《中国现当代文学作品英译研究概述》《中国文化走出去：理论与实践》《中国当代文学海外出版传播 60 年》《中国文学文化走出去：问题与反思》《诺奖效应下中国新时期文学西方传播的译者取向》《中文小说英译的译者工作模式分析》《自我与他者：霍米·巴巴的后殖民理论对中国当代文学"走出去"的启示》《中国现当代小说在英语世界传播的背景、困境与出路：中国当代文化译介探讨、现状及译介模式》《英语世界中国文学译介与研究的得与失》等。

研究文化译介的博士论文总体数量同样不多，主要有如下：

《弱小民族文学的译介与 20 世纪中国文学的民族意识》（宋炳辉，2003），该论文认为确立现代主体意识是中国文化和文化现代化的根本体现，中国现代主体文化是在中外文化交汇和碰撞中建立起来的，文化译介是中国现代主体文化和文化创造的重要途径之一，弱小民族文学的译介活动和强势文化译介一起构成了中国现代主体文化的一部分。与西方文化译介相比，弱小民族文学的译介活动和成果对构建中国现代主体意识有着特别的意义和作用，对其分析有助于完整勾勒中国现代主体意识的全貌，揭示被文化中心话语所遮蔽的民族主体存在的内在矛盾和紧张。论文指出过去中外文化关系研究"弱小民族文学"译介常遭忽视，研究也往往囿于单纯外国文化研究视野。论文考察了 20 世纪中国对弱小民族文学的译介，明晰了不同时期的译介背景和译介内容，弥补了现有研究在此方面的不足，揭示了中国现代文化的特质以及中国文化现代性的多元复杂内涵。

《论田汉的戏剧译介与艺术实践》（王林，2004），该论文从比较文化、译介学和传播学理论视角研究田汉戏剧译介，探讨田汉戏剧译介对现代戏剧的形成产生的影响，总结其经验，为戏剧译介实践提供借鉴。论文先主要分析了田汉戏剧译介的生成环境与具体译介实践，然后讨论了田汉戏剧译介对其戏剧美学思想以及戏剧实践的影响，接着主要研究了田汉剧作的艺术特色和成因，最后，通过分析田汉戏剧中唯美主义倾向的合理性和复杂性，把握田汉戏剧译介的现实意义和对中国现代戏剧的重要贡献。论文结论部分从客观角度出发对田汉戏剧译介进行了学理式的批评，指出了田汉戏剧译介因受客观历史原因和个人局限性所表现出来的不足。

《他乡的石头记：〈红楼梦〉百年英译史研究》（江帆，2007），该论文将"译"与"介"统一到"跨文化改写"，为了揭示译介行为的实质，对极为庞杂的《红楼梦》英语译介行为进行了深入、全面的探讨，从不同角度总结了"译""介"互动所形成的各种张力的作用，描绘了《红楼梦》在这些张力作用之下所呈现出的作品形象，并对《红楼梦》在英美语境下世界文化体系中的地位进行了探讨。论文最后对中国文化对外译介行为方式提出了一些启发性建议。

《学术网络、知识传播中的文学译介研究——以"学衡派"为中心》（刘霁，2007），该论文认为中国现代译介文化史在编撰体例内容上依附于中国现代文化史，却忽略或遗忘了许多在历史中发挥重要作用的译介群体，"学衡派"就是其中之一。论文以学术网络、知识传播为视角，从学院、学术等方面对"学衡派"的译介活动进行了研究，从《学衡》《大公报·文学副刊》《文哲学报》等"学衡派"其他刊物中选取资料，考察"学衡派"译介行为的组织、安排和传播，从

"学衡派"传播西方文化的理想与现实之间的差距指出了"学衡派"在历史中的两难境地。

《跨文化经典阐释：理雅各〈诗经〉译介研究》（沈岚，2009），该论文梳理了西方传教士对《诗经》的译介史，分析了理雅各《诗经》直译加注、异化与语义译介的阐释法等译介方法，从理雅各《诗经》译介心路历程深入剖析了其襄助传教旨在耶儒对话和融合的《诗经》译介动机，论文还对理雅各《诗经》英译本进行了本体研究，探讨了理雅各《诗经》译介的思想阐释、文学阐释、文化阐释、意象阐释以及理雅各《诗经》英译的影响，指出理雅各通过对中华经典《诗经》的译介，从思想、文学、文化诸方面对《诗经》进行了跨文化阐释，形成了独特的"译介阐释"，使之成了东西两大异质文化间跨文化交流经典译本之一。

《文学译介与中国文学"走向世界"——"熊猫丛书"英译中国文学研究》（耿强，2010），主动对外译介中国文学的活动自晚清时期便已经开始。中华人民共和国成立之前，个人译介方式是中国文化"走向世界"的主导模式。之后，由中国国家对外宣传机构主持的对外翻译项目开始大规模、有系统地主动对外译介中国文学。1981年，中国外文出版发行事业局（简称中国外文局）下属《中国文学》杂志社负责翻译出版"熊猫丛书"，意图通过翻译将中国文学和文化（重点是现当代文学）译介至西方主要国家，以扩大中国文学在世界的影响。至此，国家机构对外译介成为中国文学"走向世界"的主要渠道和方式。但2000年，"熊猫丛书"几乎被迫停办。耿强以"熊猫丛书"为描述分析对象，分析了1981年到1989年"熊猫丛书"与当时的政治审美以及1990到2009年"熊猫丛书"生存的多重困境，探索了国家机构对外主动译介中国文化所涉及的理论和实践难题，指出真正影响甚至左右"熊猫丛书"域外接受效果的要素来自目标语文化系统内部的"意识形态、诗学和赞助人"等，"熊猫丛书"的出版动机来自本土文化语境，国家对外宣传机构主持的对外译介项目也不全是服务主流意识形态的召唤。面对译本复杂的接受语境，发出方企图单单从控制译本质量入手实现译本的良好接受，这是难以实现的。通过译介将中国文化推向世界，从本质上而言是文化译介，而不是简单的文字或文学译介。整个译介过程不仅要考虑译本选材、译介方法、营销策略等内容，还需要时刻注意目标语文化系统内部的政治、经济和文化语境。只有充分考虑上述因素，在对外译介的过程中注意译介选材和译介渠道的多样化、译介方法和译介策略的灵活性，才可能更有效地使中国文化"走出去"。（耿强，2010）

《国家机构赞助下中国文学的对外译介——以英文版〈中国文学〉（1951—2012）为个案》（郑晔，2012），该论文主要以《中国文学》这本译介中国文学作品的杂志为例，探讨了在国家赞助之下中国文学走出去的状况。论文认为近代以后中国文化在世界上的传播力和影响力下降，文化产品输入与输出严重不平衡，国家急于寻求"文化走出去"的成功经验，也希望从不成功的译介中找到经验。《中国文学》是译介中国当代文化的唯一官方外文期刊，但已于 2001 年被迫停刊。郑晔借助译介学与译介研究文化学派理论，考察 1951—1965 年、1966—1976 年、1977—1989 年和 1990—2000 年 50 年间《中国文学》的生产过程及其在国外的传播与接受情况，总结中国文化"走出去"过程中的经验与教训，为文化"走出去"提供理论上的支持与策略参考。论文指出《中国文学》的生产传播和接受分别发生在源语国家和译语国家，其译介主体、内容和译语语言主要受源语国家的环境制约，译介渠道、译介效果主要受译语国家环境的制约，国家机构译介刊物在国外接受情况主要受到国家外交关系、译语国家意识形态、发行渠道的制约，源语国家无法完全控制作品在译语国家的传播和接受。论文还指出文化译介为国家带来的利益远远低于国家在人力、物力、财力上对刊物的投入，于是《中国文学》在市场经济的冲击下不得不停刊。最后，论文得出结论："中国文化走出去"并非只涉及语言译介问题，它受源语国家和译语国家外交关系、意识形态、诗学及译介规范的制约，并受赞助人、专业人士、译介政策、读者期待、发行渠道的制约。这些因素环环相扣、相互影响，在不同的时期有不同的表现，"中国文化走出去"是一项任重而道远的事业。（郑晔，2012）

《中国戏剧典籍译介研究：以〈牡丹亭〉的英译与传播为中心》（赵征军，2013），该论文从译介学视角探讨了《牡丹亭》的译与介，指出到目前为止，国内外不同版本和类别的《牡丹亭》英译本已超过 20 余种，与此形成鲜明对比的是包括《牡丹亭》在内的中国戏剧典籍译介研究一直处于边缘化的状态，具有"单一性""规定性"和"分散性"的特征。研究者大都从语言学视角出发，寻找中国戏剧典籍的译介方法，对戏剧典籍英译过程中所涉及的机构、市场、消费者等制约因素尤其是译本在目标语系统中的传播与接受多有忽略。论文指出《牡丹亭》译介的失利原因主要在于《牡丹亭》对外推介行为的发起者和组织者对文化译介活动以及英美文化系统中《牡丹亭》的译介现状认识不足。另外，国内译者不合理的译介策略以及目标读者的错位也是其失利的重要原因。论文最后指出它对中国文化对外译介的启示是，在启动译介出版工程之前，须树立正确的文化译介观念；制定译介计划时广泛征求英语读者，尤其是以汉学家为代表的专业人士的意见，中外合作是中国文化"走出去"的有效途径，要从目的语市场和读者需求出发，灵活地将中国文学作品译入英美文化系统。

## 第三节　中华传统文化对外译介的跨文化传播现状

2014 年以后，随着我国文化软实力的提升，开始有专家致力于将我国优秀传统文化进行译介，实现跨文化传播，尤其是"一带一路"概念提出以来，更是促进了中华优秀传统文化的对外译介传播研究。比如，吴斐、杨永和、罗胜杰（2015）等认为全球化语境下，提高国家文化软实力，必须重视文化的国际交流，努力让民族文化走出去，并从"译介主体""译介内容""译介途径""译介受众""译介效果"这五个要素阐述湘西民族文化译介模式的优化。陶丹丹（2015）认为译介学能促进非物质文化遗产的跨文化传播，并提出采用异化译介策略来译介非物质文化遗产，确保文化传真，准确传递独特的文化形象，再现独特的文化内涵，维护独特的文化身份，最终实现各民族文化的多元共生。吴丹（2016）认为蒙古族非遗文献译介可以为艺术传播、文化研究、文化素质教育提供有效途径。同时，她还认为以译文各种应用目的为导向的译介策略对今后蒙古族非遗文献的外译也会起到指导作用。王艳（2016）从译介学视角出发，从译介主体、译介内容、译介途径和译介受众四个方面对非物质文化遗产的外宣译介进行了探讨。宋婷（2016）通过对译介主体、译介内容、译介效果、受众等内容的研究，提出了池州傩文化走出去的四大策略：培养高素质外宣译介人才；拓展对外传播渠道；打造池州傩文化品牌；加强国际交流与合作。黄永新、张尚莲（2017）认为中华文化对外传播模式正从传统的单向、线性模式逐渐变得多元化、复杂化。为了达到更好的传播效果，译介行为要以"归化"的译介策略为主，同时主张中、外译者发挥各自优势，共同合作进行译介；重视数字化出版物的开发，创造多元化的出版格局；综合考虑传播主体、传播方式、传播媒介、传播环境等诸多因素，构建一个传统与现代、现实与虚拟相结合的立体传播体系。陈艳华（2018）提出全球本土化既为非物质文化遗产的保护和传承提供了新的契机，也带来了新的挑战。通过分析全球本土化对非物质文化遗产关键词译介的影响，对译者在非遗译介时关键性词语和信息的把握与处理提出建议。张慧、闫正坤（2018）分析了蚌埠市非遗的译介现状、问题、原因及对策，并从译介学的角度，提出鉴于以花鼓灯为代表的蚌埠市非遗项目所具有的文化特性，跨文化传播中应采用归化和异化译介相结合的策略，对其进行更为有效的译介传播。这些学者主要以案例的方式对国内文学作品和非物质文化遗产的译介传播进行深入研究，为本研究提供了很好的范式和基础，但缺少宏观层面的设计和把控，缺少以中华优秀传统体育文化为研究对象的译介跨文化传播研究成果。

## 第四节　中华优秀传统体育文化对外译介的跨文化传播现状及困境解析

20世纪末，一股全球化的大潮席卷了包括中国在内的几乎所有非西方民族和第三世界国家。同时，"全球化"已经由世界经济一体化向政治和文化领域扩散，全球化给这些民族和国家的文化发展与对外文化交流所带来的冲击是前所未有的。但是，仍然有一些发达资本主义国家学者叫嚣："文化全球化"最终结果必然是"美国的大众文化模式取代世界上各个民族的传统文化"。因此，"奥林匹克文化全球化"给予中国传统体育文化的重压可想而知。

那么，通过何种途径才能实现"中国传统体育文化"与"奥林匹克文化"的"多元"共生，实现中国传统体育文化的伟大复兴呢？

答案正如国学大师季羡林在为《中外文化交流史》一书题跋时写的那样："在中西文化交流史上要研究西学东渐，更不可忽略东学西渐，因为中西文化是在东化和西化的双向运动中发扬光大的。"这里的"东学西渐"就是强调积极主动地进行"中国传统体育文化"在世界范围内的传播，并在互动中获得中国传统体育文化的全面复兴。

我国众多的体育学学者都认识到了这个问题的迫切性，也都能在"中国民族传统体育文化"的传播问题上达到比较统一的看法：当"西方体育文化"如潮水般涌来之际，如果我们不把中国民族体育文化视为世界体育文化的组成部分，并自觉地从事世界体育文化的创造，那么中国传统体育文化就会失去其应有的活力和与世界体育文化对话的权力。

### 一、中国体育文化传播理论研究综述

我国体育界的众多前辈、学者很早就着手对体育文化传播的特征和模式进行研究，归纳其研究成果可以概括为以下几方面：

在体育文化传播的特征研究方面，一是全球化是体育文化传播的首要特征，中国传统体育文化也不例外，只有站在"全球化"的角度来解读中国传统体育文化，才能使中国传统体育文化达到与世界平等对话的高度。

　　二是体育文化传播过程中要走"民族化"的道路，体育文化传播的民族化有着不同的理解。首先，体育文化的传播使很多传统体育走向世界，体现为一种民族化与全球化的交互进程。传统体育为全球交流提供动因，全球化则为传统体育发展提供空间。每一个地区或国家几乎都有自己的传统体育内容，它们在一定程度上是这些地区和国家的象征，如西班牙斗牛、中国武术等。这些传统体育往往天生就是一种民族文化奇观，也是传统民间艺术的体现，虽然在现代高度发达的商业社会，传统艺术往往被提取为一种商业符号，但它们在客观上仍然促进了民族体育文化的传播。

　　三是体育文化传播的"商业化"不可避免，这也是体育文化本身所带有的文化特征所决定的。同时，大众传媒的兴起意味着所有的现代体育文化传播都是具备商业上的实际运作和商业推广的潜质的。在体育领域，一直存在着商业化与非商业化、职业与业余的区别。事实上，热门体育项目都是产业化程度非常高的项目，它们与媒介产业联成一体，总能维持和不断扩大其受众市场。同样，运动员、教练、队医、俱乐部经理及工作人员、球探、体育经纪人等都是体育市场中不可或缺的角色，体育设施、球迷产品、门票、广告、转播权、体育博彩等为体育产业带来了丰厚的收益。中国传统体育文化传播的商业化进程不可避免，而且不能停留在商业化与非商业化的争论上，更多的精力应该放在提高中国传统体育文化的商业化程度上，而同时以不丢失我国民族传统体育文化中最重要的传统特性为前提。

　　四是体育文化传播中涉及的文化神圣核心的某些方面也即体育文化传播涉及国家、民族的精神文化层面的价值，于是体育文化传播就涉及社会文化神圣核心的某些方面。而由某一社会个体乃至单个社会组织来承担和传播显然是不现实的，体育文化传播需要文化理论体系、偶像群体、组织活动与大众传媒系统等，共同组成庞大的传播系统，并必须经历长期不懈的努力才能完成。

　　另外，在体育文化传播类型研究方面，我国学术界也获得了很多有意义的研究成果：体育文化空间传播（或扩散）是体育学与地理学的交叉研究领域，是体育地理学的重要研究内容。可以把体育文化传播类型大致分为体育扩展型传播和迁移型传播两大类，其下又可以分为接触型传播、等级型传播、刺激型传播与"占据式""蔓延式""墨渍式"和"变异式"等。

　　研究体育文化传播的相关专家和学者告诉我们，目前世界范围内体育文化传播过程中面临的不可避免的问题是全球化、商业化、民族化和系统化。除此之外，我们在研究中国传统体育文化的具体区域传播时，更需要研究在具体的区域环境中一系列与体育文化、传播相关的问题。而且我们也要解决采用哪一种或哪几种传播方式、方法，才能最高效地完成中国传统体育文化传播的问题。

## 二、中国传统体育文化传播及其相关研究进展

中国武术翻译也仅有一百多年的历史，早期武术翻译主要以意译为主，大体是现场解说，边演边译，为了能让西方人迅速了解什么是武术及掌握武术的一些基本动作，武术师父们就采用一边比画一边翻译的方法，这种讲译只能译出大概意思；近代和当代出现了脱离演练现场的翻译。海内外出版了一些武术典籍的英译本，国内也出现了一些英汉词典和用英语编写的教材，但这些主要以介绍武术历史和基本招式为主，翻译方法和标准不统一，翻译质量也大都欠佳。两种翻译都以强调实用为主，以让西方读者了解招式的基本动作为主要目的。但是这些翻译大多都忽略了对武术中文化的解释和翻译，使武术在西方人心目中逐渐成了类似西方搏击和格斗等项目的简单技艺。秦子来等人指出，经过这么多年的向外传播，中华武术在跨文化交流中实际上处于非常尴尬的境地：国家大力发展竞技武术，使竞技武术的向外传播一枝独秀。但是西方人对我们不遗余力地传播竞技武术并不买账，他们更加偏爱传统武术。竞技武术无疑是用西方文化对东方文化进行阐释的产物，这种异化的阐释使武术失去了它的文化内涵，无形中也使武术失去了自身。找回失掉的东西不仅要改变传播观念，还要改变我们的翻译方法。早期和近代的武术翻译因为担心西方人不理解中国传统文化而采用"短、平、快"的处理方法，只翻译招式等表面现象，不介绍招式和套路下的文化内涵，导致西方人对中华武术中的文化缺乏了解，从而导致其对武术的误解。这种误解不利于武术的传播，也不利于文化交流。如今，西方人对中国文化的兴趣越来越浓，对中国文化的了解也越来越多，因此我们应运用文化翻译观指导武术翻译，还武术以真面目，加深西方人对武术内涵、武术文化的了解。

尽管如此，我国学术界有很多学者已经开始了相关领域的研究：中国传统体育文化传播方面的研究提出，西方体育文化侵入的迫切性与全球化语境中的传统体育文化复兴，传统体育文化传播要适度借鉴奥林匹克文化传播模式以及与奥林匹克文化之间的互动发展等，在传统体育文化传播过程中采用新媒介；在中国民族体育文化研究方面，学者不仅对中国民族体育文化的传播动因进行了研究，也对影响传播效果的诸因素展开了广泛的研究分析，也有学者对传播策略和传播的历史途径进行了深入的研究；在少数民族传统体育文化传播学研究方面，学者更多地从国内环境下如何保护和传承的角度进行了研究，对少数民族体育项目和文

化在海外传播的研究非常有限。在中国传统体育项目的传播学研究中，有学者对导引养生及气功在国内外的传播过程进行了深入的研究，提出研究健身气功的传播模式和传播过程，对于传播中华传统健身思想有着非常重要的现实意义。也有学者从舞狮套路规范化的角度研究舞狮运动的传播、传承与发展。还有学者对舞龙运动的内在传播优势与传播价值进行了针对性研究。

由于我国长期不遗余力地积极推动中国武术运动在国内外传播与发展，所以关于中国武术文化在国内外的传播体系研究比较成熟，也为中国民族传统体育文化在海外传播的理论研究奠定了良好的实践和理论基础。中国武术翻译已有一百多年的历史，在研究中国武术文化传播过程中，有从影响文化传播因素入手的，也有从武术文化的动因和传播过程展开论述的，还有学者利用历史学、文化学和教育学等多学科知识研究中国武术传播模式和传播过程。在中国传统体育文化的上位文化中国体育文化传播研究中，我国学者在中国体育文化跨文化传播的研究方面也做了很多有意义的尝试。尽管对中国传统体育文化的研究角度不同，但是这些研究成果都是经过我国众多学者多年来呕心沥血的研究和探索获得的，在传播学的意义上为中国传统体育文化在国外的传播提供了丰富的研究资料。

在中国传统体育文化跨文化传播的研究方面，我国学术界尚没有形成系统的研究理论，而且研究多集中在传播学专业领域的传播媒介方面。这种情况对我国传统体育文化理论体系的完善以及将我国传统体育文化在世界范围内传播都是不利的。我们应该如何展开对中国传统体育文化在海外跨文化传播的研究呢？

那么，什么是传播呢？传播是人类运用符号并借助媒介来交流信息的行为与过程。也有学者认为"传播是个人或团体通过符号或象征手段向其他个人或团体传递信息、观念、态度和情感，共享意义，进行互动的过程"。同时，有学者提出文化传播是社会传播，沟通了人与人之间的共存关系，是人类对文化的分配和共享的过程。尽管不同学派的出发角度不同，但是对传播的阐释都有基本一致的看法：第一，传播是对人类文化的互动交流和共享的行为；第二，传播必须依赖负载和传递的工具及材料，并在不断创新的传播技术中获得交流的延伸；第三，从不同的研究角度出发，传播有着不同的传播动因、环境、类型、模式和过程等。

因此，在研究中国传统体育文化传播的过程中，需要解决的问题和面临的任务可以概括如下：第一，从人类学角度，从世界体育文化交流角度，从弘扬中国传统体育文化角度，提高对中国传统体育文化在海外传播的重要性和必要性的认识；第二，在海外传播过程中中国传统体育文化载体的筛选上，在对传播的工具、新媒介和新材料的选择上，既要因地制宜，又要符合中国传统体育文化传播的自身特点；第三，在中国传统体育文化传播的研究中，重视传播的动因、环境、模式、类型和过程等的实践研究。中国传统体育文化传播学研究是一个复杂和庞大的理论研究体系，本书从研究由简入繁的一般规律出发，以 R. 布雷多克7W 线性模式（图 2-1）为起点，提出中国传统体育文化在国外传播研究过程中的内在基本问题。同时，引用控制论中的信息反馈机制，并综合运用传播的社会系统模式考察传播的外部条件，以期寻找出一条适合中国传统体育文化海外传播的最佳途径。

> 传播主体(谁)→传播内容(说什么)→传播媒介(通过什么样的渠道）→受众（对谁）→传播效果

**图 2-1　R. 布雷多克的 5W 模式**

落实到中国传统体育文化在国外的传播上，可以显示为传播的环境怎样，即在什么样的国内外环境动因下进行文化传播？中国传统体育文化在国外的传播主体是谁？传播中国传统体育文化的目的、内容是什么？与目的相适应，传播中国传统体育文化的载体选择、传播路径的现实调查和预期目标是什么？文化传播的媒介、方式、类型或模式是什么？中国传统体育文化在国外传播的过程是什么样的？传播的效果怎么样，包括受众的特征与感受怎么样？这些问题都是值得我们进行深入研究和探索的。

### 三、译介学的视角下的体育文化的跨文化传播

第一，近年来，尽管国内学者从译介学的视角开始关注体育文化的跨文化传播，但成果不多。通过对知网和相关学术网站以及各大图书馆的文献查询，只在 2018 年有两篇相关论文。其中，汪升、朱奇志（2018）通过梳理武术文化对外译介的历史、问题以及战略机遇，对武术文化对外译介的内容、原则及方略进行了探讨。他们认为，武术文化对外译介的内容应立足于文化身份的中国选择，选取能反映武术技术和理论要旨的术语、凝结武术经验智慧与规律的谚语、集聚武术技法及思想大成的典籍。白蓝（2018）以民族体育文化作为研究对象，对民族体育文化对外传播的译介困境进行了分析。她提出，我国民族体育文化外译工作缺乏专业译介人才，民族体育文化外译作品的数量较少，译介的方式缺乏多样性，译介的内容单一。她认为，民族体育文化译介应构建译介人才体系，建设人

才队伍；重视民族体育文化译介的语境转换，拓宽传播的文化路径；打破民族体育文化对外传播译介的壁垒，降低传播的文化门槛；优化民族体育文化译介传播的内容体系。这些学者尽管对武术、民族体育文化的译介传播给出了相应的对策和建议，但是缺少对受众需求和真实感受的研究，很难实现译介后的传播效果，且缺少受众国和译介内容的案例分析和实证研究。

第二，翻译体育项目的专有名词多种多样，且与接受国语义上存在理解偏差，缺乏统一。例如，关于"太极"这一术语翻译良莠不齐，Tai-chi、TaiChi、Taichichuan、Taijiquan、TaiJiquan、TaiChiOuan、Shadowboxing 等术语均是全球对太极拳的不同翻译。这些术语的存在主要由于太极拳的前期传播实践中缺乏统一、标准化的权威教材，各传播机构与组织各自为政，自行编写与翻译教材，由于翻译者各自的英语水平以及对太极拳的理解不尽相同，所以对太极拳教材的翻译自然呈现出良莠杂陈的局面。除此之外，由于部分传播者自身的理论素养与外语能力有限，在翻译太极拳套路的动作名称时自然存在牵强附会、望文生义的现象。例如，太极拳动作术语"白鹤亮翅"（white crane spreads it swings），"鹤"在中国有美丽、高雅、长寿的象征。但法国人却把英语单词 crane 与贪欲的女子联系在一起。如果在翻译术语时不添加任何注解，难免会让法国人在理解这一动作时产生偏差或歧义，自然也增加了太极拳海外传播的难度。

# 第三章 中华优秀传统体育文化跨文化传播的"5W 模式"

美国传播学者哈罗德·D. 拉斯韦尔在 1948 年发表的个人论文《传播在社会中的结构与功能》中提出了一个理论：一个完整的传播过程需要由五种基本要素构成，这五种基本要素按照一定的结构顺序排列，便能够取得较好的传播效果。

后来，在实践中不断验算，人们逐渐接受了拉斯韦尔的理论，并将其称为拉斯韦尔模式。在传播学中，拉斯韦尔模式有个更加响亮的名字，那就是"5W 模式"，也称为拉斯韦尔程式。

之所以叫"5W 模式"，是因为拉斯韦尔提出的五个要素分别是英语中五个以 W 为首字母的疑问代词：

who（谁）

says what（说了什么）

in which channel（通过什么渠道）

to whom（向谁说）

with what effect（有什么效果）。

不用展开思考，仅从 5W 模式的五个要素上我们就能够看出，信息传播的过程是一个有目的性的行为过程，是具有企图影响受众的目的指引的，需要包括传播者、传播内容、传播媒介、受众、传播效果这五个部分，以传播内容和传播效果为重。"5W 模式"生动地指出了内容与效果之间的因果关系。

除了无意识的信息传播之外，在传播过程中，传播者想要获得良好的效果，就要思考拉斯韦尔的 5W 传播模式。虽然真实的传播模式并非简单的直线过程，但 5W 模式界定了传播学的研究范围和基本内容，对理论与实践的研究与发展具有极为深远的影响。

译介的本质是跨文化传播，同样包含拉斯韦尔传播模式五大基本要素，将该模式应用到文化译介，即包含译介主体、译介内容、译介途径、译介受众、译介效果五大要素的译介模式。由此可以看出，译介作为传播文化的一个重要环节并不单独决定文化的传播效果，文化的译介和接受都不是在真空中进行的，需要考虑的有谁译介、译介什么作品、采用什么译介策略、通过何种渠道传播、对谁译介、译品的接受效果如何等。"谁译介"就是译介主体,"译介什么作品"就是译介内容,"对谁译介"就是要关注译介受众,"通过何种渠道传播"指的就是译介途径,"译品的接受效果如何"就是译介效果。译介研究就是要把译者、译作或译介行为置于不同社会文化大背景下进行考察,分析其文化交流、影响、接受和传播,考察译作的传播就是要关注其传播链上的各个要素等问题。

考察中国文化译介就是要考察其译介过程的不同要素,即考察中国文化的译介主体、译介内容、译介途径、译介受众和译介效果这五大要素,针对这五大要素提出的观点共同构成了中国文化"走出去"译介模式的主要内容。对译介主体、内容、途径以及受众进行深入研究有助于探索最佳译介模式,取得良好的译介效果。加强对译介主体、内容、途径、受众和效果的研究,探索中国文化"走出去"最佳译介模式是重要的研究课题和任务,在国家大力寻求文化"走出去"、提高我国文化软实力的今天,完成该任务显得尤为紧迫。(鲍晓英,2014:74)

## 第一节　文化的主导者——跨文化传播的传播主体

传播主体指的是"谁"传播,传播者在传播过程中负责信息收集、加工和传递,传播者既可以是个人,也可以是集体或专门机构。译介主体研究探讨"谁"译介的问题,即译者应该是"谁"的问题。

狭义地说,译介主体就是译者本身,因为译者是译介的行为人,在整个译介活动链中,译者处于中间地位(此外还有作者和读者)。译者在译介活动中表现出来的本质特征亦即译介主体能动地操纵原本(客体)、改造原本、转换原本,使之为主体服务的特征,是译介主体的本质力量在其译介行为中的外化。译者主体性即译者的主观能动性。译者的主观能动性与受动性相对。主观能动性包括目的性、自主性和创造性等;受动性是客体(如原本)对参与译介活动的主体的限制和制约,也包括客观条件和环境的限制和制约,如双语特点、双语转换规律、文化语境、政治语境、审美观、译介观等。所以,译者能在多大程度上克服受动性,就能在多大程度上发挥主观能动性。译者要认识其主体作用,要认识译介工作的创造性,在可能的再创造空间中自由驰骋,要增强译介职业素养以充分发挥主观能动性。

## 一、译者的角色

在翻译理论研究史上，翻译研究的重点长期集中在翻译的性质、标准和技巧上，更多地关注"怎么译"，而对"谁翻译"关注较少。"纵观古今中外翻译史，作为翻译主体的译者命运多变，他们地位的变化与当时盛行的观念相对应，译者主体经历了一个由蒙蔽到彰显的过程。"（廖晶，2005：14）在翻译研究文化转向的理论背景下，译者在翻译中的主体性地位是不言而喻的，并成为翻译文化转向后的一个重要的研究话题。这在第一章译者研究综述中已详细阐述。

译者是一个具有多重角色的人，这导致了译者行为的多样性，而译者行为的多样性又导致了译文的多样性。贝克（Baker，2003）对译者的多角色特征描述道："译者的行为常常是译者自己相互矛盾之忠心、同情心和偏心之果。"原因很简单，译者像其他任何人一样，不止有一种身份，而是有多种不同的身份。译者同时扮演多种角色，同时用不同的声音讲话。译者甚至会在一个译文中或者其中的一个片段采取多种策略，且策略间时有冲突。

田德蓓（2000）对译者的身份问题进行了探讨，认为在翻译过程中译者具有多重身份：①译者以读者的身份研读原作；②译者以作者的身份再现原作；③译者以创造者的身份传达原作；④译者以研究者的身份理解原作。

这些研究表明了译者在翻译中的主体性特征，但是对译者文化翻译视角下具体的身份并没有系统的归纳和阐述。因此，本章内容主要归纳和阐述译者在文化视域下的身份角色。译者是同时具有多重身份的角色，在文化翻译视域下，重点关注的角色是文化的阐释者、文化的中介者和文化的传播者。

### （一）文化的阐释者

翻译是一种解释，解释的过程极富主观性。因为意义是一种动态生成物，是读者通过文本的中介在与作者的对话过程中生成的，是在主体间的互相作用过程中生成的。（吕俊，2000：51–52）翻译就是阐释，译者是阐释的主体。"所有翻译者都是解释者。"（伽达默尔，2007：523）伽达默尔把翻译中两个不同文化比喻为两个谈话者，译者就是这个对话的阐释者。他说："只有通过两个谈话者之中的一个谈话者，即解释者，诠释学谈话中的另一个参与者即文本才能说话。只有通过解释者，文本的文字符号才能转变成意义。也只有通过这样重新转入理解的活动，文本所说的内容才能表达出来。"（伽达默尔，2007：523）

在重新唤起文本意义的过程中，解释者的思想总是参与进去，解释者的视域具有决定性作用。译者的视域在理解文本的过程中与原作者的视域融合，并把自已阐释的原作者的意图展现在译文中。例如，许钧（2005）在《作者、译者和读者的共鸣与视界融合——文本再创造的个案批评》中以《约翰·克利斯朵夫》开篇第一句的翻译为个案进行了多个文本的分析，描述了译者如何结合自己的视域对文本进行理解和解释。译者寻找意义的行为是一项关键性的阐释活动。译者作为读者和翻译文本的作者这种双重身份，其读和译的行为都是在对原文阐释的基础上的。

译者在翻译过程中，既是读者，又是译文文本的创造者，从阅读开始便具有了双重角色。通过阅读，译者与原作形成一种问答模式的对话关系。于是，译者通过与原作者的对话，不断建构出对原文的理解。伽达默尔说过："理解一个问题就是对这个问题提出问题。理解一个意见，就是把它理解为对某个问题的回答。"在问与答的循环中，文本向理解者敞开，理解者也在不断地超越自己的视界。一个答案的产生意味着又一个新问题的开始，文本的意义处于无限的可能之中。因而，从一定程度上看，理解的本质不在于复制文本原意，任何人的理解都是站在自己的立场上，从特定的视角出发，以自己的"前理解"为前提去阐释文本意义。理解不可避免地会打上主观的烙印，又处于变化和更新中，处于积极的创造中。每个人对文本的理解与阐释都与他人不可能完全相同。读者必然要主动地、创造性地去理解原作的意义。（伽达默尔，2007：482）翻译是再次创作的过程。每一个作品翻译出来以后，对这个作者来讲是暂时告一段落，但是他的创作过程没有完成。这个作品到了读者面前，读者看了以后有了领会，也参与了其中的创作，就完成了另外一个创作阶段。但是创作过程始终没有终结，因为每一个读者读完一部文化作品都有领会，就是帮忙创作，翻译也是如此。因此，文本的意义由于译者（读者）的理解与阐释而呈现出一定程度的游移性。

译者的阐释必然在一定语境下进行。意义随着语境的变化而变化，文本处于不同的文化语境中，引发不同的文化阐释。译者的阐释会受到历史、文化、政治等因素的影响，因而译者作为阐释者的身份也常常进退两难。译者既要对源语文本负责，又要对译语文本负责，而由于历史文化因素的复杂性，译者的阐释可能会存在风险，引发文化碰撞。过度或者不足的阐释对文化翻译都是有害的。翻译是一种阐释性活动，在理解与阐释原文的过程中有可能产生误释和过度阐释。对一个句子的理解可能因人而异，但原文提供了一个阐释的空间，提供了某种客观性和实在性，在某种程度上体现了其表达意义的稳定性和客观性。因此，虽然译者的阐释受到诸多因素的影响，但文本是译者阐释的最主要依据。

### （二）文化的中介者

译者处在源语文化和译语文化的中间，充当了原文作者与译文读者之间的中间人，是一个中介者。译者作为中介者的提法并不新颖，乔治·斯坦纳（GeorgeSteiner，1975）曾指出：译者是两种不同语言体内单语交流者们中间的使用双语起中介作用的媒介。文化中介者帮助不同语言、文化的人和群体之间交流。中介者把一方的表述、意愿、认识及期望向另一方阐释以履行自己的角色职责，从而建立起交流模式并协调双方的交流。从某种程度上说，为了起到纽带的作用，中介者必须能够参与到两种文化中。

译者作为中介，调节不同的文化，包括不同的意识形态、道德价值体系等，目的是寻求克服翻译过程中文化不相容性的方法。某种文化中的某种价值观也许在另一种文化体系中毫无意义可言。译者就是要区分并设法消除这种差异。翻译是译者以原文为实践对象的活动，翻译过程是译者与原文相互作用的过程。因此，作为翻译实践主体的译者，其价值观念、审美意识必然渗透于整个翻译过程中，并调控着译者对翻译策略及翻译方法的选择，从而成为译者介入的动因。

美籍汉学家葛浩文（Howard Goldblatt）就是这样一个中西文化的中介者或协调者，被誉为"中国现当代文化首席翻译家"。他翻译了《狼图腾》《红高粱》等当代小说和萧红等现代作家的小说。当中国文化在英语世界遭受质疑时，葛浩文能对以西方为中心的自我文化进行反思和批评，并阐述翻译文化对丰富本土文化的重要意义。在翻译的过程中，他也充分发挥译者作为中介和协调员的作用，对原作进行重新编辑和翻译。例如，他在翻译莫言的《天堂蒜薹之歌》时，对其结尾进行了修改，并与原作者莫言沟通，得到莫言同意后，在原作再版时根据译作进行了修改。编译是译者在翻译过程中协调源语文化和目的语文化的一种手段，尽管翻译学界对这种做法还有争议，但是通过译者的协调，不同文化之间的文化交流得以实现。

### （三）文化的传播者

葛浩文曾这样评价译者的角色和地位："假使我们认为（或希望）文化是国与国、文化与文化的桥梁，最紧要的，它要阅读起来像文化。在这一方面，翻译家的责任艰巨。不论别人认为他的工作是技巧也好，或者是艺术也好——或者两者兼而有之；他是一位传播人、一位解释者，在国际文化传播的链条上，他是最主要的一环。"（1984：208-209）他就是文化传播的实践者，致力于在英语世界推广中国现当代文化，并已取得一定的成就。2012年获得诺贝尔文化奖的莫言的作品就是通过葛浩文的翻译在英语世界传播的。其实综观中外翻译史，在各个不同的历史时期的文化交流中，译者都是文化传播的主体力量。通常译者是文化传播者，或是文化传播者兼译者。

从跨文化交际的角度看，传播是一个过程体系，关注的核心是意义。因而，作为文化传播的主体，译者在传播过程中应该关注传播的内容是什么、对象是谁、传播的渠道或媒体是什么、预期的效果是什么等相关内容。只有这样，才能收到好的传播效果。例如，林语堂先生的译介行为在西方世界就起到了很好的文化传播作用。林语堂被誉为集东西方智慧于一身的"文化大使"和"真正的世界公民"，是中国文化在西方传播的典型个案。林语堂的对外翻译坚持的是一种"送去主义"的策略。他以其特有的翻译方式向西方世界展示中国文化的博大精深与无穷魅力，在西方话语权笼罩的时代，"送去"了中国传统文化中的人文精神和生活智慧，纠正了当时西方人对中国文化的误读与偏见，重塑了中国人在世界上的形象，提高了中国文化在国际上的地位，从而实现了一个"文化使者"的历史使命。瑞典著名汉学家马悦然（Goran Malmqvist）就是在林语堂作品的影响下，决定学习中文的。他在《想念林语堂先生》一文中这样写道："我的一个伯母把林语堂先生 1937 年出版的《生活的艺术》（ *The Importance of Living* ）的著作借给我看，我读那部书的时候简直没有想到一位陌生的中国作家会完全改变自己。"林语堂是一位成功的文化传播者，他清楚地了解传播的对象，选择了恰当的传播内容，使用了合适的传播方法。

## 二、译者的作用

译介跨文化传播是一种伴随着人类成长的历史文化现象，是现代人的一种生活方式，更是文化发展的内在动力之一。译介传播研究所寻求的是在"互相参照"的过程中认识文化的特性，使各种文化都能通过对话而获得新的思想资源。在经济全球化的背景下，译介跨文化传播更加活跃和频繁。

古今中外的文明史表明，译介是人类沟通思想感情、传播文化知识、促进社会文明进步的必不可少的重要手段。可以毫不夸张地说，人类文明发展的历史一时一刻也离不开译介。西欧之所以能有今天的文明，用一位西方学者的话来说，这要"归功于译介者"。中国的情况也不例外。季羡林先生在为《中国译介词典》所写的序言中明确指出："只要语言文字不同，不管是在一个国家或民族（中华民族包括很多民族）内，还是在众多的国家或民族间，译介都是必要的。否则思想就无法沟通，文化就难以交流，人类社会也就难以前进。"（林煌天，1997）季羡林在谈到中国文化及其与翻译的关系时有一段振聋发聩的比喻："英国的汤因比说没有任何文明是能永存的。我本人把文化（文明）的发展分为五个阶段：诞生、成长、繁荣、衰竭、消逝。问题是，既然任何文化都不能永存，都是一个发展过程，那为什么中华文化竟能成为例外呢？为什么中华文化竟延续不断一直存在到今天呢？我想，这里面是因为翻译在起作用。我曾在一篇文章中说过，若拿河流来做比较，中华文化这一条长河，有水满的时候，也有水少的时候，但从未枯竭。原因就是有新水注入。注入的次数大大小小是颇多的，最大的有两次，一次是从印度来的水，一次是从西方来的水。而这两次的大注入依靠的都是翻译。中华文化之所以能长葆青春，万应灵药就是翻译。翻译之为用大矣哉！"（季羡林、许钧，1998）

　　王佐良称译介工作是一种英雄的事业，"在两种文化之间搭着桥梁"。谢天振在其专著《译介学》中指出：译介文化在中国现代文化发展史上所起的巨大作用是世界其他国家文化历史上少有的。而文化的译介更是要归功于译者的辛勤劳动，正是因为他们的劳动，我们才得以欣赏到世界各国的优秀文化作品。生物学家、翻译理论家西奥多尔·萨瓦里（Theodore Savor）在提到译介工作者的辛劳时说："译者的工作比原作者艰难得多。原作者表达某种思想时，从本国丰富的语言中毫不费劲信手抄来相应的字句，而译者则需要掌握原作者的思想感情和读者的语言习惯，慎重选用最恰当的语言。"正是由于各国译者默默无闻的劳动，人们才得以欣赏到不同民族的优秀作品。此外，译者也打通了与接受国读者的精神交流，通过作品进行思维的碰撞。本土文化预先赋予我们一个看世界的结构，这个结构中包含着人的人生观、价值取向、思维方式、逻辑习惯等。人们面对自己的传统文化时，意识到和传统有一个时间的间隔，开始用现在的眼光去审视过去，我们称之为历时解释学。而要克服不同文化之间的空间距离，我们需要一种历地解释学，也就是说，我们要克服的不仅是时间的鸿沟，还有空间的鸿沟。在译介活动中，译者的作用就在于打破我们固有的看世界的结构，提供崭新的眼界与方法：两种不同文化相遇，可以帮助彼此打破固有的看世界的结构，因为双方可以将各自习以为常和不言而喻的潜在的习惯体察出来。当习惯区别出来后，又以某种方式愈合这个被打开的缺口，进行眼界的开拓以及文化之间的碰撞与交流。

### 三、译者身份和译者行为

　　译者是名副其实的跨文化传播者，其行为方式也就是把自身作为一个传播媒介来进行跨文化的传播活动。

**（一）译者身份**

在翻译这种历史悠久、对人类文明进程具有深远影响和意义的双语转换交流活动中，译者无疑是最活跃的因素，因为译者既是沟通两种语言的媒介，又是保证交流顺利进行的关键。不通过译者主体的能动作用，翻译这一跨文化交流活动就不可能完成。在某种意义上说，译者和作者一样都是在各自所处环境中构建着不同的文化。（徐岚，2005：56-59）译者在促进不同文化交流方面起着重要的纽带和桥梁作用，因此，在翻译理论研究及跨文化传播语境中对译者的身份和作用进行研究就显得十分必要和有意义。

纵观古今中外的翻译历史，作为翻译主体的译者可谓命运多舛，他们与原作者地位的变化与当时盛行的翻译理念密切相关。这些翻译理念在不同程度上制约着译者的翻译实践活动。翻译理论研究经历了从语言到文化、从原文转向译文、从规定性转向描述性的转变，译文地位从低于原文到等于原文再到比原文重要，译者的地位从低于原作者到被认为在翻译活动中起决定作用。（潘文国，2002：21）在翻译过程中译者的主体身份逐渐彰显，其主观能动作用也逐渐凸显出来。

**（二）译者行为**

文艺学范式翻译研究中过分强调译者主体的直觉和灵感，使一切都笼罩了一层神秘色彩。译者依赖自己的个性和天性，凭借自己广博的知识和深厚的文化功底，在翻译中往往显出较多灵气和创见。虽然这种创见有时剥离不掉个人的感情色彩，脱离了翻译的客体（文本、原作者、读者），忽视了译者的受制约性和同时作为受体的一面，但我们也看到了他们各自独到、精辟的见解，留下了许多不朽的译作，使译者主体性彰显无遗。（廖晶、朱献珑，2005）

结构主义语言学派只关注文本这个客体，关注单纯的语言符号层面的转换，过分强调人类语言的确定性，把"等值"看作翻译理论的核心，刻意寻求所谓的转换规律，从而产生一个与原文对等的文本。在此种理念的观照下，译者只要找到语言转换规律，就可以大功告成了，翻译只不过是一种简单的语符编码解码过程，不需要任何创造性，译者在这里也就成了一台脱离时空或情感制约的"翻译机器"（廖晶、朱献珑，2005），其结果是造成了翻译过程中译者主体性消失殆尽，忽视了语言文化差异以及译者的主观能动性。

20世纪80年代以来，翻译研究派的观点使关于译者主体性的研究大为改观，其代表人物勒弗维尔认为翻译是对原作的"重写"，所有的"重写"都反映了某种观念和诗学，并以此操纵文化在特定社会里以特定方式发挥作用。（Lefever，1992/2004a：vii）因此，翻译实际上是一个译者做出选择的过程。巴斯内特用多元论替代了单一的忠实于原作的教条，把翻译看作译者摆布文本的过程。（袁莉，2002：401）这些观点在很大程度上深化了解构主义文化学范式对译者主体性的认识。翻译不是一个被动的过程，不是对原文的简单"复制"和"模仿"，而是翻译主体积极参与的过程。读者应是文本的主人，对文本拥有绝对的阐释权。而译者作为文本的第一读者，无须再对原作者俯首帖耳，唯命是从。译者不该是消极被动的，可以自由地赋予文本某种意义而无须承担任何责任。译者的主体性至此达到了极致，得到了前所未有的张扬，译者的主体性地位也逐渐确立起来。不过，我们强调译者对原作的重写或者摆布并不等于说就可以胡译乱译，而是旨在矫正传统翻译研究中译者与原作者、译文与原文的不平等关系。

众所周知，翻译是一门富有创造性的艺术，根本无法脱离译者的主观性而存在。在这个创造过程中，译者又具有主体性，是翻译实践的主体。如果没有译者这一主体，任何翻译活动都不可能完成。另外，语言本身就是一个充满重叠意义和模糊边界的开放体系，其不确定性也赋予译者再创造的权利。（徐岚，2005）因此，在建构主义多元范式的翻译研究中，我们主张翻译就是两个主体借助语言这个媒介在他们各自所处的世界中进行平等对话，达到相互理解的过程。这就为主客对立的主体性思维带来的内在矛盾提供了积极的修正建议和解决办法，从而有利于译者主体研究的进一步深入。

## 四、中国传统体育文化跨文化传播当前译介主体模式

### （一）以个体译者为代表的典籍外译模式

中国典籍的外译为人们了解中国古代的哲学思想提供了重要条件，为推动中外跨文化交流提供了有效途径。随着中国综合国力和国际影响力的提升，中国已经具备了大规模组织翻译工程的能力，拥有了对海内外高端学者的吸引力，更迎来了海外需要了解中华文化的契机。典籍外译的前提是确保翻译忠实于原文、服务于当代，使中国文化的重要价值早日得到充分认识，使中国人在全球化的时代可以扮演更加积极的角色。当然英美译者在翻译中国典籍上颇有成果，当代华裔和中国译者的成绩也是引人瞩目的，如杨宪益、许渊冲、刘若愚、柳无忌、叶嘉莹、叶维廉、孙康宜、欧阳桢、余宝莲等。虽然大量中国译者翻译质量的确参差不齐，影响到译语读者对作品和中国文化的接受程度，但如果就此认为中国译者不能承担此重任却是独断的。韦努蒂所批判的流畅的、透明的英语译文实际上就是在英语中心主义下对其他民族语言和文化的一种"殖民"。

被纳入国家文化战略的典籍英译一方面的任务是保持民族文化的精神和特

色，另一方面的任务是传播中国文化价值。到目前为止，在经济全球化和文化多元化的进程中，英语成为国际共通语已成为现实。其他地方的文化要进入全球化的大融合不可避免地要寻求向英语世界输出本土文化。以典籍为代表的中国文化作品被成功译介成英语在一定程度上决定着中国文化的传播效度以及在世界文化交流中的参与度。这对典籍英译的数量和质量就提出了很高的要求。仅依靠英语母语译者来进行英译很明显是不够的。其次，虽然英美译者在中国典籍英译方面取得非常重要的成就，对中国文化在异域的传播功不可没，但其翻译的文化立场大多是以译者的个人爱好和文化取向或译语接受环境的文化心理预期来对原作和原作者的类型以及翻译策略进行选择。而译介的结果可能就是对中国文化的扭曲和单一化的形象。

以典籍为代表的中国文化译介不仅是文化界的学术和审美兴趣所在，更是上升为以政府和国家为赞助力量的文化外交行为。中国译者在政府和学界的赞助支持下，站在完整、全面和客观的立场上，力图通过典籍英译再现中国文化的整体性和多样性，达到在西方世界重建中国经典和文化精神的目的。

**（二）以政府为主导的外宣译介模式**

除了典籍外（英）译以外，对外宣传翻译也是以翻译为媒介进行文化外交的一个重要方面和内容。对外宣传的载体包括政府文件、经贸文书、媒体、广告、公示语等。黄友义认为，外宣翻译需要遵循国家提出的"贴近中国发展实际，贴近国外受众对中国信息的需求，贴近国外受众的思维习惯"的原则。

改革开放以来，虽然中国在外宣翻译方面投入了大量的人力和物力，但效果却不理想。对于造成这一状况的原因，有关学者做出了深刻的分析。外宣翻译的受众在思维方式、心理习惯、信息需求等方面都与内宣的国内受众有很大不同。但许多外宣翻译存在意识形态色彩过重，只强调宣传内容的措辞，很难取得国外受众对外宣内容的信任和认同。在修辞上，汉英文体风格的巨大差距也进一步导致了宣传失败。西方修辞强调质朴、平实的文风和感情的自然流露，认为辞章的造作会令人感到虚假和不可信；中国的修辞传统主张文采和言辞的美巧，表现在外宣文本上就是大量使用抽象夸张的修辞性词语和排比句式来烘托和煽情。

外宣翻译是一种具有鲜明文化特性的交际现象。理想的译者应站在促进达成交际目的的文化立场上。然而，来自母语环境意识形态和文化传统对翻译的影响绝不仅仅是正面的。同其他译者一样，外宣翻译的译者同样也是处于汉语母语文化的包围和影响下，往往不自觉地借助自己的母语文化来表达译文的内容、思想和情感。如果译者对译语的文化传统、背景、思维方式或行为习惯了解有限，运用译语语言结构和表达方式的能力不足，在翻译的过程中就很难做到遵循译语的文化传统和语言方式，不可避免地出现负面的文化迁移，将母语的文化特征生硬地植入译语环境，无法获得译语文化环境的认可和接受。

在外宣翻译上要获得国外受众的认同，达到宣传中国的目的，首先要充分了解西方受众的价值观、心理、文化、意识形态等，在确保信息本身的可信度的前提下，以恰当的信息表述方式和必要的调适，获得其理解和认同，达到预期的外宣效果。但这并不表示"全盘西化"和中国文化的"失落"。一方面，在修辞语用上以受众接受为目的进行调整。近年来，中国英语在汉译英上的使用就充分说明为了填补英汉文化差异造成的空缺，促成受众正确理解所进行的策略。也就是说，在语言层面上一定程度的归化调整可以促进理解和沟通，在语篇构成、表达风格、句式结构和信息传递等方面以译语文化为依归。另一方面，具有中国特色的实质信息是要保留的。在文化和政治层面，即便是代表弱势源语文化的译者也会在确保沟通的前提下，传达原文的意图，甚至凸显政治和意识形态的差异。

### （三）以国外汉学家为代表的海外译介模式

这种译介方式即汉学家在海外出版社帮助下作为译介主体的模式。汉学家作为英语世界成员，既深谙英语语言文化，具有超强的英语写作能力，又懂汉语，了解中国文化。在翻译活动中，他们是具有双重文化背景的离散译者，在新的文化环境中兼具两种语言和文化价值观的践行。海外汉学家在其作品中对中国文化进行的种种描述和阐释也是一种"文化翻译"。一方面，译者在这些描述中不可避免地要面临翻译策略的选择，究竟是使用直译还是意译或音译；另一方面，这种文化翻译还体现了译者的双重文化身份以及自身对中国文化身份的塑造，试图宣传他们眼中博大精深的中国文化，使中国文化在中西方文化主流中生动起来。要获得西方主流读者的认同，海外汉学家译者群体不仅熟知其阅读兴趣，又能将中国传统文化展示出来。尤其在英语译介作品方面，英美汉学家成绩斐然。

除了这三类模式之外，英语世界中国文化的译介还有一种与林纾、庞德的译介活动相似的合作译介形式，即从事汉英文化译介的译者不懂中文，在会讲汉语的人的帮助下合作译介的模式。

## 五、当前传统体育文化译介主体现状

众所周知，对外译介力量严重匮乏已成为目前制约中国文化"走出去"的一个重要难题。合格的译者需要自身修养高，通晓不同文字，充分了解迥然不同的文化背景与传统，驾驭语言的功底不弱于作者。而熟悉中国文化的历史与现状，又了解海外读者的阅读需求与阅读习惯，同时能熟练使用母语进行文化译介，并擅长沟通国际出版机构与新闻媒体及学术研究界的译者凤毛麟角。目前，我国传统文化方面的对外译介人才缺乏，传统文化细化方面的传统体育文化对外译者更是稀缺，需要大力培养相关方面的人才。就当今时代大潮流看，若仅凭与国外汉学家合作，远远不能满足更有效地实施文化"走出去"战略的迫切要求。因此，无论是从事外事外宣事业的相关部门，还是高等院校，都应从国家文化战略发展和中国对外传播事业可持续发展的高度关注对外译介人才队伍培养和建设问题，将此项工作作为一项长期、系统的工程进行组织落实，制定切实可行的对外译介人才培养规划，加大对翻译人才特别是对高素质、专业化、国际化的对外译介人才队伍培养的投入力度，从而及时有效地解决中国对外翻译事业所面临的人才短缺问题，以适应不断扩大的国际传播事业的要求，服务文化软实力建设。

## 第二节　文化的媒介——跨文化传播的译介内容

译介内容是连接译者与受众的重要媒介。为了切实有效地实施译介传播行为，关注译介内容就成为极为重要的一环。在跨文化传播过程中，经济全球化带来了信息的全球流动，在全球化语境中，一国的信息传播要在国际竞争中取得优势，首先要有坚实的产业基础、较大的产业规模和有效的对外传播通道，但只有这些并不够，还必须有强大的内容创意和生产能力，因为传播内容的产制和认知才是影响力得以产生的源泉。由此看来，国际传播的内容成为提升国家影响力和建立国家形象的重要渠道。在文化领域里的跨文化译介传播仍然如此，译介内容决定了国家文化形象。成功的译介文本会受到读者的青睐，取得较好的译介效果，不成功的译介文本就会遭到冷遇，达不到预期的译介效果。

译介过程是选择的过程，从原文本选取到词汇的运用，译介过程不涉及多种选择，选取原文本时需要确定所选文本的国别、原作者、原著等，这些通常由译介行为的发起者根据既定目的进行决定。选定原文本之后，译者又面临文化立场、译介策略和译介方法的选择。（范祥涛、刘全福，2002：27）可以说，选择贯穿于译介的全过程，无论是"译什么"，还是"怎么译"，都涉及译者的选择。

## 一、译介内容的选择

### （一）选择译介内容

#### 1.选择作者

对作者的选择是译介主体译介前需要做的重要选择之一，译者选择译介一个作者的作品一般有这几个原因。一是译者根据自身的喜好选择作品，作者的观点和思想品质吸引着译者，译者想要通过翻译传播和分享给更多的人。二是译者认为这部作品符合当今时代阅读者的喜好，属于比较流行的风格，符合大众的阅读习惯。那么译者很有可能去翻译这部作品，将之打造成畅销书，读者通过阅读与译者达到精神上的共鸣。三是译者翻译名人作品，作者已经具有一定的知名度，其作品拥有社会资本和象征资本，并且有潜在的消费群体。此时的译介发起人可能是本国的出版社或是当地的出版社。尤其是在全球化发展的今天，畅销书的市场无限，一本书在本国市场畅销，就极有可能在别国也畅销。国外出版社也会将极有可能为其带来经济效益的畅销书进行译介，实现盈利。

#### 2.选择作品

译者与作品的关系是翻译主体与翻译创作对象的关系。译者以原作为蓝本，阅读和理解原作者的创作意图以及原作的文本意图，在译作语言和文化背景上将其再现。可以说，译作是译者主体性的充分体现，不同的译者即使针对同一原文本，也会有截然不同的译作风格。这是因为不同的译者带着不同的"前理解"进入原作中，他们对原作文本意图的解读是完全不同的，而且在译文的生产和创造过程中，不同的译者也有不同的创造方式，有自己的风格。译者和译作之间最理想的关系是译者充分理解原作的文本意图，并尽可能地在译作中实现自己的翻译意图，从而使译作的文本意图与原作的文本意图保持一致，使译作的读者能获得与原作读者阅读原作时一样的感受和审美体验。译作可以说是译者在特定条件下的产物，特定历史时期的文化、意识形态等都对译作有着或多或少的影响。从历时的角度来看，不同时代的读者的接受意识大不相同，而且读者的接受水平会随着地点、时间乃至文化、经济、政治环境的变化而变化。原作的语言特质、源语文化在译作中被阐释和再现的方式有着时代的要求。如果一部译介作品语言陈旧，没有时代气息，不符合读者的审美习惯，读者就会对其采取排斥的态度。若译作与读者进行对话的语境丧失，就必然要重启对话，呼唤新的译本的诞生。因此，作品的选择非常重要。

劳伦斯·韦努蒂站在后殖民主义的立场对译介活动进行分析，他认为译介过程包括各种形式的选择与策略，并且指出"对拟翻译的异语文本的选择"是译事的头等要义。（劳伦斯·韦努蒂，2001：359-360）梁启超早在 19 世纪末就在《变法通义》中专列了一章，详细讨论译介之事，他把译书提高到"强国第一义"的地位，指出："故今日而言译书，当首立三义：一曰，择当译之本；二曰，定公译之例；三曰，善能译之才。"（郭延礼，1998：227）其中，"择当译之本"也就是选择"译什么书"。纵观中国译介史，在任何时期，"翻译什么"是需要首先明确的问题。韦努蒂认为"对拟翻译的异语文本的选择"是译事的头等要义。梁启超先生也将"择当译之本"列为译书三义中的第一位，可谓抓住了译事之根本。作品选择得好，就把握了传播的方向性，具有积极的意义。（许钧，2002：64）一节所选择的作品在一定程度上决定了译介成品所构建的文化形象与国家形象，这是一个基本印象，或是正面，或是负面的读者评价。如果将"挑选"的客体延至译介项目的发起人、委托人、合译者、出版商、发表媒体等，那么对于"挑选重于译介"原则的强调则可以在最大程度上保障译介成品的可接受效度、最终传播力和实际影响力。（胡安江，2010：16）

3. 选择译介策略

译介的选择不仅体现在对作者以及"当译之本"的选择上，还体现在对译介策略的选择上。从宏观上说，译介策略需要考虑的是政治主题下的翻译选择、遗弃和可接受性。以我国译入的文化作品为例，政治主题下的翻译选择和遗弃，即选择外国文化的精髓，用以改造、加强、拯救本国的文化，升华国民的心灵。从微观上讲，为了达到译介的效果，需要在具体的译介过程中选择策略，如归化、异化、直译、意译、硬译等。

直译与意译是翻译中的两种基本策略，从概念上看，直译与意译似乎为互相排斥的一对矛盾。但是作为翻译方法，这两者之间并无明确界限，在应用中也不存在"有你无我"的矛盾。无论采用什么样的翻译方法，译者的目的都一样：忠实地反映原文的思想内容和叙述方式。或者说，为了这个目标，既要采用直译，又要使用意译。翻译方法与翻译过程一致：一，能直译的就直译；二，直译出来感觉不好的就需要意译。

归化和异化是处理语言形式与文化因素的两种不同的翻译策略，它是意译和直译的进一步延伸。在涉及翻译中的文化因素时，采用异化的翻译方法还是归化的翻译方法译界争论的焦点之一。归化是指在翻译中用透明、流畅的风格最大限度地淡化原文的陌生感的翻译策略。它应尽可能使源语文本所反映的世界接近目的语读者的世界，从而达到源语文化与目的语文化之间的"文化对等"。异化是指偏离本土主流价值观，保留原文的语言和文化差异，或指在一定程度上保留原文的异域性，故意打破目标语言常规的翻译习惯。它主张在译文中保留源语文化，丰富目的语文化和目的语的语言表达方式。通俗地说，归化法要求译者向译语读者靠拢，采取译语读者习惯的译语表达方式来传达原文的内容；异化法则要求译者向作者靠拢，采取对应于作者使用的原语表达方式的表达方式来传达原文的内容。

在翻译中，译者始终面临着异化与归化的选择，通过选择使译文在接近读者和接近作者之间找一个"融会点"。这个"融会点"不是一成不变的"居中点"，它有时距离作者近些，有时距离读者近些，但无论接近哪一方，都要遵循一条原则：接近作者时，不能距离读者太远；接近读者时，不能距离作者太远。换句话说，异化时不妨碍译文的通顺、易懂，归化时不失去原文的味道。同时，我们应坚持对语言形式采取归化的策略，而对其文化因素进行异化处理。这样，译文作品可兼两策略之长而避其短。由此，在实际翻译过程中归化与异化应该是相辅相成、并用互补的辩证统一关系。

成功的译作是译者面对多种选择时，明确译介目的，适时恰当地选择译介策略，从而实现译介目的，完成交际任务。具体译介实践中，采取亦步亦趋的直译，流畅达意的意译，还是采取异化、改写、重铸等以及译介目的、文本类型、译者文化立场、赞助人、意识形态等因素都影响着译介策略的确定。

## 二、影响译介内容选择的因素

译介的选择不仅是译者个人的自由选择，它还要受到历史、社会、文化、政治、审美情趣等多种外部和内部因素的限制。（许钧，2002：63）各层面的译介选择均有其内在的多层次的目的，而这些目的的选择与确定又受到诸多语境因素的影响和制约，而正是这些各层次的目的和诸多外部因素才促成了一定时期译介活动的目的的实现，并制约着译介行为的选择。（范祥涛、刘全福，2002：25）

### （一）社会主流意识形态

影响译介文本和译介策略等的选择的因素有很多，社会主流意识形态是其中的主要因素之一。社会主义主流意识形态在很大程度上体现了社会公众的理想信念、精神状态、意志品质、道德素养以及内在的向心力、凝聚力和创造力，社会主义国家意识形态的安全就在于公众对社会主义主流意识形态的高度认同。译介活动并不是远离社会主流意识形态，而是在一种意识形态中寻找其与另一种意识形态的契合点。"译介的意识形态即译介行为背后的思想和解释系统。"（庄怀玉，

2000：16）在译介过程的所有阶段的选择中，越是宏观层次的选择，越明显受到译介目的和语言外部因素的影响和制约。（宋志平，2004：19）比利时译介研究家勒菲弗尔认为译介就是对原作的一种改写，反映了某种意识形态和诗学观念。改写是一种操控，它使文本按操纵者所选择的方式在特定的社会文化里产生影响和作用，并为权力服务。"译介为文化作品树立何种形象在很大程度上取决于译者的意识形态，这种意识形态可以是译者本身认同的，也可以是赞助人强加给他的。"（Lefevere，2004：vii）国家或者国家机构赞助译介作品时，会把符合其意识形态的作品树立为"经典化"作品，使其有机会成为译介文化，并得以在国外传播。"经典化"作品并不一定是"好"的文化作品，只是它正好符合了统治阶层的规范。随着社会的发展和变革，"经典化"与"非经典化"作品的地位可能会发生改变，甚至互换。（Even-Zohar，1990：18）

著名译介家屠岸先生是一位具有丰富出版经验的管理者，他曾经谈到影响译介选择的因素，他说："意识形态对译介作品的选择与处理有很大影响，这是事实。"（许钧，1998：203）

意识形态对译介的操控还体现在译者为使译作与接受国的文化、习俗相一致或者为迎合接受国读者的主流意识与趣味以及译入语社会伦理道德等而采用的删除、改写等"创造性叛逆"译介策略中。

翻译为跨文化交际而生，但存在着一个与生俱来的悖论：翻译是为了传递源信息，但是忠实再现原文似乎成为一项不可能完成的任务。三国时期的佛经翻译家支谦，在被称为中国最早带有佛经翻译理论性质的《法句经序》中道出翻译之难："天竺语言，与汉异音。云其书为天书，语为天语。名物不同，传实不易。"无论是翻译者还是翻译研究者，一直在努力做到真实，译者在直译和意译的策略选择上摇摆不定，但直译和意译都有一个最终的指向，即用不同的方式来完成对作品的译介。在翻译研究中，追求忠实是以牺牲译者自身的历史存在为代价的，译介并不是在一个没有历史文化语境的真空中进行的。人类翻译从二十世纪五六十年代起进入文化翻译阶段，翻译已成为民族间全方位的文化交流，成为极重要的一项人类文化交际行为，翻译内涵也发生了变化，文化研究学派、功能学派、女性主义、后殖民主义等各个角度的翻译研究，都对传统的忠实观形成了冲击，将目光转向更为广阔的文化层面。

在这一文化环境中，如果我们能够走出对于忠实观的执迷，以历史、文化的眼光来观照翻译现象，遵循社会主流意识形态，也许会更为从容地面对其内在的悖论。后殖民主义翻译理论家尼南贾纳指出："翻译理论里常用到忠实和背叛，假定了一个毋庸置疑的再现观，译学困陷其中，不能自拔，便未能去问一问翻译的历史性问题。""历史性"也许是扭转这一困境的关键。一个试图忠实于原作的译者是历史性的存在，他根植于特定的历史文化语境中，他对原文的理解无法避免地受到语境的影响，因而他的翻译会在一定程度上背离原文或者作者原意。对原文的叛逆是历史性的存在，承认翻译文化中的这一历史性存在，并对这一存在加以描述，分析其历史文化语境，进而描述其历史性意义是翻译研究的一项重要任务，有学者将这一历史文化现象称为"创造性叛逆"。

　　总之，译介内容只有符合译入语社会的主流意识形态才能更好地被译入语社会接受，若与译入语社会主流意识形态相悖，译本注定会在译入语中遭到冷遇，从而达不到译介效果和译介目的。

## （二）主流文化

　　主流文化是一个时代的社会中以国家意识形态为内核的文化形式，它以意识形态教化为宗旨和归宿，其主要功能在于彰显政权的合法性，它是凝聚国民最大程度共识的精神力量，承担着推动国家和民族生存发展的重任。不同时代、历史时期的主流文化不尽相同，如自汉武帝"罢黜百家，独尊儒术"至清朝末期，我国封建社会的主流文化始终是儒家文化；自中世纪直至文艺复兴时期，西方则一直以基督教文化为主流；我国正处于实现伟大复兴中国梦的历史进程中，中国特色社会主义文化是当代中国的主流文化，主流文化处于文化建设的核心地位，通过意识形态向大众进行主流道德观、价值观和审美观的引导和教育。一般来讲，主流文化是借助官方的文化体制来组织和传播的，具有很强的权威性、政治性和价值导向性。主流文化的性质和地位决定了主流文化具有"大叙事"的特征。译介内容要想成功，必须融入大众，得到大众的认可，发挥其在大众的生活理想、生活态度和生活方式选择中的实际引导作用。所以，译者要加强与大众的沟通和对话，用接受国读者乐于接受的形式讲述主流价值观，打破原有的文化形式藩篱，摆脱传统精英文化的束缚，充分运用各种策略开展译介活动。

　　同时，主流文化还通过行政政策、法规条例对其他文化形态进行约束和引导，使之符合社会普遍的价值观和道德观，从而在多元文化的和谐共处中承担起价值引导功能。主流文化通过借用大众文化的形式，利用大众文化的影响，来间接影响译介。以主流文化为我国思想文化体系的主导，指的是坚持以主流文化引领和约束其他文化形态的发展方向和价值取向，最终实现各文化间的共同发展和繁荣。实践证明，多元文化共同发展是中国文化的重要特征。无论是孔子倡导的"和而不同"，还是《周易》坚持的"天下一致而百虑，同归而殊途"，都是在主张思想文化的多元开放和兼容并蓄。正是由于中国传统文化的包容精神，中国各家学派的思想相互吸收和融合，形成了世界文化史上唯一没有被中断的中华思想文化体系。与此同时，我们应在主流文化的指引下，进一步加强与世界文化的交流。世界文明是全世界人民共同创造的成果，是人类共同的智慧结晶。

（三）赞助人

勒菲弗尔认为制约文化创作和译介的因素有两个。第一个因素是来自文化系统内部的"专业人士"，如译者，为了让文化作品能够被主流意识形态和诗学接受，他们会将原作进行改写。第二个因素是来自文化系统外部的"赞助人"，类似权力实体（人、机构），可以加速或阻碍文化的阅读、书写和改写。（Lefevere，2004：14-15）根据勒菲弗尔的说法，翻译赞助人可以是个体的人，也可以是宗教团体、政治集团、社会阶层、出版商，可以是媒体，如报纸、杂志或者电视台等（Lefevere，2004）。他们会借助他们所参与建立的系统，如教育机制、学院、评审制度、评论性刊物等，来影响译者的地位、收入和取向，从而推动或阻挠某些翻译活动。当然，译者也可以主动对赞助人提出要求，以提高自己的地位和收入。他们之间是一种互动的关系。赞助人对译者施加权威的影响来源于他们的思想意识、经济条件和政治地位，他们主要影响和控制译者意识形态、经济收入和社会地位。对于翻译活动的走向、翻译文化的兴衰、译者的地位乃至生命，赞助人都起着至关重要的作用。为了便于叙述，我们将翻译赞助人分为团体和个人两种。

国家权力机关在社会场域中总是处于中心地位，拥有绝对充足的文化资本，他们有权力制定文化政策，决定翻译的文化取向、翻译文本的选材和翻译策略的使用，对翻译行为具有宏观的指导作用。国家权力机关可以通过直接下达指令或者制定政策的方式对翻译活动进行干预，也可以通过官方创建的翻译出版机构从事翻译活动。另外，国家权力机关对翻译策略的使用也有不同程度的影响。一般说来，社会上的翻译出版机构以及其他团体赞助人都会服从统治阶级所主导的意识形态和主流文化思想，他们会直接或者间接地受到国家权力机关的操控。为了自身的发展，他们会积极响应国家的号召，选择符合国家需求的翻译主题、挑选符合条件的译者，并要求译者在翻译中遵守国家制定的翻译规范。现代社会的出版社也会根据国家的需求，通过发布课题等形式翻译出版符合国家需要的作品。中央编译出版社是中共中央编译局的中央级社会科学专业出版社，主要翻译介绍世界政治、经济、哲学和文化等社会科学方面的经典著作和前沿作品，完成"让中国了解世界，让世界了解中国"的使命。外语教学与研究出版社和上海外语教育出版社是我国目前以外语出版为特色的出版社。它们翻译出版了大量的外语图书，同时还配合国家的"文化走出去"战略，将国内优秀的图书推广到国际市场。中国出版集团公司是目前在中国拥有最丰厚的出版和文化积累，具有最强大的文化影响力的出版机构，该公司囊括了中国最优秀最著名的出版机构，成为中国出版门类最齐全、占据市场份额最大的出版集团。它囊括了商务印书馆（中国最早的现代出版机构）、中华书局（中国历史悠久、古籍类图书出版量多的出版机构）、新华书店总店（新中国成立最早的国家级发行机构）、人民文学出版社（新中国成立最早的文学专业出版机构）等机构。由于中国出版集团公司在中国出版业占据了强大的文化资本，该公司对翻译的影响无疑是巨大的。相对来说，其他各大学的出版社在出版界所占有的资本比例较小，发挥的作用也受到一定的影响。

个体的翻译赞助人通过翻译推动了国家的发展，为社会做出了积极的贡献。他们在当时的社会上拥有较多的文化资本，处于文化场域的中心地位，具有一定的学术头衔和社会认可的地位，可以利用他们手中的文化资本对社会场域的行为进行操控，从而具有一定的话语权力，改变场域中的资本构成。

### （四）译者的文化立场

立场是一个人对事物所持的态度，在一定的文化语境中，译者去除译者这一身份时仍然保有一定的立场，文化立场是整体立场的一部分，且整体立场会影响译者译介时的文化立场，译者的文化立场也会直接影响译介策略的选择。国家、民族的文化心态和译者本人的文化立场等对译者译介策略的选择有一定影响。译者会在译介一部作品时明确选择自己的文化立场，而这一立场的确立，无疑直接影响着译者的译介心态和译介方法。（许钧，2002：64）

埃文·佐哈尔的多元系统理论指出，译者的文化立场不同不仅仅是由译者的个人行为决定的，更是由源语文化和译语文化所处地位决定的。（Zohar，1990：47）一般来讲，强势文化和弱势文化多是以该文化的政治、经济、军事实力的强弱为划分标准的。强势文化带有先天的优越性，更具影响力。译者作为跨越两种文化的中间人，面对源语文化和目的语文化，一般表现出三种文化立场。

一是译者如果站在源语文化立场上，就会采取异化译介策略。源语文化强于译语文化时，即当译者用弱势文化译介强势文化文本时，大多力求原原本本将原著呈献给译文读者。弱势文化读者往往更喜欢原汁原味的译作，因此译者多采用异化的译介策略。

二是如果译者站在目的语文化的立场上，就会采取归化译介策略。当源语文化弱于译语文化时，即当译者用强势文化译介弱势文化文本的时候，强势文化认为自身比弱势文化更进步、更具普遍性，因此译者多倾向于用归化译介方法。（许钧，2002：68）

另一方面，有学者认为就译介本身而言，译介就是一个归化的过程。劳伦斯·韦努蒂认为译者总是倾向于站在本族语文化立场上，他指出："译介是一个不可避免的归化过程，其间，异域文本被打上使本土特定群体易于理解的语言和文化价值的印记，这一打上印记的过程被贯彻到译介的生产、流通的每一个环节中，最有力地体现在以本土方言和话语方式改写异域文本这一译介策略的制定中。"（劳伦斯·韦努蒂，2001：359）

三是译者如果站在沟通源语文化与目的语文化以实现文化交流的立场上，就会极力避免采取极端的异化和归化策略，将"交流与沟通"作为译介的根本宗旨，努力寻找能够促进不同文化沟通的译介原则和策略。

在译介的过程中，译者所译介的内容必然会有所转化或异化，衍生新意。如何维持原作和译作两者之间的平衡呢？有无可能、必要维持平衡？从译者的角度看，理论虽然有其根据及相当的说服力，有时也能拿来自壮声势或自圆其说，但无论如何取代不了白纸黑字的实作，也不能规避译者对作者及读者应负的伦理责任。因此，译者的翻译策略就是尽可能忠实且全面地再现此人、此书。第一，访谈在文体上有别于书写语言，译者在翻译时尽量保留原文的语气，以给读者"如闻其声""如见其人""如临其境"之感。第二，为了更忠实传达原意，必要时译者要增添译注。一方面，译注可化解读者阅读和理解时的障碍；另一方面，译注可彰显原文的内涵。在形式上，能被简明纳入正文者，直接以方括号纳入，以避免影响阅读的顺畅；篇幅较长或有特殊意义者，则用脚注，一则避免妨碍阅读正文，二则借此明指或暗示其所具有的特别意义。

## 第三节　文化的传播方法——跨文化传播的译介途径

文化如同知识，其力量不仅取决于其自身的价值大小，更取决于是否被传播以及被传播的深度和广度。对国家来说，只有自己的文化观念与价值取向在国际社会得到传播和认同时，文化才真正变为软实力。要想使文化真正转化为软实力，必需有文化传播力的推动。（李智，2008：22）

目前，中国文化在海外的传播力和影响力不大，中国图书在海外的扩散力和影响力极其有限。葛浩文说，要想了解中国文化在美国的知名度，只要看看《纽约客》杂志上有多少中国作品——迄今为止一篇都没有。（赋格、张健，2008-03-26）制约我国海外传播力的因素有很多，传播途径的不完善是主要因素之一。

传播途径或媒介，即信息输送的渠道，包括能够向社会大众传播信息的媒介组织和信息载体，主要有报纸、杂志、广播、电视、网络、图书、报社、杂志社、出版社等。译介途径同样包括报纸、杂志、出版社、杂志社等。要将文化产品变成商品，走向国际市场，海外营销渠道不畅是制约我国出版物走向世界的主要瓶颈。（王裙，2013：26）通过译介促使中国文化"走出去"不仅需要考虑译介主体和译介内容，还必须考虑译介文本生成之后的译介途径。没有有效的译介途径，译介文本就逃脱不了自产自销的命运，通过译介传播中国文化的目的就不能实现。

## 一、译介途径主要种类

### （一）出版社

出版社是译作完成之后涉及的下一个主要方面。例如，中央编译出版社自建社以来坚持以"让中国了解世界，让世界了解中国"为使命，以"思想文化的摆渡者——在东西方之间"为座右铭，从事中国文化的传播工作，成为中国文化输出的重要媒介。出版社首先会选择合适的作品进行译介，对作品展开全方位的评估，主要侧重于作品的文化价值和商业价值，还会对作品的作者进行考量，然后选择合适的译者，对原作品进行译介。同时，出版社对译者进行考量，看译者对作品理解的程度以及其是否在忠于原著的基础上有所创新等。出版社参与了译介的选择、策划和决策整个过程，实现了作者、译者、出版社三方合作。在选定出版的作品后，出版社会通过各种宣传手段对译介作品进行商业化市场运作，推广作品，推动作品的销售和传播，努力实现作者、译者和出版社互利共赢。出版社作为译介途径之一，是关系到译介作品的传播成功与否的至关重要的因素之一。

### （二）大众传播媒介

大众传播媒介有着巨大的影响力，通过大众传播媒介宣传译介作品，使其为大众所认识、了解、接受甚至喜爱，是译介文化作品的有效途径之一。

大众传播媒介可分为印刷媒介、电子媒介、户外媒介和网络媒介。印刷媒介主要指报纸、杂志、书籍等；电子媒介主要指广播、电视、电影、互联网及新兴媒介等；户外媒介主要指广告标语、招贴、广告牌板、霓虹灯、广告塔、广告柱、广告造型物等；网络媒介主要指互联网、新兴媒体等。大众媒介不仅是一种传播信息和提供娱乐的工具，还发挥着引导思想、引导舆论、政治控制等功能。人们生活在媒介创造的世界里，大众传媒不断为受众提供重要信息的同时，以一种潜移默化的方式把相关观念灌输给受众，影响人们的态度，在一定程度上改变人们对世界的看法。美国传奇人物巴纳姆曾主张利用大众传播媒介引导舆论。大众媒介可以通过对某一议题的反复报道强调该议题在受众心目中的地位。大众传播媒介的传播内容可以与译介内容相同，这有利于受众接受译介作品，所以大众传播媒介也是译介内容的重要载体。

### （三）文化代理人

随着科学技术的迅速发展以及出版业与各种传播工具的日益进步，作者或其他著作权人单纯依靠自身的力量维护其合法权益已显得力不从心，因而各种形式的著作权集体管理活动空前繁荣。文化代理人作为著作权集体管理的重要形式之一也得到巨大发展，他们以作者为客户，与作者签订合约，受其委托行使有关作品出版的各项权利，以佣金为目标，以代理方式促成出版权贸易。文化代理人又叫作家经纪人或出版经纪人。目前全国范围内已设立多个版权涉外代理公司，它们在减轻作者的负担、促进作品的传播等方面发挥着十分重要的作用。那么，究竟何谓文化代理人，其有何特点呢？

从民法意义上讲，所谓代理人是经被代理人委托授权，以被代理人的名义进行代理活动，行为后果由被代理人承担的人。文化代理人是代表作者与使用作品的单位或个人进行谈判和签订各种合同并从中收取佣金的人。文化代理人同样具有代理人的一般特征，即接受被代理人（这里指作者或其他著作权人）的委托授权，以被代理人名义进行代理活动（如订立著作权转让或许可使用合同），由此产生的法律后果由被代理人承担。由于二十世纪以后版权范围不断扩大，作者获得的权利也日渐增多（如出版板、改编权、广播权、电影电视拍摄权、录音录像制作权等），文化代理人实际上已发展成一种社会职业，一种专门代理作者与使用作品的单位或个人进行谈判和签订各种合同，并从中收取佣金的职业。这一职业在英美等国家尤为普遍，并得到法律上的肯定。例如，目前在纽约，各种文化代理人公司有三百多家，而且这一数目还在不断增加。

文化代理人公司之所以日益广泛，主要是因为它顺应了文化事业日益繁荣与传播工具日益进步的趋势。它一方面减轻了作者在转让版权、收取版税等方面的负担，使其能专心从事创作；它另一方面方便了作品的使用者（作品的使用者只需与代理人谈判、签订合同即可）。正是由于文化代理人的上述特点，它在我国得到了长足发展。例如，我国第一个著作权代理公司——中华版权代理总公司，就是为方便作者和使用者传播作品，以满足国际版权交流与合作的需要而设立的。

作者一旦有了书稿或提纲就会给文化代理人寄一封一两页的荐稿信，介绍书稿内容、创作特色、同类图书情况、市场预测等，并附上样稿，供文化代理人审阅。如果文化代理人对书稿感兴趣，会提出修改意见，开始与作者洽谈。文化代理人对书稿的选择很严格，他们通过筛选大量的荐稿信，会选择作者并与之签约。接下来文化代理人必须与出版社联系，对书稿的市场预期进行分析，向出版社力荐出版，并就国际版权处理、版税、影视播映权等具体条款和出版社谈判。当然最终是否签约的决定权还是在作者手上，签约人也就是作者本人。书稿进入编辑出版阶段后，对于封面设计样式、书名、开印上市时间等等，文化代理人都会直接参与讨论。编辑如果要修改稿件，也需要与文化代理人沟通，看修改后的稿件是否更加适合市场，同时是否冒犯作者。可以说文化代理人贯穿着图书出版的整个流程。

但是，并不是所有的作家都需要找文化代理人，也不是文化代理人代理任何作家。一般说来，小说家和剧作家找文化代理人的较多，而文化代理人一般也愿选择知名作家做雇主，因为这关系到双方的经济利益。对小说家、剧作家来讲，往往通过改变其作品的使用方式获得更多利益；对于文化代理人来说，谈判谈得越好，版税收得越多，他们从中提取的佣金也就越多。当然，有一些文化代理人还指导那些尚未成名的、他们认为有前途的青年作者，帮助其修改作品，使这些作品得以出版。这样，他们在为社会服务的同时，还可从这些人身上收到更多的佣金。

（四）书展

书展的主要功能是推进版权贸易。数据显示，在书展上达成的版权交易占世界全年版权交易总量的75%以上，一方面是出版机构的版权负责人前来洽谈、购买国外版或翻译版版权，另一方面是大批文化代理人寻找海外出版公司。世界上目前有四五十个国家每年举办国际书展，各类书展共有近百个，遍及世界各大洲。书展的功能与类型各不相同，比如伦敦书展以版权贸易为特色，设有全世界最大的版权贸易中心，以方便各国出版机构进行版权贸易；博洛尼亚书展是全球最大的儿童图书博览会；莱比锡书展侧重文化类图书；法兰克福书展是全世界最大的综合性书展。作为一个商业性的书展，法兰克福书展汇集了世界各地出版产品，成为版权谈判交易的最大场所，全球图书版权贸易的75%都在这里成交。书展可以在出版商、图书经理人之间搭建沟通平台，拉近与读者的距离，为图书经销商开辟渠道。书展集展示、宣传、销售与贸易、交流、合作于一体，是了解国际出版业和图书市场以及加强国际出版业交流的良好机会，是各国图书走向世界的一个重要渠道。

**（五）政府资助**

政府设立基金资助文化作品的译介出版也是促进一国文化传播的重要途径。译介文化出版商常常面临激烈的市场竞争、销售利润难以保障等问题。例如，在美国，译介图书的成本高达 3.5 万美元，高出一般图书的成本 1 万多美元，出版社为了能顺利出版译介作品并获得利润，需寻求各种译介资助基金的帮助。许多国家都建立了各类出版基金，为本国图书的译介、出版、发行等提供资助，如将译稿交给指定出版商资助其出版、购买图书免费分发给世界各地的公共图书馆和教育机构、资助出版商参与或举办国际书展等，这形成了图书出版走出去资助体系。

## 二、中国文化"走出去"主要译介途径及问题

中国文化"走出去"译介途径主要包括本土出版社、大众媒介、海外书展。

**（一）本土出版社**

1. 本土出版社

多年来中国文化"走出去"的译介途径比较单一，中外合作出版虽然近年来有所加强但为数不多。例如，"熊猫丛书"英译本没有选择英美商业出版社出版，而是在国内出版，通过国内的销售商和中国国际书店进行推广；《大中华文库》的出版单位包括四川人民出版社、岳麓出版社、外文出版社、湖南人民出版社、世界图书出版公司、新世纪出版社、人民文学出版社、中华书局等国内数家出版社；国家机构发起的"中国图书对外推广计划""中国当代文学百部精品对外译介工程""中国文化著作译介出版工程""经典中国国际出版工程""中国文化海外传播工程""国家社会科学基金中华学术外译项目"等的译介作品基本是由国内本土出版社出版的。

2. 海外出版社

海外出版社出版中国的文化作品一般有三种情况。一是国外出版社挖掘其认为有商业利润的作家并出版其作品；二是译者自己找国外出版社，译者知道什么样的作品适合找什么出版社出版；三是作者直接和国外出版社联系出版自己的作品。从二十世纪八九十年代开始，随着中国的发展和中国文化向海外的传播，中国文化作品逐渐在海外出版，一些商业出版社甚至是国际出版巨头也开始关注中

国文化，如企鹅出版集团就于 1993 年出版了莫言的《红高粱》。

　　3. 中外合作出版

　　中外合作出版主要有贸易式、契约式和投资式三种基本模式。贸易式是国内出版企业把国内编辑、出版的图书以商品贸易方式推向世界的一种最直观、最简单、风险最小的海外市场进入模式；契约式是国内出版企业通过签订合同或转让合同的方式把自己的图书版权转让给海外目标国的出版机构，允许其一定时间和范围内使用自己版权从事相应图书出版经营活动的模式，这种模式下国内出版企业的业务参与程度和资源投入程度相对较低；投资式指国内出版企业通过直接投资方式在海外建立出版分支机构的海外图书市场进入模式，是中国出版业"走出去"的一种高级模式。（潘文年，2010：79）

　　目前，越来越多的国内出版机构开始在外向型图书策划输出中选择与海外出版社合作。国内出版社与海外出版机构签订版权输出协议，由海外机构负责组织译介出版营销，通过版权代理机构市场化、专业化运作推广译介产品。例如，人民文学出版社与哈珀·柯林斯出版集团签订合作协议，出版中国当代文化名著英文版并向海外市场推广；外语教学与研究出版社和施普林格出版集团启动"中华学术文库"项目；上海新闻出版发展公司在与法国拉加代尔集团建立了友好的销售服务关系之后，又与国外知名特色发行渠道合作，签署中国出版物地区代理发行协议，不仅进入全球重点零售渠道，还着力打入全球重点市场的重点发行渠道。（王琚，2013：26）国家政府也尝试以投资式模式在国外办出版社，试图进入外国的市场，如外文局在美国创办了长河出版社，在法国创办了百周年出版社。

　　总体来说，在这三种出版途径中，中国文化"走出去"主要依赖的还是国内本土出版社。本土出版社发行中国译介文化作品存在着一些问题。本土出版社出版的图书难以进入西方销售、宣传等商业体系和传播系统。中国译介文化很难得到海外相关机构的大力推介，海外读者根本无法接触甚至了解中国作品，西方学界也根本无从了解中国学者的译著，也就谈不上研究和推广了。（王侃，2012：169）

　　中西方长期以来形成的文化隔阂和障碍使没有西方出版社参与的中国本土出版社出版的图书难以在西方读者中产生心理学上的"自己人"效应、威信效应和晕轮效应，因而这些图书更不容易为其所认同和接受。

　　（二）大众媒介

　　随着新媒介的发展，大众传媒进行的跨国交流日益频繁，已经成为传播一国文化软实力的重要渠道。吴立斌认为，在国际传播中，大众传播有媒体放大功能，它能营造拟态效应，让目标国受众在心理上产生一种以局部替代整体、以虚拟代替现实的印象。美国等西方国家在冷战结束之后，正是通过传播领域的扩展，通过发挥新闻媒体在国际报道中的作用，进一步垄断了对世界重大问题的议程设置权，巩固了其国际话语权地位。一个国家的国际话语权的获得，在很大程度上取决于该国对国际传播力的掌控程度，充分利用新媒介的传播技术不但意味着传播成本的下降，也意味着传播途径的直接和有效。

大众传媒的国际传播是一种大规模、高投入、技术含量高的活动，对资金、设备、人员、技术都要求较高，这就必须依仗国家综合国力的强大，这样国家才能给予大众传媒的国际传播足够的经济投入和技术支持。国家综合国力中的其他诸多因素，如参与国际事务、融入国际社会的国际意识，国内教育、科技、文化的普及、发展程度，国内人均收入水平等，也都在直接影响着其"国际传播力"的大小。

改革开放四十多年来，我国文化传媒业飞速发展，已经形成了一定的规模，具备了相当的实力，形成了由报纸、杂志、广播、电视等传统媒体，以网络、手机为代表的新媒体和各种类型的户外媒体所构成的全方位、多层次的传媒架构。国家的信息传播能力日益增强，为中国文化软实力的提升奠定了良好的基础。但是，中国的网际传播能力还比较滞后，面对这种局势，发展大众传媒，提升国际传播能力，使国家社会经济发展与国际话语权、国家文化影响力相适应，应该是建设国家文化软实力的重大战略对策。例如，在中国举办的奥运会、亚运会等通过大众媒体将运动员的比赛情况传到世界各地，扩大了中国在全世界范围内的影响力。

在译介中国文化过程中，大众媒介的作用也得到了应有的重视。报纸、杂志作为大众媒体的重要形式一直是传播中国文化和译介中国文化的重要途径。然而，在中国文化译介利用大众传播媒介途径还存在一些问题。这些报纸、期刊对中国文化向西方传播起到了重要作用，但学术杂志的读者群多为专业读者，普通读者群很小，其发行量非常有限，影响力也相对较小。另外，介绍传播中国文化的报刊基本为国内本土报刊，而不是国外主流报纸，在国外的影响力极小，以至于普通受众很少能接触。影视作为大众传播媒体之一，是认识一个国家的重要标识和传播国家文化的重要渠道，其作为译介途径的作用没有得到足够的重视。

（三）海外书展

进入 21 世纪以来，中国文化界清醒地意识到文化的交流在中外文化交流和中国文化"走出去"中的重要性。中国作家开始把目光投向其他领域，拓展自己的视野；中国政府也积极创造机会，拓展中国作家和国外作家、出版家、读者面对面交流的途径。书展是发布新书、交易版权、探讨全球出版业发展动向、展开深度交流与研讨的平台，是作家作品走出国门参与交流并获得关注的重要途径。书展上的主宾国活动是以快捷、集中的方式介绍国家文化的有效形式，是集中展示国家文化的良好契机。目前，中国已经在巴黎图书沙龙、莫斯科国际书展、首尔国际书展、法兰克福书展、希腊萨洛尼卡书展、埃及开罗书展、土耳其书展、伦敦书展等担任主宾国。例如，2009 年 10 月，100 多位中国作家参加了第 61 届法兰克福书展开幕仪式，并举办了 60 多场文化活动。2012 年 4 月，中国是仅次于法兰克福书展的世界第二大国际图书版权交易会伦敦书展的主宾国。国外书展成为中国作家作品"走出去"的重要平台。

然而，中国出版界往往过于依赖书展，常常在书展上将图书海外版权卖给国外出版商，对海外读者的需求和接受情况等关注度远远不够。

## 第四节　文化的接受者——跨文化传播的传播受众

传播是个人或组织机构影响受众抑或被受众影响。受众是传播学的重要概念，指传播活动中的听众、观众、读者等信息接收者。受众在传播中既扮演着"受"的角色，也扮演着"传"的角色，是传播活动的对象，也是传播效果的具体体现者。受众是传播所针对的客体和信息接收主体，受众接收信息并不是被动的、任人摆布的，而是主动的、有选择的。（王贤卿，2009：100）传播效果不仅受传播主体、传播内容和技巧的影响，受众自身的属性，也就是他们的阅读兴趣、政治态度、价值观等也影响着传播的效果。（吴磊，2009：113）对受众进行研究可了解受众反应和动态，从而有的放矢地调整传播策略，提高传播效果。

文化交流中的主要矛盾是传播者与接受者，这是文化认知引起的内源性矛盾。（谢晓娟，2012：17）就文化译介而言，当你为一个国家提供译介作品时，这个国家肯定会把这些译介视为针对自己的暴力行为……会感到不快，至少开始的时候是这样，第一个反应是强烈的反抗……谁会让别人的物质注入自己的血液里呢？（费小平，2005：207）从本质上讲，所有文化对外来事物都是抵制的，会把译本看作移植的器官，把本族语言文化对他者的抵制看作身体对外来异物的自然排斥，译介本身就对固有的语言和文化带来威胁。（朱志瑜，2009：8）

"今天不同文明之间交流的一个关键，是努力了解'他人'的语言、传统，做到设身处地地用当地人的眼光来看待周围的事物……"（费孝通，2005：533）也就是说，跨文化交流中要站在"他人"即受众的角度来考虑问题。在中西文化交流中，我们对西方受众的研究远远不够，常常想当然地认为西方受众和我们一样，站在我们自己的角度，而不是从受众的角度出发，传播效果往往不理想。

## 一、译介受众的地位

### （一）传播受众地位

受众在传播活动中的作用越来越大。要实现完整的传播过程，受众与传播者两者缺一不可：若离开了传播者，受众无法接收信息，传播行为无从谈起；若离开了受众，就失去了传播对象，传播目的就得不到实现。受众从来就不是被动或静止的信息接收者，受众会根据自己的需要和喜好对信息进行取舍，受众有可能接受或者排斥，改变或者坚持某种态度，采取或者不采取某种预期行为。（陈小慰，2013：97）传播效果是根据受众的反应来评价的，传播者发出的信息如果不被受众接受就无法得到传播，传播效果就会不佳，传播就失去了意义。因此，受众是传播活动成败的关键。了解受众、研究受众、依据受众特点与需求选择传播内容，调整传播策略，最终满足受众需求是达到传播目的根本要求。受众意见成为传播策略，调整的重要依据，在各种传播途径中，受众都是传播者重点考虑的对象。（张春林，2006：44）比如，在大众媒介传播中，为了达到传播目的，传播者总是不遗余力地根据受众的特点调整传播策略。加拿大作家柯克曾经幽默地写道："在美国，记者采集新闻后，会向读者大肆宣扬，报纸尽量用大字标题、粗体字；在英国，记者得到新闻后会尽可能心平气和地把它传给读者，报纸用小标题，充满了安定、高雅的气氛，这样做是因为英国报纸的读者是那些坐在安静角落里的人，他们用糖缸支撑着报纸，一边慢慢吃早餐，一边阅读，或是在皮椅中快睡着的退休银行家，或是坐在青藤架下柳条椅中的乡村教师。美国报纸的受众都是那些在咔嚓作响的地铁快车上紧握着环把的人、在早餐柜台前吃饭的人、用一条腿站立着的人、只有两分钟修面或等候牙医拔牙的人。"（李艳芬，2009）

### （二）译介受众地位

文化活动中，读者起着十分重要的作用，作者、文本、读者构成了文化活动的主要要素。如同经济领域中生产者、产品、消费者之间的关系，如同消费者会影响生产者的决策和产品的生产一样，读者也会对文化作品的创作活动产生重要影响。（邱秀英，2008：108）没有读者的审美参与，作品不可能成为审美对象。

正如海德格尔所说，作品是为了读者而写的。（吕俊、侯向群，2006：75）文化作品只有经过读者的阅读，才可能获得意义、价值和生命。同样，译介文化作品只有经过目标读者的阅读，才能获得意义和价值，才能实现译介的目的。

　　就译介受众的地位而言，译介理论家有不同的看法。韦努蒂主张不要以通顺取悦读者，认为大众审美观抹杀了艺术与生活的差别，译介应该像一面镜子，真实反映原作，原作中无数奇巧美妙、别出心裁之处应在译作中有一席之地。奈达把译文读者置于重要地位，他认为好的译文应该能使读者正确理解原文信息、译文形式恰当。佛经译介者玄奘提出译介"既须求真，又须喻俗"；西方《圣经》译介者为了吸引读者，传播基督教，将可读性放在首位；莎剧译介家朱生豪在《〈莎士比亚戏剧全集〉译者自序》中说："每译一段竟必先自拟为读者，查阅译文中有无暧昧不明之处。"（罗新璋，2009：132）

　　任何性质的话语都必须以受众为转移。（Perelman&Olbrechts-Tyteca，1969：45）译介时不可仅仅简单满足于"美己之美"，一厢情愿地说"自己的话"，发"自己的声"。（陈小慰，2013：98）译者必须在了解自己文化的同时，了解要译入的他国文化，解决处理语言后面的文化问题，（费孝通，2005：216）否则译本就会得不到读者的认可和接受，译介就失去了意义。

　　中国译介要具备受众意识，用外国受众能够接受的路径与方式宣传中国，逐渐培育乐于倾听中国声音的外国受众，使中国和中国文化真正"走出去"。要研究受众，了解他们的局限与预期，力求让他们理解中国，而不是误解中国。（陈小慰，2013：100）

## 二、译介受众的分类

### （一）译介受众分类

　　学者对受众类型有着自己的划分标准。鲁迅主张译介中"宁信而不顺"，在《关于译介的通信》一文中，他说，"我们的译书，还不能这样简单，首先要决定译给大众中怎样的读者。将这些大众，粗粗地分起来：甲，有很受了教育的；乙，有略能识字的；丙，有识字无几的。而其中的丙，则在'读者'的范围之外，启发他们的是图画、演讲、戏剧、电影的任务，在这里可以不论。但就是甲乙两种，也不能用同样的书籍，应该各有供给阅读的相当的书。供给乙的，还不能用翻译，至少是改作，最好还是创作，而这创作又必须并不只在配合读者的胃口，讨好了，读得多就够。至于供给甲类的读者的译本，无论什么，我是至今主张'宁信而不顺'的"。（鲁迅，1994：437）鲁迅在译介针对"很受了教育的"

读者时，宁愿译得"不顺口"，让他们"硬着头皮"品尝原汁原味，因为他们是有"不贪'爽快'，耐苦来研究这种理论"的义务的。（刘运峰，2004：261）译介童话《小彼得》的目标读者是儿童，鲁迅反对"拘泥原文令读者看得费力"的译法，译文尽量简单，通俗易懂。

王宏印将译介受众分为一般读者、通晓双语读者和职业批评家。他认为，译作的一般读者需要满足自己的精神需求，重在品鉴译作语言和思想内容；通晓双语的译作读者可能会质疑译作，通过对比译文与原文，发现问题提出意见；职业批评家则是进行译介评论、学派论证、规律探索，或致力于译介批评的学科建设等。（王宏印，2005：7-13）

杨自俭认为，读者，就其类别和层次而言，可粗略分为读者个体和读者群体，或分为高层读者、一般读者和低层读者。不同读者对译者所产生的能动作用也是各不相同的。其中，读者群体和高层读者对译者产生的能动性最大，他们的想法往往影响着译者选择的译文范围、目标。（杨自俭，2002：10）

刘芳将译介受众概括为一般性文化读者、商务活动的当事人、消费者、研究型学者。文化作品的译介受众通常是一般性文化读者即普通读者，他们对译介作品并没有太严格的要求，希望通过译作了解不同文化的思想、行为、风俗、风土人情、宗教，找到思想的共鸣，或者只是作为消遣的方式和消磨时间的手段；商务活动的当事人并不是译文的欣赏者，只要求译作能够反映原文的信息即可；消费者对译文的要求要与实际消费领域结合；研究型学者往往受过更高的教育，他们学识渊博，希望从译作中找到知识结构理论依据。（刘芳，2012：72-74）

其他划分还包括，傅斯年将译文的受众分为普通读者和学者；茅盾则将其分为一般读者和学徒。（张美芳，2005：178）黄怀璞将文化作品受众主体分为有组织群体与无组织群体，有组织群体包含文化学术圈子而无组织群体包含以接受大众传播为主的普通大众，文化的受众主要是大众。（黄怀璞，1996：23）

**（二）不同受众间关系**

本书根据中国作品西方译介情况，将译介受众粗略划分为专业人士、大学群体和普通受众。专业人士包括西方译介界和汉学界的专家学者，大学群体接触各国文化的机会很多，阅读广泛，大学群体既是普通读者，也可能成长为专业人士，是不可忽视的译介作品读者群体；普通读者就是西方普通受众。

普通受众历来是传播争取的目标，普通受众多，则传播效果好，然而普通受众对事物的认知和态度往往受到专业人士和知识群体态度和观念的影响，如专业人士可以通过报纸、杂志等媒介发表对某个译介作家或作品的专业评价，这会影响普通受众对该作家或作品的看法和态度。

## 三、影响受众接受译介作品的因素

受众是一个复杂的群体，影响他们的因素太多：国别、种族、性别、年龄、职业、水平、爱好、经历、追求、心理状态、审美要求等。（杨自俭，2002：10）无视受众的跨文化因素和影响受众态度的因素，传播将不能顺利进行。

译介就是跨文化交流，无视译介受众的译介行为是盲目的，往往得不到受众的认可。没有受众的译介文本是自产自销，译介行为是自娱自乐，也从根本上失去了译介的意义。

影响译介受众接受译介作品的因素主要包括：影响受众态度观念的社会主流意识形态和诗学、受众的期待视野、审美情趣等。

### （一）译入语主流意识形态和诗学

每个读者都不是带着一片空白进入一个新的文本的……都是带着如海德格尔所说的先有、先在、先识所构成的前理解走进一个文本的。（吕俊、侯向群，2006：75）作为文化传播对象和社会成员，受众无论是群体还是个人都不可避免地深受社会主流意识形态影响，带有社会和时代的烙印，受众态度观念的形成与发展和其所处的社会息息相关。主流意识形态主要通过大众媒介传播社会价值观促进受众态度的形成。伊丽莎白·诺艾尔·诺依曼提出的"沉默的螺旋"理论指出，代表主流意识形态的大众媒体传播的声音会在社会上占有优势，而人们往往会遵守大众媒体所传播的价值取向，从而在社会中就某一问题形成一定的态度。（吕斐宜，2007：21）

社会主流意识的态度往往变成了一般受众的态度。美国政治理论家李普曼认为，人们一直生活在两种"环境"之中，一种是基于现实的"客观环境"，一种是经过媒介筛选、加工和建构的"拟态环境"。在多数情况下，我们并不是先理解后定义，而是先定义后理解。（沃尔特·李普曼，2002：67、73）。"先定义后理解"的思维惯性使民众注意力聚焦在先入为主的事情，而对和它相抵触的事实常常视而不见。"如果我们相信某个事情理应是真实的，我们就总是能够发现一个用来说明事情的确如此的例子，或者是找到一个相信事情的确如此的人。"（黄旦，2005：32）

受众通常会选择性地注意自己感兴趣的符合自己利益、支持自己立场的信息（吕斐宜，2007：23），是带着本国主流意识形态影响下形成的观念来看待一国文化译介作品的，其主流意识形态对来源国及其作品的评价深刻地影响着译介受众对该国译介文化的兴趣和态度。

就诗学而言，与译介受众所处时代背道而驰或者直接冲突的文化形式必然会影响译介受众对译介文本的接受和认同。

**（二）受众心理**

1. 受众的阅读心理

受众阅读文化作品表现的心理倾向包括：① 求知心理。受众希望通过阅读对世界有更多的认识和了解。在阅读译介作品的时候，受众希望获得他国的知识。② 娱乐消遣心理。在现代社会激烈竞争中，受众常常处在种种紧张压力下，不愿意在难得的闲暇时间里接受空洞的说教，渴望通过轻松愉快的阅读宣泄情绪、释放心理压力，对于娱乐消遣的需求也就不断增加。娱乐消遣心理常常使得译介作品受众喜爱简单、易懂、轻松的作品。③ 求异心理。受众总是期望多角度、全方位地获取外界信息，单一的传播内容和方式会让受众心理疲劳。传播内容上独特的异域性符合受众心理和文化传播的客观规律。（王悦，2010：92）

2. 受众的心理效应

受众的心理效应是指传播活动中的一些心理现象对传播过程和传播效果的影响。（李春生，2008：219）受众的心理效应包括威信效应、自己人效应、名片效应、晕轮效应等。威信效应是指传播者作为个人或者群体的权威性与可信性对受众心理的作用以及由此产生对传播效果的影响。传播学研究发现，当受众把传播者或者信息来源确定为高权威性、高可靠性时候，这种认定就转变为对信息内容的相信。晕轮效应又称为"光环效应"，就像月晕光环一样，有着爱屋及乌的品质或特点。名片效应是指传播者先向受众传播他们所能接受的或者熟悉喜欢的观点与思想，然后再悄悄将自己的观点与思想渗透组织进去，给受众一种印象，似乎传播者的思想观点和他们的相近。名片效应有助于消除受众的防范心理，缓解他们的矛盾心理，有助于减少信息传播过程中渠道上的障碍。自己人效应是指人们对"自己人"（有着共同信仰、价值观、语言、种族、文化、宗教背景的）所说的话往往更信赖、更容易接受。社会心理学家纽卡姆也在一项实验中证实，彼此间态度和价值观越是相似的人，相互之间的吸引力也会越大，这是"自己人效应"。（水淼，2009：86）

就文化译介而言，如果译介主体是受众自己人或者自己信任的有威信的人抑或是他们喜欢的人，就会产生威信效应、自己人效应或晕轮效应，译介作品就会容易为其接受；译介内容如果是不违背自己的意识形态观念和诗学就会产生名片效应。

3. 受众的期待视野和审美意识

"期待视野"是由接受美学代表人物姚斯（Hans Robert Jauss）提出的，是指在阅读作品时，读者阅读经验构成的某种思维定式或潜在的结构和读者阅读之前就存在的潜在的对作品意义的期待，即在文化阅读前和阅读中受众意识中存在的"先在结构"，即期待视野和审美经验，主要包括人的思想观念、审美情趣、承受能力和接受水平等，阅读中表现为潜在的审美期待。（霍拉勃，1987：135）期待视野具体表现为：① 接受者从过去曾阅读过的、自己所熟悉的作品获得的艺术经验，即对各种文化形式、风格、技巧的认识；② 接受者所处的历史社会环境以及由此决定的价值观、审美观、思想、道德和行为规范；③ 接受者自身的因素，包括生活经历、受教育水平、艺术欣赏水平和素质。（章国峰，1993：89）文化阅读中，读者不自觉地期待作品可以表现出契合自己意愿的审美趣味与情感境界，以及合乎自己理想的人生态度、思想倾向等。例如，对于一部长篇小说，读者会期待波澜起伏的故事情节和丰满的人物形象；对于一首诗歌，读者会对节奏、韵律和意境有所期待。期待视野决定着读者对接收对象——作品的选择，符合读者思维定式或先在结构的作品，才可能吸引读者。

读者的审美意识是一个时代读者对阅读对象所表现出来的喜好以及在心理情感方面与之契合的程度。与心理情感契合度越强，获得审美愉悦的可能性越大，契合度强就说明作品更容易进入读者的期待视野。读者一般倾向选取与自身审美期待一致，易于诱发和满足自然人性和欲望的读物。（周红民，2008：58）例如，皮埃尔·布瓦丢 20 世纪 70 年代发现法国大众审美情趣相似，"大众感兴趣的不是言说的方式，而是言说的内容，更喜欢直接的场景描写和简单明了的人物刻画，并且希望进入虚构性作品中人物的生活，参与他们的道德决策"。（约翰·弥尔顿，2000：141-142）

译介不是译者和原作的独白，译者必须考虑译作的读者接受问题，考虑译文读者和译文的"视野融合"问题。译介的最终目的是给读者阅读，不考虑译文读者与译文的交流是不现实的。面对读者，译者要更多地考虑读者的期待视野和审美意识，只有这样，作品才能更好地被受众接受。例如，业界公认的"识货"的美国诺普夫（Knopf）出版社曾经拒绝出版博尔赫斯等文化大师的小说，审阅意见认为这些作品难投英语读者所好；19 世纪英国菲茨杰拉德（Edward Fitzgerald）译介的波斯诗人莪默·伽亚谟（Omar Khayyam）的《鲁拜集》，为了满足读者的诗学创新以及对异域的新鲜的东方国家情调的期待和审美意识，菲茨杰拉德对该诗进行了改写，他模仿原诗格律为英语创立了新的诗体，按出版后的读者反映情况，对译本做了三次修订，译作终于获得巨大成功，被列入"世界文化名著"。（张瑜，2001：12）

## 四、中国文化作品英语译介受众

中国文化英译作品译介受众主要是英语世界的西方受众。为了能让更多的西方受众更好地了解中国和中国文化，从纽约"中国风"介绍中国的大屏幕，到孔子学院的开办，国家做了种种努力，然而，总体来说效果不佳。正如美国中国媒体观察员查尔斯·卡斯特（Charles Custer）所说，中国有足够的钱在海外建"麦克风"，但如果中国不仔细探索出与国外受众最好的交流方式，效果只能事倍功半。（梅兰，2011-10-21）

### （一）西方受众

西方读者作为传播受众，在阅读作品上具备以下特征。

（1）西方读者审美曾由理性、和谐、道德的古典审美范式演变成唯艺术、唯情感、独立、个人主体性、自由的浪漫审美范式，现在又逐渐向现代性、生命体验、存在、非理性、直觉、无意识、非人道化、解放、颠覆、结构、虚无、刺激的西方现代审美范式演化。西方读者追求独立自由、强调以自我为中心、执着、爱憎分明，推崇男女之爱并乐此不疲。他们无法忍受个性追求被限制，不欣赏有组织的集体行为，反感压抑自我感受和委曲求全，不能理解为团体或组织利益甘愿自我牺牲的做法。（寇鹏程，2005：113）

（2）在美国文化中，美国民众对政府有着天然的不信任感，在文化作品上美国人对讽刺的、批评政府的、唱反调的作品特别感兴趣。（邵璐，2011：47）这一点从余华的小说《兄弟》在国内外的不同评价上就可以看出。《兄弟》自2009年1月由美国兰登书屋推出英文版以来，《纽约时报》《华盛顿邮报》《纽约客》《洛杉矶时报》和《波士顿环球报》等美国主流媒体都给予好评。《纽约时报》周末版用六个版面介绍了《兄弟》和余华；《纽约时报书评周刊》推出的中国专题中也介绍了《兄弟》，评价《兄弟》是一部反映20世纪末中国社会生活的小说，这个故事像美国电视剧《24小时》一样充满了狂风暴雨般的语言、肉体暴力以及情欲，具备这些元素的作品在西方应该能一鸣惊人。相比国外对《兄弟》几乎一边倒的赞美，《兄弟》在国内的接受则经历了冰火两重天。国内有评论家指出余华用血统论推定人类生活中的卑微与高贵，是"过去40年来中国人百感交集的复杂经验，被简化成了一场善与恶的斗争"，认为这部小说情节"失真"，语言"粗糙""根本不值一提"，是一部失败之作，甚至出版了一部《给余华拔牙》的批评文集。(姜智芹，2010：35) 国内外对余华《兄弟》的接受表现出如此大的差异可能与中西方受众对文化作品的不同定位有关。西方受众强调其批判功能，余华《兄弟》中对发展中的中国社会、道德的批判，契合了西方受众的阅读定式，受到他们的欢迎。而中国的批评家认为余华沉陷在脏、乱、臭、黑的世界里，是在向西方展现中国消极的一面。

（3）主流文化的优越感和标准。美国文化依附其经济政治地位的强盛，文化上仍然是全球主流文化。"美国梦"、独立个性发展等价值观席卷整个世界，成为西方受众崇尚的审视他国文化的价值标准。英语文化内部存在一种自以为是的普世文化观或文化标准，使西方受众拥有主流文化的优越感，常常对他者文化和文化自身持怀疑态度。

**（二）西方受众眼中的中国**

西方受众对中国以及中国文化的态度表现为几个方面。

（1）西方受众对中国的关注度有所提高。英语世界西方受众在主流意识形态影响下对中国持怀疑态度，他们关注中国经济的发展以及中国发展对国际政治经济体系的影响，也关注"中国模式"下的国家与社会之间的关系、社会矛盾与民生，中国发展的环境影响。(谢晓娟，2012：20)

（2）对中国整体负面的评价。西方受众对中国缺乏了解，了解中国的渠道也较少，西方媒体长期控制国际舆论环境，西方主流媒体在涉华新闻中经常歪曲、贬低甚至诋毁中国的形象，有意无意地操纵着西方受众对中国形象的认识。(曾冬青，2011：119) 西方媒体似乎不在乎真实的"中国"是什么，只在乎塑造一个"政治文化野蛮者"的形象，通过建构出来的"他者"和"野蛮人"形象，取得牢固的道德制高点和道德优越感。(王富仁，2004：7) 长期受西方媒体对中国负面报道的影响，西方受众不可避免地对中国存在着偏见甚至怀有敌意，形成了难以改变的负面"刻板印象"。

由于英语文化在全世界的推广力度和普及程度是最大、最高的，英语文化尤其是美国文化无形中常以"领先"自居，这种"领先"是以英语文化的标准来认定的。

将这"标准"普世化又使得美国文化界对中国当代文化的评价，无论褒贬，都带有显见的傲慢。在对待中国文化上，夏志清在他那本影响深远的《中国现代小说史》的初版序言里，提到西方读者对中国文化的忽视，那是20世纪六七十年代的事了。时至今日，中国已发生了巨变，国际地位和影响力也日益提高，但西方读者似乎仍对中国文化大致采取了不闻不问的态度。（孙艺风，2012：21）即使阅读中国文化，许多西方读者常常以猎奇的心态，从中国文化、电影猎取异域文化和管窥中国的政治特征。（邵璐，2011：47）有的对中国文化还是停留在"中国文化就是枯燥的政治说教"印象，几乎所有大陆小说都被贴上"社会主义现实主义"的标签；有的停留在充其量是"中国的宣传教育资料"这种负面的认知和判断上；西方主流媒体和社会大众仍然认为，"中国当代小说不仅少有人知，也缺少文化价值，很难吸引读者，因此可以毫无顾虑地不予重视"。（Lovell，2005-06-11）有些西方出版商、媒体甚至学者对中国文化作品的印象还停留于"停滞封闭的乡村、政治迫害或扭曲性爱"。（王杨，2010-8-13）在2014年4月的华东师范大学举办的"镜中之镜：中国当代文化及其译介研讨会"上，葛浩文指出中国小说在西方并不特别受欢迎，比不上日本、印度，甚至越南。

（3）西方受众关注中国传统的器物与礼节，忽视中国现实社会的观念与价值。（谢晓娟，2012：21）西方受众对中国的认识多年来始终停留在对中国传统文化认知的层面上，而且深受历史上西方关于中国印象的影响。（孙逊，2010：67）西方受众对中国的了解仍然停留在对传统器物文化了解的层面。美国《新闻周刊》2006年评选出中国最具世界文化影响力的文化形象，其中包括汉语、故宫、长城、苏州园林、孔子、道教、孙子兵法、兵马俑、丝绸、瓷器、京剧、少林寺、功夫、西游记、针灸、中国烹饪等。（胡晓明，2011：97）这些形象符号中传统形象居多，现代形象符号少，实际器物多，文化等精神层面文化少。感知中国文化时，西方受众对兵马俑、茶叶与中国菜等中国物质文化的了解愿望强烈，而且认知是正面的，对中国行为文化如中国人中庸之道等持中性的看法，而对中国的制度文化及价值观等精神文化比较抵触，而我国媒体传播并未改变他们对中国的刻板印象。（吴瑛，2009：32）

## 第五节　文化的结果——跨文化传播的传播效果

### 一、译介效果的重要性

传播效果指传播者发出的讯息，通过一定的媒介到达受众后所引起的受众思想行为的变化，是带说服动机传播行为在受众中引起的变化和传播活动对受众及社会所产生影响和结果的总和。（田中阳，2002：164）

## （一）传播效果的重要性

传播效果主要表现为对信息的接受，只有传播信息到达受众并对受众产生影响传播过程才完成。传播效果是检验传播活动成败得失的重要尺度。受众对信息接收的效果和传播者初始动机吻合度高则传播效果好，反之则传播效果不好。（刘进，2010：79）传播会对受众产生不同效果，受众对信息有了一定的了解认识，就有了认知效果；受众接收信息后，对某一事物产生一定看法、有了不同理解或改变原来的看法，这是受众接收信息后态度上的变化，称为态度效果；受众接收信息后在行为上的变化称为行为效果；态度效果和行为效果可以统称为劝服效果。传播最重要的效果在于影响了人们理解和思考的习惯。（沃纳·赛佛林，2000：296）

传播只有有了受众并产生了实际接收，传播才有效果和价值。达到传播效果意味着传播主体意图和目的的实现，没有传播效果的传播行为是毫无意义的。拉斯韦尔界定的传播过程——传播者研究、内容研究、媒介研究、受众研究和效果研究五大要素中，效果研究成为受到最多重视的部分，因为说到底，研究传播、探讨传播的规律，都是为了提高传播的效果。（张鑫，2013：110）

## （二）译介效果的重要性

文化译介是文化传播行为，译介作品若到达不了译介受众并对其产生影响，就达不到传播文化的目的，就没有了译介效果，译介行为就失去了意义。

中国对外文化传播中，受众来自西方主流社会，西方受众是否愿意接受我们主动"输出"的文化信息会影响传播效果。译介文本到达不了目标受众就谈不上传播效果，西方受众即使能接触中国的文化作品，但是对中国译介文化传递的文化信息不接受甚至抵触，就谈不上感情和态度的改变，更谈不上受众行为的转变，这样中国对外文化传播就成了一句空话。中国文化如何在当代西方各种强势文化的影响下成功对外传播，如何达到传播效果，已经成了不得不思考的问题。（王俊燕，2011：100）

相对西方主流文化来说，中国作品中的异质文化、生活方式、处世态度、道德人伦等与西方世界存在差异，西方读者难以产生相同的体验。中国文化在世界上影响力较差，中国文化整体译介效果不佳，在世界文化中所占份额很小。美国每年约出版 10 万种图书，其中只有 2% 到 3% 是译介书，其中中国文化更是十分有限。蒋方舟曾说，"在国外我总觉得书店里介绍中国现当代文化的图书少之又少,而其他外国作家,比如日本村上春树的作品却可以卖得很好。甚至在挪威这样的小国家,村上春树的书都可以卖到十几万册,相比之下中国作家的作品却无人问津"。(刘莉娜,2012:34)无论销量还是影响力,中国文化在世界现当代文化中的地位都非常"边缘"。

在国家大力通过译介中国作品促进我国文化传播的今天,只有达到译介效果,中国文化才能真正走出国门才能有助于中国文化"走出去",世界才能慢慢了解中国,才能逐步消除西方国家对中国的误解并且改变他们对中国的看法。

### (三)影响中国文化译介效果的因素

影响译介效果的因素包括国家间关系、译入语主流意识形态、诗学、源语国家的文化地位、译入语社会对其文化认同度、译者与译介内容的选择、译介策略、读者期待、译本传播渠道等。概括来说,译介效果深受译介过程中译介主体、译介内容、译介途径、译介受众等要素的影响。要达到好的译介效果就必须符合译介主体、内容、途径以及受众作为传播要素的不同要求。

## 二、中国文化"走出去"译介模式研究

### (一)译介主体

文化的跨国界传播非常复杂,决定文化译介效果的因素有很多,其中就包括译入语读者对译介主体的认可程度。译介主体无论是个人还是组织机构,其可信度、知名度都是影响译介效果的重要因素。拥有可信度的传播者所传播的信息更容易得到受众的承认和信赖。文化译介过程中,译介主体越让人觉得可信,人们也就越容易接受其传递的信息并受其影响。译介主体的知名度与可信度一样,同译介效果成正比,译介主体知名度越高,取得的译介效果越大;而知名度越低,效果就越小。比如,假如将巴尔扎克的一部作品译介到中国,一部是法国的汉学家译介的由法国出版社出版,一部是傅雷译介由人民文学出版社出版,大多数中国读者会选择傅雷的译本,因为傅雷是中国著名译介家,人民文学出版社也是中国比较权威的出版社。所以,读者对译介家的认同程度对译本的接受与传播效果尤其重要。(王志勤、谢天振,2013:22)

中国文化译介要达到译介效果首先在译介主体选择上需要选择可信度和知名度较高的译者;传播发起者和译介主体如果是组织机构,该组织机构的性质也会影响译介效果。就中国文化译介而言,如果译介主体是国家政府,译介效果就比不上商业出版社、大学等非官方组织发起的效果好,因为西方受众对政府一向抱有怀疑态度,对中国政府有很多误解,正如黄友义所说:"国家政府

机构发起的译介出版工程,外国人总觉得这是政府机构在做宣传。"(鲍晓英,2013:45)例如,"熊猫丛书"是在中国本土语境下,由国家发起赞助下的主动对外译介,当时中国文化被赋予了体现国家软实力的使命,成了塑造国家形象的工具。西方尤其是美国对国家和政府历来抱有批判态度,对中国政府也有许多误解和偏见,可信度不高,由中国政府发起的这种译介很容易引起域外文化体系的负面反馈,域外读者很容易将文化译介行为理解为对外宣传,更有甚者把它贴上"中国威胁论"的标签,认为文化译介背后要达到某种政治目的。(耿强,2010:39)

### (二)译介内容

包括对原作者、译介文本以及译介策略选择的译介内容模式选择同样是影响译介效果的重要因素。原作者对译介效果的重要性从法兰克福大学歌德学院会场或法兰克福文化馆的"中国文化之夜"也可以看出。在"中国文化之夜"活动中,外国读者听众数量因为作家知名度的大小而产生明显变化,比如莫言、余华、苏童的演讲会场往往爆满,而另一些作家、学者则并不那么火爆。(刘江凯,2011:23)

除了对原作者的选择影响译介效果外,译入语国家的社会因素、道德观念、意识形态、某一阶段占主导地位的文化观念等,都是影响译介内容和译介策略的因素,决定着文化作品的译介效果。中国文化向西方译介成功和失败的案例也可以说明这一点。例如,加里·斯奈德和阿瑟·韦利对寒山诗译介内容的不同选择带来了截然相反的译介效果。

加里·斯奈德对寒山诗在美国的译介大获成功,堪称经典案例。寒山是公元7世纪唐代的隐逸诗人,著有《寒山子诗集》。寒山及其诗歌在中国文化史上是被忽视甚至被冷落的,然而寒山诗在西方社会尤其在美国有着经久不衰的文化经典地位和社会影响。寒山诗在美国的成功译介要归功于加里·斯奈德作为译介主体的知名度和号召力,同时归功于他对译介内容,即寒山、寒山诗以及其译介策略的成功选择。在寒山300多首诗中,加里·斯奈德仅选择译介了其中24首,正是这24首诗使得寒山诗在美国得到广泛传播。加里·斯奈德选择的24首寒山诗与自然禅意相关,而对寒山那些劝世诗、宣扬孝道诗以及谐趣俗语诗仿佛视而不见。加里·斯奈德的选择基于他对当时主流意识形态、诗学和读者的透彻了解。加里·斯奈德深知符合社会主流意识形态与诗学传统译介才可能被读者接受。二战之后,大批美国青年对西方文化开始产生强烈不满与深度质疑,他们露宿荒野、流浪、吸毒、酗酒,对自我的寻觅、对自由的呼唤使他们甘愿忍受贫穷、痛苦和困顿,"垮掉的一代"由此产生。(胡安江,2005:65)加里·斯奈德选择译介寒山作品,是因为他认为寒山超然不羁、寂然无求的心境与我行我素的行事形象,符合当时社会的思想意识形态,能在"垮掉的一代"中引起共鸣。就诗学而言,美国新诗运动虽然不在巅峰期,但新诗在音步、章节、押韵方面没有格律诗严格固定格式限制,比较自由灵活,寒山诗恬淡、清朗、简朴的自由诗风符合反对一切繁文缛节的"垮掉的一派"读者的品位。(鲍晓英,2014:70)加里·斯奈德选择译介寒山诗300多首中的24首自然禅意的诗是因为他知道俗语诗与当时的主流意识和主流诗学形态都背道而驰,绝不会在受众中产生任何审美认同;在译介策略的选择上,加里·斯奈德深知矫揉造作和辞藻华丽的文风不会受到受众欢迎,他于是选用生态诗译介形式,诗歌主客体不分、结构松散自由、词少意丰、白话口语体,这些均符合受众崇尚自由不受约束的心理。这种文风在20世纪五六十年代受到追求禅境、超脱、避世和期待大众英雄的"垮掉的一代"的顶礼膜拜。以斯奈德为代表的诗人群体以及当时的美国民众都以懂中国诗和儒、道、禅的哲理为荣,对寒山和充满禅机的寒山诗有着无限的好感。(胡安江,2005:64、65)寒山诗的影响从20世纪五六十年代"垮掉运动"和"旧金山文艺复兴"一直至今。20世纪90年代,美国查尔斯·弗雷泽(Charles Frazier)于1997年的长篇小说取名为 Cold Mountain,小说扉页上援引加里·斯奈德所译寒山诗第六首前两行"人问寒山道,寒山路不通",后来该小说又被拍为同名电影。美国的伯克利地区有一处名为"诗歌道"的美国诗歌文物建筑,威特·宾纳(Witter Bynner)译介的李白与加里·斯奈德译介的寒山都入选了此"诗歌道",所有这些充分表明寒山诗走进了美国的普通大众,取得了巨大的译介效果。

相比之下,阿瑟·韦利(Arthur Waley)对寒山诗的译介在英国就没有达到较好的译介效果。汉学家阿瑟·韦利选择译介了寒山诗27首,为读者勾勒了一个由儒入佛、由佛而道、由道而禅的俗世诗人寒山形象。寒山大部分诗作与传统格律诗完全不同,没有严格的字数和句数限制,平白自由,不像传统格律诗那样讲究平仄与对仗。韦利也认为押韵的制约势必会损害语言的活力与译文的语言特色,他对于寒山诗译介采取了"跳跃节奏"与"不用韵"的译介策略,这样"跳跃节奏"与"不用韵"的汉诗英译方式和庞德等人所倡导的自由体新诗是一脉相承的。这种自由新诗在美国大受欢迎,然而,在当时的英国,主流诗学仍然是英国学院派根深蒂固的文化经典、语言规范意识和保守的英国诗歌传统,自由白话通俗诗在当时英国读者中没有多少市场,白话通俗的、不守格律的寒山诗与当时的主流诗学格格不入。最终,游离于中国文化经典与主流之外的、不守格律的寒山诗在英国没有得到太多的响应与接受，译介效果不理想。实际上，有的批评家认为，韦利译介介绍寒山这样的诗人与诗律，对英国诗歌传统是一种巨大冲击。英国诗人批评家爱德华·夏克斯（Edward Shanks）曾当众毫不留情地批评韦利的译诗，他说："那个人（即韦利）对英语诗歌的伤害没有第二个人可以与之相媲。"（Waley，1996：8）之后的批评家对于韦利的寒山诗译介同样颇有微词。例如，美国学者法克勒认为其译诗结构松散、无鲜明的主题、文化价值不高；英国译介家唐安石也曾经旁敲侧击地影射韦利的译诗与英国诗歌译介传统背道而驰；加之韦利自己对于寒山诗的认识也仅仅停留在神秘主义的理解之上，当时的目标读者对于中国诗的语言规范恐怕理解得就更少了。鉴于这样的译入语文化规范与诗学传统，寒山诗在英国当时译介效果不佳也是意料之中的了。（胡安江，2009：56）

**（三）译介途径**

传播渠道的多少决定了受众在一定时间范围内有多大可能性接触到信源国的文化信息、是否能够经常接触以及每一次接触是否能持续较长的时间。接触的可能性越大、接触的频率越高、接触持续的时间越长，越有利于了解所传递的文化信息。（蒋晓丽、张放，2012：6）多样化的传播途径能够使受众更多地接触、更好地了解和接受传播的信息。

美国文化软实力在国际上占主导地位，美国文化传播最大特点是"润物细无声"。（徐稳，2013：101）美国善于借助于多样化的传播途径，把意识形态、价值观、信仰藏于看似娱乐、公正、客观与中立的文化产品中，运用最佳的传播技巧达到最佳的传播效果，从而实现了对全球的影响力，获得文化霸权。西方普通大众接触到其他国家文化信息的机会很少，对他国文化的认识处于一个较低的水平。中国文化在国际上属于非主流文化，西方受众接触中国文化的渠道非常有限，接触中国文化的机会更是少之又少，中国文化的传播面临巨大挑战。

就中国文化译介而言，中国文化译介渠道虽然较过去有所拓展，但还是十分有限的。例如，中国文化译介文化代理人制度、国际销售网络平台等渠道还没有普遍建立。具体就出版而言，虽然中外出版机构合作有所加强，纵观当前国家发起的一系列译介工程，译介作品主要还是由国内出版社出版，海外主流出版社总体来说还是很少参与中国文化的译介和出版，而参与中国文化出版的国外中小出版机构实力有限，在译介出版中国当代文化、海外市场宣传、营销和发行、读者互动等方面远不及大型出版机构，仅靠中国单方面的译介出版，要想向世界译介中国的文化而取得理想的效果，这是不可能的。（王志勤、谢天振，2013：25）

中国文化向西方译介应该借鉴美国"润物细无声"的文化传播方式，善于把我国的意识形态、价值观、信仰等隐含在文化作品中，采取多样化的译介途径，让西方受众有更多的机会接触中国文化，不知不觉中了解、理解我国文化，从而达到译介效果。

### （四）译介受众

传播学经验与实践证明，最佳传播效果是在传播活动中传播者与受众之间形成心灵的沟通，实现实时的互动。（丁柏铨，2002：167）受众是传播活动的终点，是传播效果的最终实现者。中国文化译介应该深入研究受众，了解受众特点，掌握受众的文化背景、接受习惯、信仰和意识形态，根据受众特点选择特定的译介主体内容和途径，尽可能多地满足受众文化需求，增强译介效果。

受众接收信息的心理特点、受众态度改变的心理机制和条件与传播效果有着密切的关系。受众常会在三种情况下改变态度：接受一定知识、寻求认知一致、处于团体的压力下，传播者要对受众的观点、态度产生影响，就要根据这三种情况寻求相应的方法。（吴国庆、陈丽玫，2008：81）

金介甫（2000）、葛浩文（2000）、杜博妮（2011）等汉学家也反复提到，自 20 世纪 80 年代末以来，西方媒体和普通读者对中国小说普遍缺乏兴趣，英译中国文化常被看作了解中国历史、政治和社会的窗口，而作品的文化性则很少受到关注。（马会娟，2013：68）中国文化译介要达到译介效果，改变西方读者对中国文化的印象和态度，需要在上述这三个方面寻找解决方法。要对西方受众展开深入透彻地研究，了解其文化需求层次，有针对性地进行文化传播与交流，从而使西方读者"接受一定的（中国）知识"，即对中国和中国文化有一定的了解；要使译介内容途径等与西方受众接受外来文化的途径、方式、习惯、认知水平等具有一定的认知一致；同时要争取使中国译介文化能够获得包括主流学术杂志、报纸等西方媒体团体的认可，通过团体的影响改变西方普通受众对中国和中国文化的态度。

# 第四章　国内外优秀体育文化跨文化译介传播成功案例和经典案例

## 第一节　瑜伽文化在中国的传播与发展

　　"瑜伽"一词是由"Yoga"音译过来的，相传由唐朝玄奘译入。公元629年，玄奘到达印度求经，前后历时16年，最终带着大批经书返回长安。之后又参与佛经翻译工作，"瑜伽"一词产生于那段时期。

　　据学者考证，古代也有讨论印度瑜伽的作品流传，如南北朝时期传入的《易筋经》、唐代流行的《天竺国按摩法》、明代的《婆罗门导引法》等。然而这些著作的影响范围有限，印度瑜伽并没有能够在古代中国流传开来。"瑜伽"传入中国之后的很长一段时间里，主要的存在方式和传播途径都与佛教息息相关的。在佛教中，瑜伽是一种修炼法门，关于它的论述存在于佛教的诸多经典中。中国佛教的禅观、天台宗的"六妙法门"、法相唯识宗的止观，都是从瑜伽静坐冥想转化而来的佛教行法。另外，佛教当中的禅法也包含很多瑜伽体式。

### 一、通过佛教在古代中国传播的瑜伽是什么样的？

　　古代中国流传的瑜伽与本书中论述的由印度教文化体系中演化而来的各种瑜伽并不相同，古代瑜伽是佛教文化体系中演化而来、通过佛教传播的一种文化现象，已经成为中国文化的组成部分。发源于印度的佛教在公元4世纪发展出瑜伽行派，这一派别倡导从事瑜伽禅定修习。印度原生佛教体系中讨论的瑜伽已经与印度教体系中的瑜伽有所区别，而瑜伽行派在传入中国之后，内容渐渐发生了变化，只保留了一部分核心内涵，并且概念名称也转变为"禅"。中国佛教中的瑜伽是通过"禅"的概念体现出来的。同根的（印度）瑜伽与（中国）禅学是一对"孪生兄弟"。不同的是，瑜伽一直扎根于印度，直到近代才传向世界；禅学则随着佛教的流传在距今约一千五百年前就已经传向世界，在印度反而因为佛教的衰亡而没落。根据佛教的种类划分，禅学大致可以分为三类：小乘禅学、大乘禅学和密乘禅学。

佛教是在印度国内小乘尚存、大乘初兴的时候传入中国的，因此大小乘佛教之禅学几乎同时于东汉末年传入国内。最初，佛教并没有能在中国流行起来，信者寥寥，因此禅学也没有得到较好的传播。直到魏晋南北朝时期，由于大量经书的翻译以及统治者的推崇，佛教在国内逐渐兴盛起来，禅学也正是在这一时期开始大行于世。这时的禅法基本上都是直接传承自印度，主要有五门禅、念佛禅、如来禅等。

南北朝后期，中国佛教界已经基本完成对印度佛学的吸收，进入系统整理、总结、创造的自行发展期。大乘佛教普度众生的宗旨更加契合中国传统的儒道之说，经过一段时期的发展，小乘佛教逐渐式微，中国佛教界开始独尊大乘，并很快发展出了汉传佛教体系。在这样的背景下，自印度直接吸收而来的禅学也开始了汉化过程，并且主要是以大乘禅的思想总结整理全体佛教禅学。在汉传佛教诸宗派中，最重视禅学实践的是禅宗与净土宗，它们在社会上的影响也最为深远。

唐玄宗时期，印度开始流行密乘佛教，密乘禅学也随之传入中国。开元年间，三大高僧善无畏、金刚智和不空先后来唐，受到玄宗、肃宗、代宗三朝钦重，开坛灌顶传法，开中国真言宗。密乘佛教虽然在唐朝盛极一时，但由于其法门与中华传统文化的主流精神相悖，在经历了唐武宗灭法以及五代战乱之后逐渐衰绝。此后，尽管时有密乘高僧或典籍现世，但密乘佛教在中原地区始终未能恢复为一个派别而存续。另一方面，在西藏地区，密乘佛教则得到了很好的继承与发展，成为藏传佛教的主要组成部分。因此，当今密乘禅学主要在西藏地区流行。

清朝末年，由于社会发展的需要，佛教作为中国传统思想中的异端，在衰微数百年之后在儒学失道、西学东渐的情况下被重新提倡信仰，呈现复兴之势，禅学得以复兴。

总体看来，佛教文化体系下的禅学在中国影响深远、底蕴深厚、尚存大量禅学的遗产可供继承，等待后人开发出适应现代社会的精神和实践方式。

## 二、现代瑜伽是如何在中国传播的？

1939 年，现代瑜伽传入了中国。这一年，"第一瑜伽夫人"黛维来到上海，开设了她离开印度后的第一家瑜伽馆，这也是有记载的国内第一家大众型瑜伽馆。当时，上海当地的报纸报道了这一事件。不久之后，蒋介石的夫人宋美龄慕名而来，成为黛维的学生。尽管黛维将现代瑜伽传入了中国，但是由于当时的中国并不具备很好的发展、传播瑜伽的基础，因此现代瑜伽并没有能够在中国大范围流传开来。

在促进瑜伽发展的诸多因素中，无论是全球一体化的进程，还是人们生活水平的提高，抑或是大众传媒的发展，其在中国的实现都是在施行了改革开放政策之后。因此，当国人的物质和精神生活随着改革开放有了极大的提高之后，现代瑜伽才被正名，在瑜伽的普及过程中发挥了极为重要的作用。

2015 年之前，瑜伽的推广几乎全部是民间行为，主要依靠以下几类组织进行推广。

**（一）瑜伽协会**

瑜伽协会是从事瑜伽行业服务、瑜伽文化研究与教育、推动瑜伽行业发展的民间组织，发起者主要是一些知名的瑜伽导师、瑜伽文化传播机构以及瑜伽用品生产销售企业的经营管理者等。瑜伽协会一般或定期或不定期地举办瑜伽论坛、瑜伽峰会等活动，通过这种方式进行瑜伽的推广。

**（二）瑜伽学院**

瑜伽学院一般由瑜伽协会授权或直接投资兴建，也有个人创办的，其主要日常活动是瑜伽教师进行培训，瑜伽爱好者参与学习。

**（三）健身俱乐部**

目前国内的很多健身俱乐部开设有瑜伽课，课程一般安排在中午 12 点至 1 点和 18 点至 21 点这样的时段，可见瑜伽已经成为健身行业的主要经营项目之一。不过，瑜伽通常并不是健身俱乐部的唯一业务，因此专业性上稍有欠缺。在绝大多数健身俱乐部中，瑜伽课程常作为健美、健身操课程的一部分进行；在授课教师方面，俱乐部的瑜伽教师也多由舞蹈教师或者健美操教练兼任。健身俱乐部中教授的瑜伽是一种以"瑜伽"为概念的慢节奏柔术体操。

**（四）瑜伽会馆**

瑜伽会馆是专门教授人们练习瑜伽的营业性场所，瑜伽会馆更加专业。中国的专业瑜伽会馆层次不一，面积大到上千平方米，小到几十平方米不等，质量也是良莠不齐。有的瑜伽会馆设施较为齐全、环境优雅，瑜伽教练也都是来自较为正规的瑜伽学校，大都采用会员制。而有的瑜伽会馆条件较为简陋，虽然也采用会员制，但在实际的操作过程中仍以单次收费为主，瑜伽教练的素质也参差不齐。一般来说，一些连锁经营的瑜伽会馆能提供较好的服务。比如北京悠季瑜伽是国内开办最早的瑜伽会馆之一，现如今已经发展成为非常专业的大规模连锁瑜伽会馆。其业务也不仅限于教授各种瑜伽课程，还包括出版瑜伽书籍、创办瑜伽杂志、组织瑜伽活动、搭建瑜伽平台，从业务范围看已然是一个"瑜伽集团"。

### 三、瑜伽在中国传播的新动向

中国是印度政府推行瑜伽"软外交"政策的主要对象国。因此，瑜伽逐渐开始登正式舞台，瑜伽在国内发展与传播途径由民间转向了官方。官方渠道的加入深化了瑜伽在国内的传播。

目前，比较固定的官方渠道有两条。一是2015年6月13日在云南民族大学举行揭牌仪式的中印瑜伽学院。该学院的宗旨是通过向中国传播瑜伽连接中印两国文化，并促进双边关系。目前，该学院已经与印度唯一由政府创办的瑜伽学院——莫拉基·德赛国立瑜伽学院就共同开发课程、合作办学等达成了共识，并与凯维亚达姆瑜伽学院、辨喜瑜伽大学、艾扬格瑜伽学院、自然疗法国家研究中心等院所进行了会谈和交流，就未来的瑜伽教学和科学研究达成了数项合作意向。有理由相信，该学院将在瑜伽的传播方面做出更多的贡献。

另一条官方渠道是由中印两国政府机构共同组织的瑜伽活动，其中规模最大、影响最广、级别最高的无疑是2015年5月15日下午举办的"太极瑜伽相会"中印文化交流活动。中国国务院李克强总理与印度莫迪总理在天坛祈年殿广场观看了由四百多名中印太极和瑜伽爱好者联合表演的中国太极和印度瑜伽。此外，2015年6月17日在成都都江堰举办的首届"中国（成都）—印度国际瑜伽节"开幕式也大获成功。每年，除了国际瑜伽日举行的常态性活动，印度驻华大使馆也会不定期地与国内各类机构组织瑜伽活动。

随着瑜伽文化的持续推广以及印度政府瑜伽"软外交"政策的深入实施，瑜伽在中国的接受度和普及度必将进一步提高，并丰富和拓展人民群众的精神生活。

## 第二节　日本国技——相扑文化跨文化译介传播

### 一、源于中国的日本国技

日本的相扑最早出现于公元前23年。《日本体育百科全书》记载："日本的相扑与中国的角抵和拳法有相互关系。"相扑是一种类似摔跤的体育活动，古称素舞，也叫角抵，南北朝到南宋时期叫相扑，大约在唐朝时传入日本。在日本允恭天皇的葬礼上（公元 453 年），来自中国的特使表演素舞致意，有人认为这个事件后中国相扑开始在日本流传。镰仓时代以后，相扑作为一种武技在武士中盛行。17 世纪末，日本出现了营利性职业相扑，江户成为全国相扑中心。明治维新时期，相扑一度衰落。昭和初期，日本国粹主义抬头，相扑再兴。第二次世界大战以后，在东京、大阪、福冈、名古屋均有相扑场，每年有 6 场重大的相扑比赛，都在奇数月举行，每场持续 15 天。

## 二、日本文化的最佳代表

### （一）相扑运动的程序和礼节符合日本传统文化

相扑来源于日本神道教的宗教仪式，它讲究程序，注重仪式感，重视礼节，提倡"以礼开始，以礼结束"。例如，横纲级力士出场都有自己一套独特的仪式，以显示其尊贵。晋升横纲非常困难，力士首先要达到大关级，然后连续两次赢得大赛，最后通过日本相扑协会对其人格和品行严格审验后才能称为横纲级力士。在横纲级创立的 300 多年里，只有 68 名力士拥有这个殊荣。再如，高等级和低等级力士的发型也不一样，这些发型都是日本江户时期的流行式样。当然它们被保存下来也不仅因为传统，还因为力士在跌倒时它们能起到保护头部的作用。在相扑比赛时，选手们会做一些有象征意义的动作，如摊开双手以示自己没有携带武器，把腿迈向空中然后顿足，象征着驱赶恶鬼。最让人感兴趣的是力士们都会在场上撒盐，据说这样可以保持赛场的清洁，同时能防止受伤。不过撒盐也不是每个力士都能做的，级别很低的力士就没有这样的特权。在相扑比赛中常会出现双方选手蹲下却又起身回到角落的场面，这被称为"冷战"。"冷战"有助于使选手们做好充分准备。比赛有时候在几秒钟内就会完成，但是"冷战"最长却能达到 4 分钟。对于相扑爱好者来说，冷战的精彩不亚于正式的比赛；当力士们都已经准备好了之后，被称为"行司"的裁判员将手中的扇子指向场地中央，一声令下，令人激动的相扑比赛就开始了。

众所周知，日本是一个非常重视礼仪的国家，日本拥有不同于西方国家和中国的独特的"礼仪文化"。日本社会重视礼节，礼节文化渗透到日本人的日常工作、学习和生活中。比如，在日本，对尊长及不太了解的人，要使用客气、礼貌的语言表达方式，即敬语。上班与上司、同事见面时要打招呼，下班时也要打招呼，见到客户要问候，这些都是工作中的基本礼仪。日本人不喜欢针锋相对的言行与急躁的风格，把善于控制自己的举动看作一种美德，并主张低姿态待人。日本的"鞠躬文化"也是日本礼仪文化的要素之一，日本人为表示恭敬礼貌，经常

"鞠躬"，不仅在初次见面使用，而且在日常的见面和分手道别、感谢、道歉等场合也频繁地使用。日本人待人接物态度认真、办事效率高，并表现出很强的纪律性和自制力，约会总是正点，很少误时。名片的使用相当广泛，特别是商人，初次见面时有互相交换名片的习惯，交换名片时地位低或者年轻的一方要先给对方，递交名片时，要将名片正对着对方。在公共场合，不大声说话，不吸烟，不使用手机，等等。

相扑比赛中看似烦琐的程序和礼节，符合"礼仪之邦"日本的社会历史文化背景，所以一直传承至今。

### （二）相扑运动反映出日本社会严格的等级制度

成为一个相扑选手要经过严格的选拔和严苛的训练，连身高都有门槛限制，低于 1.73 米就无缘此门了。被选中的孩子从小在相扑部屋中接受严酷的训练，低级别选手要伺候高级别选手，除了吃"力士火锅"催增力，严格打磨身体素质之外，他们还要苦练相扑技术。"冬练三九，夏练三伏"培养的不但有技术和能力，还有"动如猛虎，静如卧兔"的勇猛，喜怒不行于色的自尊以及钦伏于强者的坦荡。相扑手绝无绯闻，烟酒不沾，有志于此的年轻人一旦成为职业选手，就踏上了一条近乎自虐的人生道路。他们按比赛成绩，分为十个等级：序之口、序二段、三段、幕下、十两、前头、小结、关胁、大关、横纲。连输几场就要降级，即使你最终成为横纲，如果接连失败，也要被"劝退"，让你退休。相扑最不同于其他竞技项目的特殊之处在于它森严的等级制度。任何人进入专业相扑界，都必须从最底层做起。相扑士从服饰发式，到吃饭、上厕所、洗澡乃至睡觉的生活细节，都要根据相扑的等级列出严格的先后次序。相扑士分为十个等级，而相扑生涯就像是在攀登金字塔，千辛万苦升上一级，如果连续输几场就会降回下一级，不进则退。不同级别相扑士的物质环境和精神生活也有天壤之别。此外，相扑也是一个有一定风险性的职业。与其他运动相比，相扑士的生命相当短暂。力士们暴饮暴食、过度肥胖，易患上心脏病、脑血栓、肝功能衰退等疾病，因腿部不堪重负而负伤更是家常便饭。据统计，相扑士的平均寿命只有 57 岁。森严的等级选拔制度以及短暂的生命，使优秀的相扑力士因稀缺而价值不菲。

日本人喜爱相扑，不仅出于对比赛胜负的兴趣，更出于对这项运动所反映出来的日本传统文化的推崇。等级制度对整个日本民族各方面的影响是非常深远的，也正是这种制度所培养出的独特哲学观，保证了日本人拥有坚定的毅力和遵守一定的秩序，也保证了日本这个在地理位置上并不是很优越的岛国，一直高效而又稳定的运转着。

### （三）相扑运动推崇日本人所追求的精神境界

相扑运动要求它的参与者"相扑士"有较高的精神境界和修养，因为每个大力士不只是一个运动员，更是日本文化精髓的体现者，肩负着把承载着日本文化的相扑运动加以发扬的责任。从进入部屋的第一天起，相扑士就开始在训练的点滴中体会这样一种境界。每天早上五点起床，晚上八九点熄灯休息，低等级学徒要老实地伺候师兄们的起居活动，从煮饭、洗衣、擦地，到训练时的擦背递水，不得有任何怨言。训练时，也不许叫苦叫累。相扑的学徒生涯被视为一种封闭的修行，平日严禁喝酒，不许随便外出。日复一日，年复一年，一成不变。每天相扑士先进行三项基础训练：四肢着地施展腰部、推撞大圆柱、滑步，过后才可进入真正的赛场训练。严格艰苦的训练是为了培养相扑士的意志力和修养，此关不过，将难以应对以后更为艰难的挑战。

一方面，相扑士需铭记勇的锻炼要求，再苦也得忍耐；另一方面，礼的教导则要求他们不要因流露自己的悲哀或痛苦而伤害他人的快乐或宁静。相扑手以其庄重和镇定而为人所羡慕，比赛场上从未发生过因对裁判的判决存有争议而发怒、吵闹的事情。尽管有些比赛回合的结果非常相近，裁判的决定须经裁判合议（有时判决的决定会被推翻），但是胜者和负者都从未提出抗议，体现出喜怒不行于色的大将风度。相扑的比赛场地"土俵"，被认为是圣洁的地方，如果在赛场上口出秽语，则是对相扑和观众的大不敬。作为最高级别的相扑士，横纲力士不仅要实力强大，更要具备一定的人格水准。日本相扑史上曾经有一位体重达到263公斤的大关力士——小锦，他因为体型庞大而经常被高手摔得狼狈不堪。不过当年的横纲力士曙在与他进行对战时，虽然在比赛上毫不客气地将他推出土俵，但曙随后总是跨前一步扶住小锦。曙充满人情味的这"一扶"打动了无数的观众。相反，之后的蒙古籍横纲朝青龙则因为酗酒闹事、谩骂打架、不守礼仪等，为很多日本人所不齿，并不时受到舆论的谴责。相扑师父也经常用这一事例来教育他们的弟子：相扑力士只有拥有了一颗伟大的心灵，才能到达巅峰。

### （四）相扑运动尊崇、欣赏强大

相扑运动是全世界所有角力格斗运动中唯一不设置体重级别的，丝毫不受国际通用的同级别竞技规则的约束。不管双方的实力是否相当，强大一方即是赢家。强者面前的弱者，在更弱小者面前也可成为新的强者。自古以来，由于日本独特的地理位置和社会环境，特别是面对比自己发达的古代中国、近代欧美以及现代美国，日本民族始终具有一种危机感，同时更具有一种虽小不弱，急于求变，急于扩大，迅速赶超的强大性格。应该说大相扑不仅是日本民族长期喜爱的浓缩了日本精神的体育运动，也是一种追求"高大""强大"梦想的体育运动。

（五）相扑运动期待以小制大、以弱胜强

在相扑比赛中，以小制大，以弱胜强的情况也时有发生。例如，日本本土选手身高只有 1.83 米、体重 157 公斤的贵乃花战胜了夏威夷出身的身高 2 米、体重 200 公斤的曙，曾轰动整个日本。

（六）相扑运动体现了日本人欣赏的简单美

相扑比赛规则简单，比赛时间短，胜负一目了然。相扑比赛的胜负判定规则极为详细，如起身前扑，以膝盖分开腰部，完全下蹲，双手下垂为原则；不允许等候太久超过时限，在土俵内除了脚掌外，身体的某一部分先触地者，判定为输；身体的任何部分先碰到场外的砂者，判定为输；在土俵内不管将对方提多高，都不算赢；提起对手身体时，若因后退而使自己的脚触碰到场外的地面，则判定为输（如果对方同时脚出界就合法）；脚若置于稻草圈上还不算输；头发只要一碰到稻草圈或地就算输，但是把对方摔倒的同时，即使头发碰地仍算赢；上了稻草圈上面或走在其上，即使后脚跟已出界，但只要不沾上场外的砂，就不算输；单脚或双脚腾空悬在场外后又回到场内时，只要脚没碰到场外的地，就不算输；腰带的前缘脱落腰际，下摆即使沾到砂，也不算输；"护身手"是指，两力士身体重叠倒下时，上面的力士比下面的力士更早以手触地，这时候下方力士的身体叫"死体"，规定下方者输（护身手被公认为重叠倒下时，用来保护位于下方力士安全的合法动作）；除了身体有毛病以外，力士不得中途停止比赛；比赛时腰带被对方拉下，或重要部位被看到，即败阵；比赛僵持不下暂停休息后重新再赛，若姿势与原先不同，力士可以表示意见；如果犯了"禁用动作"的任何一条，即判定输；比赛时，如不小心跌倒或脚踏到场外，即使对手没做什么动作，也判定输；即使即将打败对手，但自己的手先着地或脚踏出场外，也判定输。相扑比赛速战速决，符合思维简单、生活节奏快的日本人的欣赏习惯。

（七）相扑运动具有传统的古典美

古典美是什么呢？日本曾经决意"脱亚入欧"，在以古希腊为代表的西方审美观念里，肥胖是美；在以中国为代表的东方古典审美观念里，高大肥硕就是美，《诗经》里赞颂的美女就是"硕人"。依据东西方审美标准，相扑运动员都深得肥大三昧，据说最肥大的选手有达到 240 多公斤的。不过需要说明的是，相扑选手身上走起来颤抖抖的肉，并不是一般的肥、懒肉，而是很有力量的肉——肌肉。相扑选手与古典美人竟有此相通之点，大约也是一般人所没有料到的吧。

### 三、世界认知才开始

相扑在日本国内的人气很高，2007年6月，据日本中央调查社的调查，日本人最喜欢的运动是棒球，接下来是足球，第三位是相扑。而在1995年之前的历次调查中，至少有一半人选择相扑为最喜欢的运动。在很长一段时间内，历史已经超过1 500年的相扑都是日本社会的第一运动。如今，古老的相扑运动的地位虽然比过去低了，但仍然非常稳定。

相扑比赛在日本国内的直播最早可以追溯到1928年1月12日，日本放送协会（NHK）的广播在这一天首次对比赛进行了直播。电视直播则开始于1953年5月16日。随着蒙古、俄罗斯、保加利亚、爱沙尼亚等外国优秀相扑选手的加入，现在正有来自世界上21个国家的50多名选手活跃在日本大相扑的赛场上。这些国家的电视也都开始转播相扑比赛。目前，观众不仅可以通过NHK的卫星电视观看比赛，而且全世界的网络观众都可以通过大相扑网站收看到比赛的实况。

日本相扑在走出国门、扩大影响方面也积极作为。自1965年相扑首次在苏联莫斯科公演以来，至今已在日本以外的11个国家16座城市进行过公演。1973年4月3日至17日，为纪念中日邦交正常化，日本相扑协会理事长武藏川率领包括两名"横纲"级选手在内的总人数达117人的日本相扑代表团访华，先后在北京和上海进行了六场公演比赛，给中国观众留下了深刻的印象。2004年6月，为纪念中日通航30周年，日本大相扑时隔31年再度来华公演，在北京、上海掀起了一股相扑热。

### 四、漫漫世界路

实际上，相扑运动具有相当大的潜力。目前日本相扑的发展趋势便是国际化，越来越多的外籍选手开始参与到这项运动当中，目前主要是来自蒙古、俄罗斯等国的选手。如果能够让更多中国、美国等世界重要国家的运动员参与其中，对于其日后的发展一定是相当有利的。但是，国际化之道对相扑运动而言既是发展的重大机遇，也是严峻挑战。在国外选手实力不断增强的同时，日本优秀选手的退役以及后继无人的窘迫局面，对于日本相扑界而言也是一个不得不面临的问题。而为了相扑运动的可持续发展，这类问题必须得到妥善解决。在当今世界，各国间的文化竞争越来越激烈，文化在综合国力中也体现出了越来越重要的地位。如何将本国文化向世界传播，对一国的发展也是至关重要的。相扑运动拥有悠久的历史，包含了许多优秀的日本文化要素，相扑作为向世界传播日本文化的工具，日本的其他体育运动能出其右者并不多。日本如何运用好相扑这一传统的国技以扩大本国在世界范围内的文化影响力，目前已引起日本社会各界的广泛关注。

# 第三节　"熊猫丛书"的传播策略

## 一、中国文化对外传播的"铩羽之箭"

"熊猫丛书"是中国外文局主持、出版并发行海外的文化读物，旨在通过翻译将中国文化，尤其是现当代文化，译介至西方主要国家，以扩大中国文化在世界的影响，塑造新的国家形象，为改革开放和现代化建设创造良好的外部环境。该项目秉承自 1949 年中华人民共和国成立以来中国文化"走向世界"的不懈追求，是这一追求在新时期的具体表现。

该系列丛书选材多样，既有小说、散文、诗歌、戏剧，也有实用类文体；既有古典文化，也有现当代文化丛书。译介的作家几乎囊括了中国最重要的现当代作家，选录的作品也风格各异。译者的构成可谓群星璀璨，有本土知名译者，如杨宪益夫妇，还有西方著名汉学家，如詹纳尔、沙博理、白杰明、葛浩文、杜博妮等。

自 1981 年出版发行以来，"熊猫丛书"30 余年发展可谓一路坎坷，其间经历了 20 世纪 90 年代的海外遇冷，21 世纪前后的几近停办，2009 年沉寂后的重新复出。煞费苦心经营的"熊猫丛书"在海外并没有获得预期的传播效果。从阅读接受层面来看，只有少数译本引起了英美读者的兴趣，"丛书被英美读者十分不幸地忽略了"；从文化影响的层面来看，英美文化中罕有对该丛书译介作品的明显借鉴，主流文化批评家也很少对丛书做出过相关的评论，英美作家中至今也无人谈到来自"熊猫丛书"的影响和启发。西方汉学家葛浩文曾言："目前，中国当代文化能真正深入美国社会的根本没有。"

## 二、意识形态与精英意识的结晶体

### （一）特殊历史时期的国家形象外宣

"熊猫丛书"是国家对外宣传机构主持的译介项目，具有浓厚的官方政治性和原语文化特色。具体来说，一方面，丛书的主持方限定了译介作品的意识形态；另一方面，丛书译介的动机不是来自目标语文化的内需，而是发轫于原语文化输出的主观意愿。

"熊猫丛书"诞生于国内一个特殊的历史时期。彼时"文化大革命"结束，一场全国性的思想解放运动波及了整个社会。中国需要利用文化艺术为现代化服务，因此主动调整了文艺政策，使长期以来居于统治地位的"文艺从属于政治"的观念发生了动摇，但是中国新时期文化与政治的关系依然十分密切，即服从于阶级和政治的需要。朦胧诗、反思文化等敏感类作品没有被选录、翻译，就是因为不适合对外宣传的需要。这种做法表明国家机构主持的对外译介将翻译进行了实用化处理，使其成为官方意识形态的服务工具。

不能否认的是，丛书的部分选材也体现了以精英知识分子为代表的非官方意识形态。负责人杨宪益先生就曾与上级审查官员发生过争执，坚持在丛书第一版收录沈从文的作品《边城及其他》。这种举动反映了精英知识分子的文化理想和眼光，表明了他们对文化"去政治化"的期盼和为重塑民族文化身份所做的努力。客观地说，"熊猫丛书"的选材实际上是官方与非官方话语互相冲突和协商的结果。两者时而和谐共处，时而相互冲突。

选材工作完成后，稿件交至外文部进行翻译。"熊猫丛书"在翻译工作中投入了大量的财力、人力和物力以选聘最优秀的国内外译者。一般而言，比较重要的古今作家的作品大都由国外译者或杨宪益和戴乃迭夫妇承担。译本如果由外国专家翻译，一般不用经过定稿就可以直接打出，校对后付印出版。而一般译者翻译的作品，都要经过中国文化出版社中外专家的修改。付印时，外文部有专人负责版面编辑。

### （二）海外传播一波三折

"熊猫丛书"各书终稿译本由外文局下设的印刷厂负责印刷，然后通过中国国际书店（现名"中国国际图书贸易总公司"）向海外销售。中国国际书店在海外设有办事处，负责联系世界各个地区的图书经销商进行推广和销售。"熊猫丛书"的海外传播可以分为三个历史阶段：

第一阶段，从1981年到1989年，丛书崭露头角并逐渐引起英美读者的注意。国内外译者阵容强大，水平高超，保证了译本的质量，得到了海外一些读者的肯定和好评。畅销代表作品有《中国当代七位女作家选》、古华的《芙蓉镇》、张辛欣和桑晔的《北京人》等。

第二阶段，从1990年到2000年，丛书的销售开始出现下滑趋势。这个时期，西方媒体的片面报道深刻影响了当地民众对中国政府的看法，西方主要国家开始禁止进口中国商品。作为文化性刊物的丛书也或多或少受到牵连。

丛书销量的下滑使出版社不得不拓展其他销售渠道。国外市场除了原有的销售渠道以外，还通过中国驻外使馆免费赠送图书；国内则通过向各大涉外宾馆免费配送图书来扩大影响。20 世纪 90 年代中期以后，丛书开始面向国内英语学习者。中国文化出版社和国内高校出版社联合出版了一系列英汉对照本，服务于国内日益增长的外语学习热。此时的读者对象和译介目的发生了根本变化，由针对国外读者以译介中国文化为目的转变为针对国内读者以语言学习服务为目的。

第三个阶段，从 2001 年至今，"熊猫丛书"进入恢复调整期。此时转由外文出版社负责的丛书由于人才、资金的不足，无法再组织起新的翻译，只是对以前版本的旧译重印，图书装帧和外观设计质量也不高。每种图书印刷数量都在5000 册左右，主要还是延续 90 年代的思路针对国内读者，以服务外语学习为目标，背离了出版初衷，未能肩负起对外译介中国文化的重任。

（三）中国多元文化价值的载体

根据 2009 年的相关统计，"熊猫丛书"共出版英文图书 149 种，法文图书 66 种，日文图书 2 种，德文图书 1 种，中、英、法、日四文对照版 1 种，共计 200 余种。总体来看，"熊猫丛书"主要有三种文本类型，各自承载着独有的文化价值。

第一种是信息性文本，计 15 种共 18 部，主要以介绍中国人文、历史、文化等知识类信息为主，如译本《中国食疗》《中医撷趣》《孔子》《老子》等。

第二种是感染性文本，目的在于感染读者使其获得某种心理上的享受，计 4种共 6 部，如译本《单口相声故事选》《历代笑话选》《对口相声选》《笑话连篇》等。这些文本都具有浓郁的中国人文艺术特色，比较容易契合异域读者的猎奇心理。

第三种是表情性文本，即文化作品，包括小说、诗歌、戏剧、散文、寓言、民间传说等，共 195 部，占全部英文图书出版总量的 88%，其中小说 145 部，诗歌 24 部，民间传说 14 部，散文 8 部，寓言 3 部，戏剧 1 部。在 145 部小说中，古典作品 16 部，现当代作品 129 部，占出版总数的 58%。以上数据显示，"熊猫丛书"出版的初衷是要向世界推介文本，即中国文化，尤以中国现当代小说为主。

小说是以塑造人物形象为中心，通过故事情节的叙述和环境的刻画来反映社会生活的一种文化体裁，它同时具有社会文化价值和审美文化价值。

中国现当代小说在语言上也具有独特的美学特征。对一个作家而言，语言是其生活感受、生命体验、个性气质、文化涵养乃至审美理想最直接的综合性体现。因此一个作家的艺术风格最容易从语言上甄别。

## 三、不如人意的异域接受

整体上看，"熊猫丛书"并没有达到预期的译介目标——"为中国文化走向世界吹起嘹亮的号角"，主要表现在：

从文本类型上看，在第一种信息性文本中，无论是异域风情的《藏北游历》、逸闻趣事的《禁宫探秘》，还是战术奇书《孙子兵法与评述》，虽极大地满足了西方读者的猎奇心态，使之感受到"一幅幅中国的自然景色充满了令人眩晕的奇光异彩"，收到了较好的传播效果，但由于出版种类有限，影响未成气候。第二种感染性文本虽也颇具中国特色，但由于相声、笑话类文本需要通过移植到目的语文化语境中的语言以达到诙谐幽默的效果，所以翻译难度极大。再加上此类文本出版量少，境外影响同样甚微。更为遗憾的是，对于第三类表情性文本，大部分西方读者和研究者采用的是政治审美和社会学角度，把中国现当代小说当作"历史性文献"进行阅读，忽略了文本的审美文化价值。例如，他们对中国女性作家和作品的"情有独钟"很大程度上是源自 20 世纪 80 年代全世界日益高涨的女权主义觉醒意识，而不完全是作品本身的文化性。当时的中国刚刚打开国门不久，异域读者对这一神秘而古老的国度充满好奇，女性作品顺势销量大增自然是合理的。

英美国家图书馆的藏量也可以从侧面反映出"熊猫丛书"的海外传播效果，因为图书馆代表一个国家在文化建设上的努力，具有重要的象征意义和参考价值。在"熊猫丛书"最为辉煌的 20 世纪 80 年代，英美国家图书馆并没有对其照单全收，而是进行选择性的收藏。全球三大图书馆之一的美国国会图书馆共收有"熊猫丛书"43 种，占该丛书全部出版种类的 20% 左右。历史悠久的英国大不列颠图书馆情况与之相仿，从 1981 年到 1989 年，"熊猫丛书"馆藏 29 种，连国内同期出版种类的一半都不到。由此可见，"熊猫丛书"在英美国家图书馆的馆藏情况并不理想，覆盖读者范围相当有限。当然，少量译木还是受到了英美读者的欢迎，在英美各大图书馆都有馆藏，如张辛欣和桑晔的《北京人》等。

从英美综合报纸和专业杂志对"熊猫丛书"的关注度来看，其传播效果也不尽如人意。在 20 世纪 80 年代，一些主要报纸和专业期刊对"熊猫丛书"给予过一定的关注和评论。《纽约时报书评》有两篇关于丛书的书评：第一篇的作者是汉学家林培瑞，他对 20 世纪 70 年代末的中国当代文化评价不高，但对于丛书在各种限制条件下仍保持生产活动的实践本身，作者基本持肯定意见；第二篇文章是李欧梵对张洁作品《爱，是不能忘记的》的专栏评论，他给予该作品以很高的评价，认为同大多数政治色彩较强的作品相比，张洁的描述新鲜而生动，处理的是人类共同面临的问题，如爱情、婚姻、工作及情感。李欧梵对作品的正面评价在一定程度上增加了英美读者阅读中国书籍的信心。

20世纪90年代，刊载有关丛书书评的刊物大大减少了。为数不多的评论也多从作品的文化性和翻译质量两个方面对丛书的选材进行批评。1992年，麦克利奥德评《闻一多诗文选》时，认为该译本的诗歌翻译没有浓郁的诗歌味道；同年奚密评《女性三部曲》："这三部剧作也许可以成为当代中国社会的有趣指标，但剧作本身的艺术性以及翻译质量都不如人意。一些表达方式上的陈词滥调、可有可无的插入语，以及反复对四个现代化的强调，表明作品仍然具有浓厚的官方意识形态，缺乏对主题原创性的深入……"与20世纪80年代相比，这一时期没有出现综合性的深度评论，英美专业读者对丛书的关注度大大降低。

21世纪以来，西方国家对中国当代文化的热情不断升温，中国文化在全球传播的环境有了极大改善。英国企鹅出版社购买了一些中国现当代文化作品的版权并出版；《今日世界文化》等权威期刊也刊登了一些关于中国文化的重要评论。然而，令人遗憾的是，"熊猫丛书"从未出现其中。

### 四、跨文化语境下的矛盾及应对策略的不对应

"熊猫丛书"海外遇冷的原因错综复杂。很多中国文化研究者从文化本身的角度进行了分析。以汉学家为例，杜麦可认为："中国人写的书往往缺乏一种国际视角，不适应外国读者的阅读心理和阅读习惯……多数当代中国文化作品仍然局限在中国特殊的历史环境里。"杜博妮说："对很多西方读者来说，现代中国作家的作品深受西方文化的影响。由于跨文化接触中普遍存在时间差，当受到西方影响的中国文化以翻译的形式抵达西方世界时，它们已经显得过时了。"

翻译是一个复杂动态的过程，仅仅从译本的文化性去总结"熊猫丛书"的失败原因显然是不够的。翻译文化的跨地域性、跨文化性也在其中起着举足轻重的作用。

从原语文化语境来看，主持"熊猫丛书"的机构并没有完全按照译介活动的本质规律去组织选材和翻译，而更多地关心"两个标准"，即"选择什么样的文本符合预定的意识形态目标"和"采取什么样的手段能确保译本获得良好的宣传效果"。当前一个"标准"和后一个"标准"发生冲突时，前者具有优先权，充

分体现了官方译介活动的浓厚政治性。此外，刚刚起步、经验不多的主管部门只关注文本的翻译，认为翻译质量的好坏决定译本在域外接受度和海外读者的数量。历史实践证明，这种仅把复杂动态的译介行为看作单纯的语言文字转换的思路是片面的，不可取的。

从目标语文化语境来看，任何外来文化都容易被视为是对输入国文化的一种暴力侵入行为。因此西方读者以"他者"目光看待中国文化作品并产生有意或无意的警觉是不足为奇的，"熊猫丛书"也不例外。还有一点需要指出，即中国文化的输出并非发轫于西方的主动引进，丛书在异域的接受一定会面临更大的冲击和压力：西方读者对国家宣传机构怀有一种本能的拒斥和反感，很容易按照思维的惯性一笔抹杀丛书所承载的文化审美，他们更渴望看到的是与官方宣传不同的"异类"，并以自己的学术兴趣和眼光进行筛选。西方读者所秉承的西方文化审美标准和丛书所体现的东方文化审美标准存在偏离，导致对中国文化作品内容的各种误读。

当然，"熊猫丛书"的遇冷并不等于中国文化失去了海外读者。相反，随着改革开放的深入，国外对中国文化的兴趣逐渐升温，尤其是 20 世纪 90 年代中期至今，在海外汉学家和中国文化研究者的不懈努力下，越来越多的海外读者开始关注中国文化。在 2003—2004 中法文化年的法国年度图书交易会上，仅用了一周，中国文化的法译本就销售了 15 000 册；中国现当代文化在其他国家文化教学体系中也获得了长足的发展。目前英美很多大学都通过定期召开主题各异的中国文化学术研讨会进行中国文化的深入研究。

雏鹰百折不挠地锤炼自己，是为了有朝一日展翅搏击长空。如今"熊猫丛书"这只"不惑"之鹰正经历着痛苦的蜕变。喙爪的老化与沉重的羽毛严重阻碍了飞翔，唯有喙击岩石、痛拔趾羽方可再次振翅高飞。2009 年，借德国法兰克福书展中国主宾国的机会，外文出版社重新亮出了"熊猫丛书"的金字招牌，使其以一种全新的面貌出现在外国读者面前。

期待这只重现天宇的再生之鹰可以摆脱过去的一切羁绊，勇往直前，自信、优雅地翱翔于天地之间。

# 第五章 中华优秀传统体育文化"走出去"有效译介模式

体育文化与文化译介在某种程度上存在相似性，两者都是文化的重要组成部分，其中体育文化是文化译介的一个很重要的部分，而文化译介的过程与体育文化的对外译介传播的过程在某种程度上是相似的，不同之处在于内容。译介体育文化的对外跨文化传播目前尚处于空白，故本章主要借鉴中国文化"走出去"战略模式来探讨传统体育文化的译介传播模式。

## 第一节 译介主体的高认同度追求

### 一、中国文化对外译介主体的现状

#### （一）本土译介主体模式的不足

中国本土译介主体模式由于译者对英美文化和英语文化创作的功力欠佳，加之对异域读者的阅读习惯及文化出版物市场缺乏深入地了解，很难得到国外行家和读者的高度认可。中国文化博大精深，文化艺术精湛，许多代表中国国粹的体育形式以及艺术充满神秘力量，一些体育文化有助于身体健康、延年益寿，非常值得推广，只是苦于"翻译不出来"，故停留在国门之内。译介不仅是语言问题，还涉及深刻的文化理解甚至切身创作体验等，懂外语的中国人很多，但既精深掌握本国语言文化，又对接受国的语言与文化达到很高程度，并且具备翻译经验的人才寥寥无几。有些作品曾经被外国出版商选中，认为具有经济效益和社会价值，却因找不到合适译者至今难以实现。瑞典文化院汉学家、诺贝尔文化奖主理人马悦然曾说，中国文化早就该走向世界，但是因为译介成外文的著作太少，缺乏对外译介人才，所以有的中国作家虽然非常优秀，具备世界水平，甚至超过世界水平，就是没有好的译介，没有走出国门，走向世界。体育文化同样面临这种困境。

国际会议笔译工作者协会曾经明确规定，译者只限于把外语译成本族语，因为没有人能够像掌握母语那样掌握外语。英国汉学家格雷厄姆曾经说过，在译介上几乎不能放手给中国人，因为按照一般规律，译介都是从外语译成母语，而不是从母语译成外语的，这一规律很少例外。事实也证明，全部依靠中国国内本土译介模式译介很难使中国文化走出国门，走向世界。

中国本土译介主体模式在中国文化海外传播过程中备尝压力，使人们认识到这种模式的不足，引发人们反思这种一厢情愿的"本土意识"或"本土情结"是否真能取得预期的传播力和影响力。马悦然曾经说："一个中国人，无论他的英文多么好，都不应该把中国文化作品译介成英文。要把中国文化作品译介成英文，需要一个文化修养很高的英语国家人，因为他通晓自己的母语，知道怎么用英文进行表达。现在某些出版社要求学外语的中国人来译介中国文化作品，这简直糟糕极了。"体育文化同样也是，需要接受国按照本国的接受者群体的爱好，更加贴近接受国的喜好。

**（二）汉学家译介主体模式的不足**

中国国内本土译介主体模式很难促使中国文化"走出去"，汉译英译介主体就落在外国译者肩上，人们因此提出了汉学家译介主体模式。文化译介上，汉学家采用读者本位、文化重写的译介策略，再现了原作的文化性，而且以市场运作机制在国外出版发行，流通渠道畅通，从而为译本真正进入英语阅读界提供了一定的保证。胡安江曾断言，汉学家既熟悉中国文化的历史与现状，又了解海外读者的阅读需求与阅读习惯，同时还能熟练使用母语进行文化译介，并擅于沟通国际出版机构与新闻媒体及学术研究界，是中国文化"走出去"最理想的译者模式选择和译介群体。事实上，汉学家已成了中国文化得以传播的桥梁。体育作为全民运动，受到全世界的青睐，具有全民性，因此精通中国体育文化及项目的汉学家可以完成传播的使命，传播既体现中国体育文化精髓，又符合受众国的兴趣爱好。

然而，能够从事对外译介的外国人不够多，满足不了现实需求。的确，文化领域的知名汉学家目前太少了，正如黄友义在《汉学家和中国文化的译介》一文中指出的那样，不是学习汉语的外国人都能成为汉学家，汉学家人数少这种现象是不难理解的。要吸引这"少数"的精英人士专力于中国文化的海外传播事业绝非易事，同时让为数不多的汉学家承担起中国文化走向世界的任务真是勉为其难，仅倚靠西方汉学家"少数"群体，似乎难以胜任中国文化"走出去"这庞大而艰巨的系统工程，指望西方汉学家来完成"走出去"的文化使命，怕是不太现实。胡安江后来也指出，单纯以西方汉学家作为中国文化"走出去"的译者群体，在文本选择与译介环节就必然受制于其个人喜好及研究专长；而这种译介选材的主观性和译介环节的不可预见性，极有可能导致该译介项目由于缺乏充分的市场调查和有效的时间分配而成为具有潜在译介风险的项目规划，进而影响接下来的出版、流通与传播等诸多环节。此外，由于可能受制于其研究视野及认知偏见，中国文化的外译因此极有可能遭遇西方汉学家的"诠释不足"或"过度诠释"，从而导致西方读者（大众读者及各类专业人士）对于中国文化乃至中国形象出现不同程度的误释与误读。在中国文化"走出去"的进程中，不能没有汉学家的积极参与和鼎力合作，但也不宜过度强调与高估此进程中的"汉学家译者模式"。

## 二、体育文化"走出去"的译介主体模式

### （一）中外合作译介模式

中国国内本土译介主体模式和汉学家译介主体都存在着不足，比较科学的模式就是中外合作译介模式，即国外汉学家或学者与中国学者优势互补，合作译介，以西方汉学家为译介主体，以精于中国文化的中国学者为中文向导和译介辅助，双方取长补短。

"对外译介绝对不能一个人译，一定要有中外合作。如果对外译介译者是中国人，深谙中国文化，就需要请外国学者在语言上帮助理顺润色；如果对外译介译者是研究中国问题的外国人，是汉学家或者是学中文的人，就要搭配一个对中国文化非常了解、外文基础又好的中国人。只靠中国人或外国人译介我认为都不保险。"中国文化的对外译介归根结底需要依靠一批通晓中文的外国译介家与学者，中国译者应该与这些外国译介家进行有效沟通，形成合力，这既有利于外国译者快速锁定有价值的中国文化产品，也有利于中国文化人深度了解别国的受众心理。西方汉学家和中国本土译者"中西合璧"的合译模式，无论译前的文本选择、译介决策，还是译后的编辑、出版、传播等环节，均可以得到来自双方的最大限度的支持，而且无论在译介环节还是在传播领域，这种"合译模式"还可以最大程度地"跨越差异"，发挥所长，从而实现文化间的传播。"中国译者同时可以担当让西方世界了解真正的中国的历史重任，把他者文化的译者不易觉察的本族精华提供给国际社会，完整地呈现本国或本民族的形象与精神风貌。"

中西合译的译介主体模式可以保证中国学者和西方汉学家的优势互补与精诚合作，西方汉学家为译介主体和传播中介可以保证译介作品对目标读者的"可接

受性",以精于中国文化研究的中国学者为中文向导和译介辅助,能够减少外籍汉学家的误译,从而有效避免外国读者的误解,推动中国文化"走出去"。

## (二)翻译主体论

在传统的翻译研究中,着力于原文及译文的静态对比。将翻译的结果置于一个显著的位置,而与它的接受或评判的命运密切相关的即是原文。换句话说,对一篇译文或一部译著的质量的评价或命运的评判,往往取决于它们与原文的关系。人们总是把译文对原文是否忠实当作一个基本的衡量标准,因为在世人的传统观念中,译文在很大程度上是原文的一种"翻版"或"复制",因此,译文对原文的忠实就变得天经地义了。

必须承认,研究翻译或对翻译进行本质的探索,译文与原文的关系是不能忽视的一个重要课题。然而问题是,若在研究中仅仅将译文与原文的关系探讨局限在语言层面的正误性评判上,则在很大程度上有可能遮蔽在译文与原文的背后或深层起着积极作用的一些外部的或内部的因素,通过对影响翻译的因素进行探讨,已经可以清楚地看到,从原文到译文这一过程,亦即从译者选择了一个文本进行翻译或接受了委托者指定的一个文本进行翻译到翻译的完成、出版、进入读者市场这个过程,是一个异常复杂的过程,其中涉及的因素很多,而且有不少因素是交织在一起的,对翻译行为起着综合的影响作用。鉴于此,探讨译文与原文的关系时,不能排斥或割裂在译文与原文背后的译者与作者、读者之间的关系的研究,而若做进一步地探究,则又会意识到在更深层还存在着作者的文本赖以生成的文化语境和译者的文本赖以生成的文化语境。如果按照艾布拉姆斯的"四要素理论",即把文化看作是世界、作者、作品、读者四个基本要素构成的复合体,那么在整个翻译过程中,译者处在一个非常独特的位置上。一方面,他要作为读者去阅读、理解作者及其创作的作品;另一方面,他又要作为阐释者,通过语言的转换,让作者创作的作品脱胎换骨,在另一种语言中获得新生,以译作的形式去面对新的读者,开创新的阅读与阐释空间。译者之地位的特殊,在于作为原作的一个普通读者,他的理解的深刻或肤浅,全面或片面,准确或错误,那纯粹是个人的阅读,其经验、感受固然可能会在一定程度上为其他读者提供某种参照,但那毕竟是作为个人的阅读经验而存在的。但是译者不仅仅是一个普通的读者,他还担负了作者的代言人、原作阐释者的重担,他的声音,他的阐释,即译者用另一种文字所表现的文本,对于不懂原作的读者来说,则是意欲进入原作世界的唯一通道。在这个意义上,目的语读者有权利要求译者提供一个真实的文本,还原出他们意欲进入的原作世界。而作者也有正当的权利要求译者在翻译中能把他意欲表现的世界原汁原味地呈现在不懂原文的异域读者面前，为他们之间的交流提供一座沟通的桥梁。

长期以来，人们对作者、译者、读者之间关系的认识基本上基于一种"规范性"的要求，即处于特殊地位的译者应该如何面对作者与读者。在一种天真而理想化色彩浓重的翻译观的影响下，人们对译者的要求基本可以归结于两个词：一是忠实；二是客观。原作作为作者的化身，自然也就成了译者应该忠实并客观传达的对象，而经过译者语言转换的结果，即译文，与原文也在很大程度上被认为是一种忠实与客观的传达与被传达的关系。人们对作者与译者之间的关系的认识在很大程度上规定了原文与译文之间的关系。因此，在对作者、译者与读者之间的关系进行探讨时，自然也就对原文与译文之间的关系做出了某种解答。

因此，应把作者、译者与读者以并列和互动的关系来加以审视。之所以这样做，首先是因为，一个翻译文本的生命与原作者有着割不断的血缘关系，而读者更是赋予一个文本存在与价值的重要因素。其次，如何认识作者、译者与读者之间的关系，如何确定他们之间的互动性，有助于对文本的生成过程有一个更全面的认识与把握。再次，结合作者、译者与读者之间关系的研究，可以对长期以来形成的金科玉律般的翻译要求，如"忠实""客观"等基本标准，加以审视与考察。

## 第二节　顺势而下、博采众长的译介内容选择

### 一、文化"走出去"的译介内容模式

#### （一）国家机构赞助下的译介内容模式

通过译介中国文化促进中国文化"走出去"一直是国家机构努力实现的目标，为此投入了大量的人力财力。从 20 世纪 80 年代中国外文局发起的"熊猫"译介丛书开始，国家机构发起了数十个译介中国文化工程。这些由国家机构发起赞助的译介出版工程主要目的是要借文化译介重新塑造新的国家形象，为我国发展创造良好的外部环境。这些文化译介工程中，作者的选择、文本的选择、策略的选择等等译介内容的选择主要由项目发起人、"赞助人"——国家机构决定，译介主体主要是国内著名译者，文本主要选择中国著名或者被认为能代表中国五千年文化的文本，作者主要选择著名文化家。

### （二）由本土商业出版社选择的译介内容模式

译介内容模式有的是本土商业出版社出于商业利润、社会影响等种种原因选择出版发行作品模式。在当今时代，经济因素往往左右着出版社对一部作品的选择，"社会效益"和"经济效益"成了最为重要的选择标准。很多时候一部作品能不能译介出版，还得看出版社的意思。（王侃，2012：167）译介作品的选择，往往不仅是译者本人的事情，出版社在某种意义上掌握着取舍的决定权。（许钧，2001：120）

在中国文化"走出去"这个大环境下，越来越多本土商业出版社加入了促进中国文化"走出去"的行列。

### （三）由译者自主选择的译介内容模式

自主选择译介内容模式主要是西方汉学家或学者对中国文化的译介选择模式。译介家都有自己敏锐的眼光和文化标准，他们选择译介谁或者不译介谁，常常根据自己的文化爱好，西方的商业市场并没有影响到严肃的译介家的自我选择。莫言曾说，我们这一批作家，应该是靠作品的艺术质量，也是靠作品的思想力量引起了西方译介家的注意。英语世界产生过重大影响的中国文化作品大多为西方学者的译本，在译介内容的选取上，更多的是海外学者的主动选择，葛浩文对中国文化的译介都是出于自己的选择，他曾说："难的不是译介，选择才是最困难的，我就是按照自己的兴趣来，基本上只译介自己喜欢的作家和作品。"

## 二、体育文化"走出去"译介内容模式探索

译介内容的选择很大程度上影响着中国文化向西方传播的效果，影响着世界对中国文化正面或负面的评价。中国体育文化"走出去"的进程中"挑选重于译介"这一原则的重要性不容争辩。

### （一）作者的选择

译介家选择译介谁不译介谁，都有自己的眼光和文化标准。作家们走出国门，应该是靠作品的艺术质量，也是靠作品的思想力量引起西方译介家的注意。如果没有好的文化内涵，再优秀的译介家，再优秀的出版社，出版再多的书，也不会征服外国的读者。在当前中国经济大发展的时代，以网络技术为代表的新媒体技术、生存的压力等等造就了这个繁荣而又喧嚣的时代，文化似乎被挤到狭小的角落，关注文化、阅读文化作品的读者越来越少，静心从事文化创作的作者越来越少，有影响力的作家不多，读者耳熟能详的作品越来越少。顾彬认为中国当代文化的语言水平不高，没有好的文化。葛浩文认为，中国当代小说家多不懂外

语，写作缺乏国际视野，他们的写作又普遍存在着创作技巧的欠缺，没有很好地继承掌握汉语文化创作的优良传统。整体来看，"当代（中国）作家写作松散、拖沓、粗糙，需要精细打磨"。的确，在西方，介绍中国气功、菜谱的书籍充斥着书架，能够展现中华文化魅力的文化译介作品少之又少，大多数外国人对中国的认识停留在较低的水平。

输出文化作品，想要真正打动西方读者，只能凭借自身独特的思想价值和艺术魅力。中国文化"走出去"需要的是优秀的作家，需要有影响力的优秀作品涌现。优秀的作家和作品才可能进入西方译者的视野，成为他们选择译介的对象。文化作品在域外文化体系中的译介现状，除了受接受方影响较大外，主体文化也会起到作用。国内文化创作和出版的繁荣会在一定程度上推动中国文化的域外传播。

以"熊猫丛书"为例子，如果当时没有国家机构支持，没有国内文化创作的繁荣以及时代的需求，丛书也不可能在出版的第一个十年受到域外读者的关注，产生一定的反响。

中国文化"走出去"需要有中国文化的繁荣，需要选择译介深受读者欢迎的作家及高质量的作品。

### （二）作品的选择

不是所有文化元素都适合对外传播，都具有为国外民众认同的对外同化能力。对外传播要对自身文化软实力资源有所选择和萃取，创制出针对国外民众的亲近性文本，如果不顾对象的特殊性，会遭遇传播和认同上的阻力。中国文化虽源远流长，但从 19 世纪末到 20 世纪初却处于一个新旧文化的转变时期，一时之间从西方引进大量文体、句型以及技巧、理论等"洋货"。从五四时期到 20 世纪 80 年代后的新时期文化，中国文化长时间停留在原创不足、模仿有余的学习阶段。加之，中国"文以载道"的传统，使西方误认为中国文化只是政府的宣传品、附属品，缺乏艺术价值。要消除西方读者对中国文化的负面印象，促进中国文化"走出去"，必须对译介内容进行选择与甄别：

1. 所选作品应是既具有普适性又具有异质性的高质量文化作品

一种文化要在其他文化圈受众中引起共鸣，达到跨文化传播的目的，至少具备两种要素：具备被受传者所识别的、无歧义的"符号编码"，即"普适价值"；能引起刺激或审美、趣味上的新奇感的迷人特色，即"地域特色"。在译介推广中国文化作品时，所选作品首先应该具有一定的普适性、共通元素等，共通的部分让西方读者容易感受和接受。然而，西方读者并不需要我们"用外语书写的他们的本国文化",介绍到国外的文化作品也应该是最具有"中国经验"的内容,有着中国文化陌生感、民族性及其背后所蕴藉的文化基因和审美方式,让西方读者能够体会中国文化的独特价值变迁、审美判断和诗学特征。独特的本土气质又散发出迷人的异域特色,吸引着他们的阅读兴趣。

具备了上述两个标准的文化,应该就是我们所肯定的文化。它们使用了人文主义的精神等,诠释了中国的本土文化与中国人民的经验,并且完成了艺术的表达,因此也应该是我们值得选择和向"海外推广"的对象。张清华教授德国讲学期间问过许多西方学者最喜欢的中国作家是谁?回答最多的是余华和莫言,给出的理由是,余华与他们西方人的经验"最接近",而莫言小说最富"中国文学色彩"。张清华因此认为:"很显然,无论在任何时代,文化的'国际化'特质与世界性意义的获得是靠了两种不同的途径:一是作品中所包含的超越种族和地域限制的'人类性'共同价值的含量;二是其包含的民族文化与本土经验的多少。"

2.所选作品应是与译入语文化传统不正面冲突的作品

莫言获得诺贝尔文化奖,说明中国文化的发展已被纳入了世界格局,成为世界文化体系的一个单元。但是,世界文化仍然存在话语、地位等不对称不平等问题,中国文化处于弱势地位。与西方发达国家文化相比,我国文化的传播力、市场拓展力以及全球影响力等方面都面临着"西强我弱"的态势,这在很大程度上影响着我们文化译介内容的选择。贾平凹对中国当代文化如何走向世界有自己独到的见解。他曾提道越有民族性、地方性便越有世界性,这话说对了一半,就看这个民族性是否有大的境界,否则难以走向世界。笔者近年写的小说主要想借鉴西方文化的境界……但凡在西方引起较大反响的第三世界文化作品,其在境界、内容、表现艺术等方面无一不与现代化密切相关。用纯粹的民族艺术手法表现纯粹的传统内容,只能引起外族读者的好奇而不能被真正地接受,这样的文化作品不具有世界性。因此,在选择译介作品过程中,要摆脱强加于人、自欺欺人的心态,注意适应西方的文化秩序和文化准则,努力关注跨文化传递过程中的诠释方式与交流效果,作品应具备适于接纳的阅读品质。(舒晋瑜,2013-2-26)如果选择和译介等环节能"贴近"或者"反映"西方世界的文化传统,中国文化"走出去"可以少走些弯路。

3.基于古代文化侧重现当代作品

相对于中国当代文化来说,中国古代文化在海外的影响要大得多。西方人对中国传统的东西从内容、形式到理念,是怀有敬意的,但中国传统古典作品的译介选题往往过深,读者就少。多数外国人想要了解和关心的首先是"中国现在怎样"。中国人认为值得推向世界的题材不一定都能吸引西方人，译介的选材不能只停留在过去时、历史态，中华文化经典和历史典籍需要译介，其受众主要为小众和专业的西方读者。就对中国缺乏基本了解的大众读者而言，这类题材未必能够引发其兴趣。把文化走出去狭隘地认为是经典文化和历史典籍走出去，这实际上是一种急于求成、一厢情愿的美好愿望，未必能达到预期效果。曾有外国人批评："中国在与世界对话的时候总是一再重复它的过去，而不是谈它充满希望的现在。尽管中国以自己的古老文化而自豪，但它的未来将更多地取决于它的'新'而不是'老'。"目前我国译出多着眼于典籍的英译，缺乏时代感，恐怕很难满足国外了解当下中国的愿望。潘文国教授指出，目前典籍译介工程已经译介了 200 多种传统典籍，现当代文化、文化读物的译介很滞后，这方面的系统工程甚至还没有出现。梳理中国文化在英语世界接受史，可以看到对西方文化产生深刻影响的主要是中国的儒道思想、禅以及古典诗词，除此之外，几乎没有什么当代作品能引起西方学界的关注。葛浩文在谈到中国当代作家作品在美国的影响时语出惊人："目前，中国当代文化真能深入美国社会的根本没有。"在中国文化"走出去"译介中，可以借助中国古代文化在国外的影响，更多地译介现当代文化，让西方受众更多地了解现当代的中国，选择当代文化作品作为译介内容是当务之急。

### （三）译介策略选择

就中国文化"走出去"译介策略的选择，歌德的译介三阶段论很具指导意义。歌德在《理解西东合集评注》一书中将译介分为三类，表述为三个不同阶段。第一阶段，译者帮助人们"以自己的方式理解外来事物"，就是说语言上采用归化译介，以译入语读者熟悉的语言传达异域的信息，就像让外国人穿上我们的衣服，以我们熟悉的面貌出现，看起来多些亲切、少几分怪异；第二阶段是译者努力进入异国情境，所做的是采取原文内容，根据译入语传统加以改写，歌德称之为"模仿体"译介：就像用本国语戏仿原作，语言顺口，就连情感、思想、事物都要换成本国的，这样译介指的是思想、内容、观念层面的归化，比语言归化更进一步；第三阶段是译者追求译作与原作完全一致，不是作原作的替代品，而是真正取代原作，达到全译阶段，也就是对原文完全异化译介力求与原作一致的译介，近似逐行对译，这一阶段歌德认为是最高、最终的阶段。

就文化译介而言，归化译介不是异化的对立，而是为异化开路铺垫。归化译介中慢慢有了异化的成分，译介文本中逐渐输入新的因素，使原文本中的异域语言思想观念等逐步开放，视域渐次扩大。如果一开始就采用异化，对译入语文化来说就会显得怪异、陌生、咄咄逼人，因而难以接受。中国文化不是世界主流文化，中国文化向国外译介还处在初级阶段，应该主要采取歌德所说的第一阶段译介方法，即主要还是要采取淡化"异国情调"归化策略，以迎合大众读者对于"同"的渴求。韦努蒂指出，西方读者大抵已被惯坏，早已习惯阅读归化式的译介，动辄便抵制和阻抗异化译介。王佐良在谈论严复的归化改写译介方法时用了"糖衣"做比喻。在译入语读者原本拒服的苦药上裹上一层糖衣，他们就会吞服下去。我们今日对外译介也可考虑包裹"糖衣"的策略。既然可用"糖衣"向中国输入外来文化，我们也可以裹着"糖衣"向外输出我们的本土文化。过度强调译文的原汁原味，无异于难以下咽的中草药，若人家没有喝这苦汁的习惯，那也只好作罢。要想突破僵局，取得预想的效果，需要了解译入语读者的审美习惯，想变逆为顺，不妨投其所好，做出适度妥协，向译入语读者提供他们可接受的跨文化产品。这听上去虽不无偏执，却也是道出了译作求生存的残酷法则，否则效果只能适得其反，失去读者。（孙艺风，2012：19-21）

随着中国作品的不断外译，国外的读者一定不会一直局限于归化译介处理方法，会提出新要求，要求原汁原味，形神兼备，最大限度地再现原作的韵味、精神与风姿，这样就慢慢从第二阶段的归化为主、异化为辅的译介策略选择阶段，渐进到异化全译的第三阶段。

### （四）关于文化自觉

所谓的文化自觉"是指生活在一定文化中的人对其文化有'自知之明'，明白它的来历、形成过程、所具的特色和它发展的趋向，不带任何'文化回归'的意思，不是要'复旧'，同时也不主张'全盘西化'或'全盘他化'。自知之明是为了加强对文化转型的自主能力，取得决定适应新环境、新时代文化选择的自主地位"。"文化自觉是一个艰巨的过程，首先要认识自己的文化，理解所接触到的多种文化，才有条件在这个已经在形成中的多元文化的世界里确立自己的位置，经过自主的适应，和其他文化一起，取长补短，共同建立一个有共同认可的基本秩序和一套各种文化能和平共处、各抒所长、联手发展的共处原则。"（张世英，2004：486-487）简而言之，文化自觉就是文化主体在充分认识、了解自身文化的基础上认定优势，对外来文化予以合理吸纳并形成自己的特色，在多元文化并存格局中确立自己的位置。文化自觉可以让每一个民族成员在接受外来文化的同时，正确认识自己民族文化的精髓所在并延续之，不故步自封，也不文化自卑，充满一种理智的民族自豪感和自信心。文化自觉可以最终实现本民族文化和外来文化交融后的重生和传承，可以树立文化主体的文化自信。对于全球化时代的中国文化来说，文化自觉就是一方面洞悉西方国家主导的经济全球化和文化全球化对我们形成的严峻挑战，另一方面又要把握中国文化本身所具有的强大生命力，在对外开放环境中发展自己的有利条件，以期为全球化时代的人类文明做出一个伟大民族应有的贡献。

对于译介跨文化传播来说，译者与"文化自觉"的关系密不可分。译者通过译介这一活动与读者通过作品联系到一起，译者通常选取的内容具有代表性和权威性，自动摒弃糟粕，选取能代表中国形象的作品进行译介，帮助更多的国家认识中国，而"文化自觉"的实施，从根本上解决了我国文化的指向，即指向我国自有的、自知的、坚守的文化本源，也就是区别于他国的具有本国特色的文化特质。

### （五）中国文化"走出去"译介内容模式

中国文化"走出去"译介内容模式应该是所选作品应既具备世界文化的普适性，又具有中国文化的异质性、避免与译入语文化传统正面冲突、基于古代文化侧重现当代作品、所选译介策略以归化为主的模式。

## 第三节　译介途径的信息化、国际化模式

长期以来，由于我国社会制度和意识形态与西方世界不同，文化交流方面我国的宣传和方式还不够科学，使得我国的出版物很难进入国外市场，出版的传播功能受到限制。（张学海，2012：94）中国文化"养在深闺无人识"，相当一部分文化作品自产自销，在一定程度上影响了中国文化在国外的传播。（吕敏宏，2011：8）在今天的图书出版中，营销和策划也是很重要的部分，中国学者的译著在国外没能得到相关机构的大力推介，海外读者根本无法了解这些作品，西方学界根本无从了解中国学者的译著，也就谈不上研究和推广了。（王侃，2012：169）要将译介的文化作品变成商品，走向国际市场，必须拓展海外传播渠道。

中国文化"走出去"译介途径应采取加强国内外出版机构多种形式合作、加强优秀文化作品影视拍摄、利用国外书报杂志媒体宣传、利用国际书展等国际销售平台、引入文化代理人制度、利用国际学术平台、增加政府对海外译介家的资助等多渠道译介途径模式。

## 一、加强中外出版机构多渠道合作

出版物是载体，主要作用是传播文化，出版产业"走出去"，文化就随着"走出去"了。中国出版业"走出去"是国内出版企业把图书商品或版权通过不同途径直接或间接推向国际图书市场的一种过程，实质是中国出版业的一种国际化经营行为和中国文化的一种海外传播活动，目的是扩大中国文化海外影响，塑造国家文化形象，提升国家文化"软实力"，实现中外文化之间、出版产业之间的共融与共生。（潘文年，2010：1）

市场因素是我国对外译介无法绕开的重要环节，如何有效地开拓发行渠道，也是文化作品译介促进中外文化交流中必须考虑的因素。（吴赟、顾忆青，2012：93）译介作品在美国的文化市场中占有非常小的比例，比起国外出版社出版的书籍，西方读者更倾向于阅读"自己人"参与出版销售的作品。然而多年来中国文化"走出去"的译介途径比较单一，中外合作不多，主要是本土出版社很不容易进入世界的传播系统。例如，"熊猫丛书"英译本没有选择英美主流的商业出版社出版，而是在国内出版，通过国内的销售商中国国际书店进行推广，这样的发行方式加上别的原因致使其在海外的发行效果不理想。（耿强，2010：83）

目前，虽然有一些中国文化作品进入了主流出版机构的视野，如毕飞宇的小说《青衣》与《玉米》由英国电报书局（Telegram Books）出版，后霍顿·米夫林·哈考特出版公司又将其引进美国，但是像这样得到青睐的中国小说太少。中国文化要"走出去"就必须加强中外出版机构的合作，可以在以下方面做努力。

（1）版权贸易。与海外出版机构签订版权输出协议，由海外机构负责组织译介出版营销，通过版权代理机构的市场化、专业化运作输出版权，应该是今后中国文化海外译介出版的趋势。

（2）图书贸易。借助国外主流营销渠道可以扩大我国图书的传播范围。出版机构可与国外重点发行商、批发商和零售商建立业务往来，努力使我国出版的图书进入海外主流营销渠道，最终进入海外主流读者视野。除此之外，出版机构可以成立海外分支机构，通过海外本土化营销网络解决海外营销渠道不畅的问题。例如，北京语言大学出版社就借助北美分社梧桐出版有限公司将销售渠道直达海外市场；北京时代华语图书股份有限公司在美国华盛顿建立全资子公司，努力打通美国主流销售渠道。

（3）合作出版。国内出版机构可以与国外出版业进行项目合作，出版国内优秀作品，合作出版涉及文本选择、译者选择、选题策划、海外市场营销等图书出版的重要环节,合作出版能确保选题适合国外市场需要,又能提高译介质量,有助于达到被国外读者接受认可的目的。

（4）数字出版物。移动阅读成为阅读潮流和发展趋势,和国外出版物相比,中国的纸质图书较多,数字出版物发展缓慢,数字出版产业缺乏国际竞争力。中国数字出版起步晚,与西方国家存在很大差距,技术行业标准化等方面处于劣势。尤其是在数字产业链方面还没有完善,产业链各环节缺乏有效的交流合作,相关环节的盈利模式和利益分配也不明确,这也制约了我国数字出版国际竞争力。国内出版机构应该以特色内容作素材,自主研发或者借助海外成熟平台,开发应用程序,尝试利用数字平台走出去。例如,北京语言大学出版社汉语学习应用程序就于 2012 年登陆苹果商店;江苏科技出版社《针灸经络穴位》一书应用程序 60% 下载用户来自欧美地区。这些表明国内出版企业在数字出版"走出去"方面已开始变被动为主动,以数字化产品开发取代单一的数字化内容输出,以新技术创新海外营销和销售渠道,以数字化阅读产品实现信息整合和中国观点发布。

（5）国外办出版社。国际出版传播市场基本由跨国公司垄断,中国对出版市场管制相对严格,很多出版领域外资难以进入,使得出版机构缺乏做强动力,在激烈的国际竞争中难以一展身手。有能力的出版集团"走出去",到国外出版,办海外出版社,只有这样才能尽快摸清国际市场情况,才能吸取经验教训,更好地落实我国出版产业"走出去"战略。

## 二、加强优秀文化作品的影视拍摄

影视作品是大众文化休闲产品,有着"声画一体"的特点,能使人们听觉、视觉功能得到最大限度的延伸,能极大满足人们的娱乐心理,如果能以一种合适的方式将传统文化寓于影像中,必能引起人们对传统文化的关注。在现代社会,观看影视已经成为最为普及的日常休闲方式。

事实上,世界各国都将影视当作认识一个国家的重要标识,影视在国际上流通放映是传播国家文化的重要渠道。影视文化产业在文化产业中有着核心地位,已成为英、美、法、日、韩等国家的支柱性产业。影视在提高国家软实力、推动中国文化"走出去"中也起着举足轻重作用。调查显示,影响中国形象的最佳传播渠道包括观看具有中国元素的电影、结交华人朋友、使用中国制造的商品、阅读有关中国的书籍和逛中国城市、进中国餐馆等,电影作品影响力居于首位。外国受众对中国电影中所表达的中国文化符号的反馈可以引发我们对中国电影的国际传播能力等方面的思考。海外受众对中国文化符号认知最初步、最直观的是来自影片画面显现的动作、景物等。影片故事情节、题材构成、人物性格等包含中国文化符号内容，是中国文化符号深层次的隐性表现。影片可以反映中国文化深层次的思维方式、伦理道德观念和中国文化的发展过程等，成为海外受众认知中国文化的重要内容和主要依据。

就文化译介而言，随着文化媒介的拓展，电影、电视、网络、交互媒体等多种新技术平台都与文化产生了不可忽视的互动作用，有效利用不同的媒介营造多样化的接受环境，能够对中国当代文化推广产生良性效果。中国文化作品转化为影视作品，再通过参加国际电影节、文化艺术节等国际化商业平台推广，通过影视产品的海外发行和销售，促使电影进入海外主流社会播放，可以提高电影和作品的国际知名度，激发观众阅读电影背后的作品，从而最终促使文化作品"走出去"。

### 三、借用西方报刊等媒体宣传

中国文化利用媒体"走出去"的努力从来就没有停止过。20世纪30年代就有了《中国之声》；抗日战争期间有《中国通讯》；解放战争时期有《中国文摘》。中华人民共和国成立后，有1950年创刊的英文双周刊《人民中国》；1952年创刊的《中国建设》，后改名《今日中国》；1958年创刊的《北京周报》以及1981年创刊的《中国日报》等各种对外报纸杂志及对外传播网站。目前，新华社广告牌登上了纽约时报广场；《中国日报》也发行了美国版；《人民日报》下属的《环球时报》开辟了英文版；人民网也搬入纽约标志性建筑帝国大厦。

然而，要扩大中国文化在西方的传播范围提高影响力，还必须借助西方媒体。由于意识形态差异和文化隔阂等，西方媒体对中国仍有偏见，要学会用西方人的语言与方式和他们沟通交流、对话合作，尽量消除彼此的分歧与误会，增加中国文化的报道量。

就中国文化译介而言，要提高在西方媒体的报道量就要加强与《纽约时报》《纽约客》《华盛顿邮报》等美国主要报纸的联系，增加相互的认识和了解，介绍最新文化作品和发展动向，同时要加强与《书单》《图书馆日报》《出版社周刊》等图书出版发行专业的期刊联系，及时报道中国文化作品译介出版状况。

### 四、积极参加国际书展

国际书展是宣传我国译介文化作品促进中国文化"走出去"重要途径。参加国际书展还可以促成签约活动，开展图书贸易往来，如中国图书进出口总公司在伦敦书展期间就与英国连锁书店 W. H. Smith 签署了"中国主题图书推广月"的短期合作合同，为双方建立长期业务关系奠定了良好基础。在以往的国际书展中，中国曾多次以主宾国身份参加，实践证明，通过参加主宾国活动既能集中展示我们出版事业取得的成就，又能利用其他艺术形式多方位、全面地介绍当下中国的文化状况。

### 五、引入文化代理人制度

中国出版集团原总裁聂震宁认为，中国当代文化优秀作品要介绍到国外去，现在最紧缺的是既了解当代文化作品，又了解国际市场、和国际出版机构有很好合作背景的中介。"中介人才比译介人才更为紧要。"（中华读书报，2007-09-09）"中介人才"指的就是"文化代理人"。中国文化机构常常接触不到汉学家，译介作品出版发行到海外后也不知道怎么保护作家、译者的利益。中国应该有若干值得信赖的版权代理，国外需要找某作家时，直接找版权机构就可以。现在国外出版商到中国也很茫然，不知道如何判断，也不知听谁的意见，批评家、作家、出版商各执一词，众说纷纭，市场非常乱。如果有专业的代理机构，对国际市场了解，对文化本身了解，有专业的国际团队，会省去很多麻烦。中国文化向海外输出的最大问题不在于译介，而在于缺乏职业的文化代理人。贾平凹认为中国目前最缺乏的是一批专业、优秀的"文化代理人"，他说："比如我的《高兴》，来过四五个谈海外版权的人，有的要卖给英国，有的要卖给美国，后来都见不到了。我以前所有在国外出版的十几种译本，也都是别人断续零碎找上门来和我谈的，我根本不知道怎么去找他们。"

目前，中国部分优秀作家在域外有了自己的版权代理人，外国译介家也把触角伸向了中国，他们有一部分人有意识地在关注哪些中国作家最具译介价值。他们成立了一个相对松散的组织——纸上共和国，来自很多国家具有良好语言能力的人汇聚在一起，其中有的是中国通，经常跟中国作家出版社联系，中国作家出版新作品时，一般中国人还不知道，他们就已掌握了信息。这些纸上共和国的成员在有意识地做一些关于中国文化的译介、推介工作。

文化版权输出应该走专业的路子，中国文化要"走出去"就要建立文化代理人制度，可以通过专门从事版权服务的公司，聘请真正懂行的版权经纪文化代理人进行中国作品版权代理。

## 六、利用国际学术平台

国际学术组织定期举行学术研讨会，国内作家应利用这些学术平台，参加组织的交流活动，积极宣传自己。现在，莫言、余华、毕飞宇、苏童、池莉等作家越来越多地参加国外组织的交流活动。国内文化界也应该积极组织国际学术交流活动，加强与国际学术界的交流，为中国作家搭建"走出去"的平台。例如，2012 年 8 月，中国作家协会就举办了"汉学家文化译介国际研讨会"。

## 七、增加政府对海外译介家的资助

资助海外译介家译介中国文化也是促进中国文化"走出去"的一个渠道。为了译介中国文化，促使中国文化"走出去"，我国政府投入了大量的财力，发起了数十项译介项目工程，但目前尚未发现资助国外汉学家和学者参与中国文化译介的例子。其实，中国文化要想更多地走向世界，政府机构作为"赞助人"能做的还有很多。葛浩文直言译介这项事业急需得到资助，他说："我认为中国的政府和相关机构希望推广中国文化是非常好的意愿，也应该这样，但想要做好这件事的前提是支付合理的报酬，同时让译者能够参与选择文本。""请不要忘记，莫言的作品在世界各国都有很多才华出众的译介，日本、法国、意大利和德国尤为突出，译者们为树立他的国际声誉做出了杰出贡献。中国在推动和资助文化译介方面的确是落后了。美国、欧洲一些国家以及日本都在积极资助以各种外语为母语的译者，促使其作品进入这些语言区的本土市场。中国在这方面理应做得更好。"我们向海外推广中国文化，在加强中国海外译介人才的培养、挖掘和资助等方面还有很多工作可以做。

# 第四节　以受众国受众心理为导向的译介受众模式

译介内容最终能否被接受并产生积极的影响，很大程度上取决于传播的内容和手段是否在受众能够认同和接受的范围内。在存在巨大语言文化鸿沟的东西方之间，事实难以做到不言自明。事实本身不可能"自明"，只有在受众认可其为事实时才成其为事实。中国文化"走出去"所面对的受众是西方主流社会读者，文化、历史、地理、社会的迥异与阻隔，使其对中国现代文化往往带有怀疑和偏见。尽管几十年来中国文化"走出去"的数量一直稳定增长，根深蒂固的偏见误导了西方读者对中国文化的理解，特别是隔绝了西方对中国当代社会现状和人们精神世界的了解，对中国当代文化形象的建立和传播的真实性和完整性形成了负面的效果，导致译介作品的主要命运是无人问津。偏见和误解不会自动消除，只有中国文化"走出去"才能慢慢将其消弭。

歌德总结出的译介文化进入译入语文化的三个阶段即让外国作品披上本土外衣的归化译介阶段、只采用异国思想观点将其作为自己的思想加以表述的归化为主异化译介阶段和最后的全译阶段。这说明，一个民族接受外来文化需要一个接受过程，是一个时间的过程，这是一个规律问题。

我国对外国文化作品的"译入"一般是全译本，强调忠实于原文，这是因为中国对西方文化的译介和接受已经上百年了，已经达到第三个阶段了，然而中国文化尤其是当代文化在西方国家的译介还处在初级阶段。在介绍中国的作品时，应考虑到原语与译语的差异，以读者为依归，进行适时适地的调整，最大限度地吸引西方读者的兴趣。在黄友义提出的外宣译介三原则中，就有两个原则是针对受众的，黄友义认为译者要遵循"三贴近"的原则，即贴近中国发展的实际、贴近国外受众对中国信息的需求、贴近国外受众的思维习惯。

新中国成立之初到20世纪80年代，中国文化译介与传播常常遭到冷遇，原因之一是对译介受众的研究不够，正如曾在外文出版社工作的汉学家杜博妮认为，这是因为译介决策的失误以及读者对象的误置所致。杜指出，当时制定译介政策的人对英语语言知之甚少，对英语读者的阅读取向更是不明就里，他们对文化译本的实际读者较少重视，而只关注专业读者（如出版商、编辑、文化官员、审查员、批评家、学者）的可接受性。目前中国文化"走出去"的形式基本上是直接将海外版权卖给国外出版商，一纸协议签过之后就什么都不管了，对海外读者的需求关注度远远不够。文化作品被译介成外文，在海外出版，实际上才是传播的真正开始，作品没有受众，译介行为就失去了意义。莫言曾说，书被阅读、被感悟、被正读、被误读，被有的读者奉为圭臬、被有的读者贬为垃圾，在有的国家洛阳纸贵、在有的国家无人问津，对于一个作家，想象一下这种情景，既感到欣慰快乐，又感到无可奈何。俗话说"儿大不由爷"，书被译介出去，就开始了它独自的历险，一本书也有自己的命运。苏联曾经投入庞大资金向外国推荐自己国家的图书，但许多作品译介推荐出去后却无人问津，形同垃圾，对作家而言仅仅是被译介了而已。中国文化"走出去"的译介受众模式应该包括以下几个方面。

## 一、确立以译介受众为中心的译介理念

相对于经济体制改革来说，中国的文化体制改革是滞后的。当前中国对外文化传播的主导思想是：对内宣传与对外宣传相结合，系统内和系统外相结合。（杨伟光，1998：218）就是说，国家仍然在对外传播行为中起着决定性的作用：政府决定传媒的报道计划，批准和资助传播内容、促成传播过程，甚至评估传播的结果，中国的文化传播模式基本上是"以我为主"的宣传型模式，这种模式的最大特点就是传播主体主导，而将受众放在次要的位置上。

并非一国文化所有方面对世界上每个人都有吸引力。例如，对于保守的国家来说，许多好莱坞作品并无吸引力。一国文化对受众没有吸引力，甚至是受众对其有怀疑负面评价就更难以被他们认同和接受。成功的文化传播必然要突破文化中"他者"和"我者"的对立，从而获得"我者"对"他者"的认同。如果忽视西方受众的特点及认知模式的差异，就会造成传播内容的表面化，其结果必然是适得其反。因此，对外文化传播在策划传播主体和传播内容时要充分考虑到受众的需求，以受众需求为导向，要突破"以我为主"的传统传播模式，以"受众为中心"进行国际受众定位。要有效提升中国文化国际传播影响力，就应当贯彻受传者本位的理念，于大众传播渠道下采用本土化、日常化传播讯息策略，从而增加中国文化信息得到外国民众精细加工的可能性。就我国文化译介而言，"政府关注中国文化走出去，这当然很重要。但是文化的交流应该着眼于能真正影响普通人精神生活的层面。我们过去讲'拿来主义'，现在特别着急想送出去。文化的交流，更是有一个读者到底喜欢不喜欢的问题。走出去，要看人家的实际需要"。对外译介"译出"现在仍然处在初级阶段，在译介主体、译介内容和译介途径选择上应该充分考虑译介受众对我国文化的理解接受程度和态度，确立以译介受众为中心的译介理念，才能让中国文化更好地走进西方受众。

## 二、以受众为中心的译介策略

### （一）契合西方受众期待视野和审美意识

译者主体性是指作为译介主体的译者在尊重译介对象的前提下，为实现译介目的而在译介活动中表现出来的主观能动性。在译介中国文化过程中，译者译介前要认真考虑如何把握西方受众的期待视野，发挥译者主体性，促使受众期待视野与译作的文本视野达到最大融合，最终达到被受众所接受的目的。契合受众期待视野可以通过受众熟悉的形式或者题材普遍性，或者通过与文化历史环境中自

己熟知的作品的内在联系等方式实现。

很多译介成功的例子都可以看出契合西方受众期待视野和审美意识的重要性。例如，莫言的作品在法国较受欢迎，一个原因是莫言的作品契合了法国读者对艺术求新求异的期待视野，莫言曾说："法国是文化传统比较深厚的国家，西方的艺术之都，他们注重艺术上的创新。而创新也是我个人的艺术追求，总的来说我的每部小说都不是特别注重讲故事，而是希望能够在艺术形式上有新的探索。我被译介过去的小说《天堂蒜薹之歌》是现实主义写法，而《十三步》在形式探索上走得很远。这种不断变化可能符合了法国读者求新求变的艺术趣味，也使得不同的作品能够打动不同层次、不同趣味的读者，获得相对广阔的读者群。"晚清时期外国小说译介遭到众多非议，许多被批评为烂译、瞎译、胡编乱造，但因照顾到各个读者层面，切合了大部分阶层的审美趣味，获得了较好的接受效果。

在中国文化译介中，为了得到国外受众的接受和认可，译者须努力使译文话语有着令受众信服和喜闻乐见的特性，在表达形式上让受众感到自然亲切，符合译语表达规范期待视野。通过精心设计译文话语，在"润物细无声"的巧妙运作中慢慢培育乐于倾听中国声音的国外受众。

**（二）顺应西方受众的心理**

中国文化"走出去"必须要充分运用心理效应，顺应西方受众的心理。中国文化传播必须注重针对受众的心理特点，采取受众喜闻乐见的形式，满足其心理需要。针对受众的求乐心理，译介内容无须沉重严肃，增加事物的娱乐性成为提高吸引力最为常用的手法。从感性出发的讯息娱乐化策略有利于激发外国普通民众对中国文化的兴趣。同时，优秀文化作品会"更新、突破"读者原有的期待视野，引向新的接受视域，它可以高于读者的认知水平与美学接受水平，与之构成引领与被引领、提升与被提升的关系。在受众的求异心理基础上，向他们呈现新艺术形态，阻断惯常的期待视野，打破惯常的阅读方式，将读者引向异度空间，进入异质文化领地，从而刷新读者的认知世界，获得新的审美体验。陆谷孙先生曾说："最好的对外传播英文，应该把握两个原则。首先，以外国受众为主要考虑对象，让他们能接受。除此之外，还可以有一点适当的'中国味'。""适当的'中国味'"就是要满足受众的求异心理，在淡化过浓的异国情调迎合大众读者求"同"预期的同时，也尽量保留一定的"陌生感与异质性"，给予他们新的预期，以满足读者对于"异"的期待，用他们容易接受的方式，展现中国文化。这种做法一如严复"涂了糖衣"的译介。严复的译介采用了古雅文体，因为他认识到所译介的书对于那些士大夫以至官僚统治阶级是多么难以下咽的苦药，因此他在上面"涂了糖衣"，这"糖衣"就是士大夫们所心折的汉以前的古雅文体。雅，乃是严复的招徕术，中国文化"走出去"也需要采用这些"涂了糖衣"的作品。

中国译介中国文化时，应当尽量用本土化的、贴近当地人思维习惯的方式来构造讯息，降低目标受众的加工难度，同时将需要传播的中国特有文化信息附着其中，目标受众在观看或阅读文本时更容易产生心理上的共鸣，帮助其对文本中含有的陌生文化信息加以理解，日积月累之下更有可能形成涵化效果。

中国文化"走出去"需要根据受众心理的威信效应、名片效应、自己人效应、晕轮效应等心理效应选择相应的译介策略，如可以利用威信效应，选择有权威性和可信性的个人、群体或者是译介受众"自己人"，如西方土生土长、精通汉语和中国文化的学者，或者来自中国但在西方国家受过良好教育并且熟悉西方文化与思维习惯、在西方学术界有着较大影响的人物作为译介主体；可以利用名片效应，先向译介受众传播能接受的观点和思想，消除受众的防范心理，再悄悄将自己观点和思想渗透进去。

### （三）专业人士和大众读者并重

很多欧美出版社考虑到读者圈子和出版利润，常常因缺乏安全感而不愿冒险译介出版中国文化作品。许多中国当代文化的英译本都是通过学术出版机构出版，往往被归在学术化专业化的小众类别。英国伦敦大学伯克贝克学院教授、汉学家蓝诗玲指出："中国文化作品往往由学术出版机构出版，这更加使得中国文化一直被归在学术化专业化的角落。"中国当代文化译本常常局限于学术界交流，普通的西方读者对中国当代文化知之甚少，缺乏影响力。（谢稚，2012：34）

中国文化"走出去"应该既要重视学术圈"专业人士"对中国文化"走出去"的重要作用，同时要将主要受众群体定位为西方普通大众。一方面，韦努蒂认为主流意识形态的建构者不是大众读者，而是受过良好教育的人，这些人能够理解并接受原语文化与译语文化的差异。这和莎士比亚分析他的剧本观众时所持的观点相似，莎士比亚认为："（演员）要是表演得太过分或者太不充分，虽然可博没有鉴赏能力的观众一笑，而判断能力强的观众则要因此而皱眉，你必须把这种人的意见看得比剧场里所有其他观众的意见都重要。"（桂阳清，2001：18）专业人士是译介界业内人士，他们有洞察优劣的目光和视野，是"主流意识形态的建构者"，他们对作者和译介作品的评价、观点和态度直接影响普通读者的态度和观点。另一方面，普通受众的阅读和接受是译本得以真正广泛传播的前提，没有普通大众的参与，只局限在专业受众圈子里，中国文化就没有真正"走出去"。因此，中国文化"走出去"既要重视专业人士的评价,又要着眼于普通受众,强调译入语的普通受众的可读性和可接受性,了解国外普通受众的需求与喜好,选择他们看得下去、容易接受的题材,这样才有助于中国文化走向普通受众,真正"走出去"。

### (四)顺应西方语言习惯

说服他人接受自己的观点是"认同的结果,只有受众认同一个人的言谈方式时,才能说得动他"。属于中国的独特声音要想为另一种文化中的人们所了解、感受、欣赏和接受,需要依赖其熟悉入耳的言语表述。一个民族普遍接受的话语表述传统,在另一个民族中可能被视为偏离规范,应当做必要的"调适""顺应",以获得他们的认同,达到预期的传播效果。(陈小慰,2013:97)中国文化向西方译介还"需要依赖其熟悉入耳的言语表述",需要"调适""顺应",也就是说还需要用归化译介策略。中国文化向西方译介还处在歌德所说的译介文化作品进入译入语文化必须经历的第一个阶段,即"以自己独有的方式来了解外国发生的事"。(Bassnett,2004:66)即想要得到西方受众的认同,译者必须对原文与受众进行分析,需要思考如何通过精心设计译介话语达到预期目的,要用受众熟悉的话语处理以示尊重;而对体现我国特有价值的重要国情内容则需要译者精心运作,采用受众容易接受的方式。(陈小慰,2013:98)

中国文化向西方译介目前所处阶段与清末我国译介西方著作一样。当时,中国人对西方文化普遍不了解,必须借助传统小说形式包装外国文化,译介作品兼容了中国文化旧小说的许多特点,将西洋文化改装成了易于中国读者所接受的"旧瓶装新酒"模式,普通读者对译介作品中的西方文化人物有了似曾相识之感。而正是由于这种似曾相识,异国文化与文化中的新鲜信息才更容易被接受和吸收,正是译家对外国文化形象的乔装改扮,使得它们顺利地引入到晚清的文化语境,在一定程度上带来异国文化信息。在西方文化中,普通英语读者不喜欢读译介作品,更不喜欢阅读带有译介腔的作品。中国文化译介作品要想在英美国家出版,首先需要满足英美读者的阅读期望,直译和异化译介中国文化作品在西方很难行得通。优秀的中国文化作品如果要想在译入语国家成为独立的文化作品,译作应该像原作一样读起来"通顺易懂"。译文"需要被润色,直到我们忘记它们是译介作品,就像一扇明亮的窗户,我们几乎意识不到在我们和我们所视的东西之间存在着什么",保留浓厚异国情调的译作对普通大众读者来说理解起来困难重重,会因此失去阅读兴趣。异化会给读者带来阅读审美意识形态上革命性的变异,但异化译介的革命意义不能和读者的认知水平相距太远,否则就是将读者拒之门外。

　　鉴于中国文化译介所处的阶段以及西方受众对中国以及中国文化的认知水平和了解情况，中国文化译介目前阶段主要译介策略应该是归化译介，就是要将中国文化"乔装改扮"或者穿上"糖衣"，更好地进入译入语文化。

### （五）民间姿态

　　对西方受众而言，政府发起的传播行为缺乏身份亲近程度，美国民众对政府天生抱有怀疑，而中国政府长期饱受西方社会诟病，这使受众对于中国政府作为信源产生了不信任感。信源的不可信度会增加受众对信息进行更多的推敲与思考，并引起受众对信息可信度的怀疑。这种对中国政府和中国官方媒体的不信任最终成了影响国家发起的传播效果的一个重要因素。

　　例如，2009 年中国政府策划发起的纽约中国形象宣传片，希望通过这一系列的国家形象宣传片改变在传统西方受众心目中对中国形象所持的负面态度，重新在西方民众心目中树立一个负责任的、和平的大国形象。然而，据英国广播公司全球扫描调查显示，广告播出后，对中国持负面看法者上升了 10 个百分点。美国《世界日报》记者梁国雄指出，"中国政府传播媒体报道往往是用对国内受众的宣传口气来向外国受众宣传中国的观点、立场，意识形态色彩太重，观点太直白，语气太生硬。不要说那些对中国有成见的人，就是对中国不反感的人也难以提起兴趣，更不用说接纳这些观点了。"（金宇恒，2012：26）现实之感要求中国改革文化传播体制，改变主导思想，改"以宣传为本位"为"以传播为本位"，变"文化宣传"为"文化传播"，变"政治话语"为"民间话语""学术话语"，而且应该根据受众选择、探索和研究合适的民间话语体系。（徐稳，2013：101）

　　中国文化译介同样要采取民间姿态。国家外文局原副局长黄友义曾举例说："国家发起的译介出版工程，有些外国人总觉得这是政府机构在做宣传。比如有一次外国人说想出中国作家的作品，但不知道哪些作家的作品可以出，中国作家协会给他们推荐了上百个作者的作品，但是有外国人说这是中国官方机构推荐的，不要这些作品。外国人对中国不了解，甚至存在很多误解，其实中国推荐的作家名单中就有莫言。有些外国人觉得只要是官方的就是不好的。"

　　中国要努力以平等的民间姿态与他者"对话"，而不是"对着"他者说话。中国文化译介中，要摒弃以我为中心的传播观念，更多地对受众进行研究分析，了解受众的文化和政治信仰，通过一种民间的、平等的姿态，到其他文化中去进行有针对性的文化传播，并寻求对话与合作，可以采取劝说的情境模式，寻找传受双方彼此文化对接之处和共同点，拉近彼此的文化距离，提高可信度、吸引力，增加受众对传播者文化背景的喜爱度，实现传播效果。同时，目前随着信息化的迅猛发展，通过网络汇聚的民间学术机构和人士已成为一股不可小觑的推动力量。对这些民间力量的关注、开发、扶植与积极引导，必将对中国当代文化在海外的传播和推介大有裨益。

## 第五节 传统体育文化跨文化"走出去"译介效果模式

### 一、中国文化"走出去"译介效果探索

20世纪80年代以来，中国文化译介作品大大增加，除了国家发起的数十个中国文化译介工程译介出版的数百部中国文化作品之外，改革开放使得中美文化交流升温，中国当代的许多中、长篇小说被国外译者译介，并由国外出版机构在英美出版。

然而，虽然中国文化在国家译介工程和海外人士的译介推动下，译介作品数量大幅增加，但是中国文化译介作品在英语世界的接受情况不容乐观，译介效果不佳。（马会娟，2013：67）中国作品译介出版后的后续研究做得还很不够，没有形成海外读者、出版界、学界等对中国文化作品的反馈机制，导致英语世界少有中国文化赏析作品和研究作品的出现，不能为海外汉学研究提供理论基础。中国学界在中国文化批评和研究作品的英语译介方面也过于欠缺，致使中国学者重要的研究成果无法为西方世界所了解，英语世界的读者也无法对中国文化有更为深入的认识，中国译介作品在海外图书市场难以占有一席之地。作品少、不流行、被忽略造成中国文化被译介的作品夹杂在众多外国作品中，显得渺小和落寞。体育文化同样面临着这些问题，体育文化与中国文化相比，范畴更小一些，其受众群体也会缩小很多，可见其市场占比更是少之又少。

对于中国经典文化的译介工作，许多汉学家寄予厚望，希望通过自己的翻译，达到文化的传播与共鸣，共同分享人类文化。但现状是中国文化、体育文化并没有形成一个体系去构建，而是势单力薄。加之受众国强大的精神堡垒，很难渗透到其中去。中国文化的译介成果不容乐观。

### 二、体育文化"走出去"译介效果的提高

基于以上现状，提高中国文化、体育文化的译介效果，应该从以下几点入手：
#### （一）重视译介效果
提高中国文化译介效果首先要在战略上重视它，只有重视译介效果，才会千

方百计提高译介效果。以往中国文化作品被译介出版之后，对作品的宣传力度不大，对作品图书市场销售情况没有给予足够的重视，对作品受众的接受情况更是不加研究或者无从下手，这些都直接导致了对文化作品的译介出版停留在一厢情愿、自说自话的状态，很难保证作品的译介效果。

（二）建立反馈机制

文化传播中传播者和受众的关系是平等的，受众不是被动接收信息的，其文化背景、接受习惯、意识形态等决定着其对传播内容的选择性接受，强行对受众灌输效果一定不尽如人意，应注重对受众接受情况的了解，建立反馈机制。文化作品译介建立反馈机制就是要建立读者反馈机制，读者反馈指的是包括普通读者、专家读者和译介活动的委托人、译介作品的出版者、译介作品的评论者等对作品的意见反馈，该反馈实际上就是对译介作品的"市场反馈"。一般来说"市场反馈"越好，译品的"整合适应选择度"就可能会越高，文化作品的译介效果越好。建立读者反馈机制要认真研究受众和市场，分析受众，建立受众数据库，细分市场，根据受众需要策划产品和服务，并跟踪调查和分析反馈信息，及时调整文化传播方案以进一步完善产品和服务。

（三）科学选择译介主体、内容、途径和受众模式

影响文化作品译介效果的主要因素是译介主体、译介内容、译介途径和译介受众，中国文化译介效果要得到提高，需要科学选择文化译介过程中各大要素模式，对于体育文化的译介模式选择，可以进行多渠道的探索与尝试，不断研究、提高、完善该模式，才能真正达到较好的译介效果。

# 第六章　中华优秀传统体育文化对外译介跨文化传播的原则与思路

## 第一节　中华优秀传统体育文化译介跨文化传播的原则

事物的属性有本质属性与非本质属性之分（本质属性是事物基本性质的表征，它是事物存在的基本规定性；非本质属性是事物主要特点的表征，它是事物区别于其他事物的基本标志）。因此，如何全面地和科学地研究"中国传统体育文化"的基本特征，不但对于我们全面和深刻地认识中国传统体育文化是必不可少的，而且对于中国传统体育文化理论体系的构建，乃至中国传统体育文化在海外的传播，也都是有着非常深刻的现实和理论意义的。

有学者从"文化学"中一般意义的"文化"特性出发，提出"传统体育文化"具有民族性、区域性、时代性、全球性四大特征。还有学者从传统体育项目的"普及"和"融合"的角度出发，认为"大众性""交融性"也应该是包含在"传统体育文化"的特性之中。

中国传统体育文化内容庞杂、包罗万象，其特征也不一而足。从不同的角度出发，研究所得的结果也有所不同，本章从中国传统体育文化的多元一体特征、文化交流与传承的包容性特征、传播实践的文化娱乐身心特征等出发，结合文化传播的原则对其展开论述。

### 一、中国传统体育文化的"多元一体"特征与传播的整体多样原则

中国传统体育文化的多元一体来源于中华传统文化的多元一体格局和中华民族的多元一体化的形式。其中"多元"是各传统体育文化的"多样性"的共存；"一体"是指中国传统体育文化的"民族一体性"，也是"中华民族"一体性的再现。

在"中华民族"的地理学概念上，有学者提出，中华民族是指在中国疆域内

具有民族认同的人们。中华民族的成员是众多的，因此它是个多元结构；同时，各个民族也都是中华民族大家庭中的一员，是缺一不可的，中华民族是一体的。中华民族作为一个自觉的民族实体，是近百年来在中国各族人民和西方帝国主义列强对抗中出现的，但作为一个自在的民族实体则是在几千年的历史过程中形成的。中华传统文化的形成也是随着中华民族形成的艰难历程饱经风雨，历尽磨难，由最初的自在萌芽发展到最终形成了自觉意义上的中华传统文化的统一体。中国传统体育文化的多元一体特征表明了各传统体育文化的"多元"共存和中国传统体育文化的"一体"发展。"多元"与"一体"相辅相成、相互促进："一体"是全面发展的大局，"多元"是多样共存的和谐。中华传统体育文化的多元一体特性，是中国各传统体育文化的多元并举和一体化发展的辩证统一。中华传统体育文化的"多元一体"特征，对于传播提出了"整体多样"的原则性要求。其中"整体"的原则是指"中华民族"是一个统一的"整体"，这也是最初在外国的华裔移民来源的多样性决定的，这些华裔移民在国外开设武馆或成立中国传统体育项目团体。

　　无论这些华裔从什么途径迁徙到国外，他们身体中流淌的都是"中华民族"的血液。在中国传统体育文化在国外传播的过程中，不应该排斥他们，而是应该把他们团结在一起，统一到"中华民族"当中来，并努力形成中国传统体育文化的资源整合优势。同时，"整体性"也包含了传播内容的相对完整性，传播过程中不但要注意技术传播，更要注意项目的内在精神文化内涵的传播。"多样"是中国传统体育文化的本来就有的特性，中国传统体育文化包含了中国 56 个民族集体智慧和思想，其表现形式又何止千万。而如果是"单一"传统体育项目的传播，传播的受体渐渐会形成对中国传统体育文化"单调性"的感受，由此引发受众的视觉疲劳和文化感受的疲劳，形成文化传播效果的衰减。因此，中国传统体育文化的"多元性"特征以及其博大精深的文化内涵和"千姿百态"的表现形式，都要求传播项目和手段的"多样化"、传播层次的"多侧面"和传播媒介的"全方位"。

## 二、中国传统体育文化的包容性特征与传播的演进性原则

　　事实告诉我们，中国传统体育文化是在演进中不断成熟的，因此我们应遵守传播的演进性原则，促进文化内部宏观结构的重新整合，并在向外传播或自我传承的过程中，不断吸纳时代新元素，包容不同国家、民族体育文化之间的不同点，并融会贯通，形成更先进的中国传统体育文化。

### 三、中国传统体育文化的休闲娱乐特征与传播的求同存异原则

各个国家、民族的思维方式、文化背景、地理条件不同，造就了各具特色的传统体育文化，因此在其表现形式或表现内容上有着典型的民族特色。有些项目表现形式相同，却表现出截然不同的文化内涵；同样的情况有些即使有相同的文化诉求，其表现的形式又千差万别。因此，在跨文化传播的过程中，怎样尽量避免由形式与内容不一致造成的文化冲突，缩短不同文化磨合的过程是非常现实的问题。文化的交流与互动不是一种文化吞并另一种文化，更不是一种文化消灭另一种文化，而是互动交流中的认可，也就是我们常说的求同存异、共同发展。

中国传统体育文化的娱乐性特征在其项目的分类学研究中是显而易见的，例如，有学者按照传统体育项目特点对中国传统体育进行了分类，其中包含竞赛表演类、健身娱乐类；也有学者按照中华传统体育的起源分类进行研究，把中华民族传统体育分为生产劳动、宗教祭祀、军事战争、健身娱乐等；还有学者从中国传统体育的娱乐性、表演性和保健特色出发对其进行了分类，把中国传统体育分为竞技类、游戏类、养生类、游乐类等，这种分法得到了一些学者的认同，认为这种分法是符合中国传统体育的特征的。凡此种种的分类方法，我国众多学者注意到一个共同的特点，就是中国传统体育文化中的娱乐特征。那么，什么是传统体育文化的"休闲"与"娱乐"呢？如果我们从人类追求精神自由、去除束缚的天性出发，不难看出文化的"休闲娱乐"就是抛开现实生活中林林总总的烦恼和束缚，获得精神自由和放飞思想的一个过程。因此，尽管中国与国外的传统体育文化各有不同，但是追求"自由"与"快乐"是每一个民族的天性。各个国家的传统体育活动为各国人民源源不断地提供"自由"与"快乐"的源泉，因此"休闲娱乐"也会成为中国与国外地域传统体育文化交流的一个交汇点，也会成为文化交流过程中"求同存异"的基础之一。

中华民族从来就不缺乏"乐天向上"的精神，而中国传统体育文化也从来不缺乏娱乐与休闲的成分。尽管地域文化、民族特色、运动形式、行为方式等等都存在着不同，但传统体育活动大都表现了人们"趋利避害"的心理、"乐观向上"的精神和"快乐健康"的追求。因此，在传播中国传统体育文化的过程中，我们更应该遵循"求同存异"的传播原则，积极适应当地人们的生活状态、时代特点以及习惯进行文化传播，从而达到共同发展的目的。

### 四、中国传统体育文化的博大精深与传播的循序渐进原则

中国传统体育文化内容的博大精深有目共睹。就传统体育项目而言，目前有977种之多，其中武术拳种数目已经超过了129种，同时各个拳种的器械套路的数量更难以计数。从单个项目的训练与实践来看也是一个漫长、渐进且艰难的历程，例如太极拳就有"十年不出门"之说。意思是说，如果想在某个项目上能有所成就，从技术的日臻成熟到"功力"的炉火纯青，都必然需要付出非常艰辛的努力。从中国传统体育文化的层次分类来说，从物态文化层上升至精神文化层，需要一个漫长地学习、训练和自我修养的过程。因此，在中国传统体育文化传播过程中，传播需要"循序"，学习与训练也同样需要有"序"可循。这里的"序"是指传统体育反映的客观现实和训练与学习的本质规律不能违背科学规律，要实事求是，不能恣意夸大中国民族传统体育的作用或功效。然而目前的影视作品大多是无中生有，对中国"功夫"肆意扭曲，使很多人对中国功夫产生了疑问，这显然与我们弘扬中国武术的初衷是背道而驰的。另外，传播过程要遵循"渐进"的原则。马克思主义认识论告诉我们，认识事物是一个由简入繁、由易到难的渐进过程，任何事物的发展过程都不可能做到一蹴而就，立竿见影。因此，传播过程要遵循"循序渐进"的原则，要求我们实事求是，尊重认识的规律，有层次、有计划和有组织地进行中国传统体育文化的传播，最终达到文化认同的目标。

## 第二节　传播国与受众国政府宏观主导策略

### 一、中国对外译介跨文化传播中需要注意的问题

随着对外传播译介日益成为译介实践的重要领域，对对外传播译介的认知也应有所拓展和深化。不管哪个行业、哪种文本，在对外传播译介中都需要遵循为目的语译者积极了解中国、为中国文化早日走向世界服务。

**（一）对外传播译介材料的处理问题**

1.译介材料在意识形态方面的处理

在意识形态上，中国与国际上大多数国家差异较大。为了减少对外传播的阻力和障碍，必须注意减弱政治方面的对抗性，在严谨、严肃的译介工作中有策略地传播中国的政治思想和文化意识形态。在这方面，西方经典《圣经》的译介实

践就可以成为我们有益的借鉴。代表着西方异质文化的基督教要进入中国这样具有几千年文化传统的国家，必然遭遇代表中国固有文化、宗教的抗争，其中包括教义、教理以及宗教符号表现形式等等。在《圣经》中译过程中，文化资本往往以话语资本的形式为人们所接受和认可。基督教的东渐历史表明，基督教文化一直处于一种与中国传统本土文化相冲突的境遇，受到中国传统本土文化有意识地抵制和抗拒。这导致它无法以无意识状态来进行它的译介和传布，必然通过有意识的行为来强化自己的文化资本。所以，我们在对外传播中，必须有意识地处理译介材料在意识形态中的差异问题，尽量做到求同存异，在消除文化和意识形态对抗的情况下进行中国文化对外传播。

2.译介材料中文化空缺词语的处理

在处理具体的对外传播材料时，有一些特殊的政策、政府机关部门及职位是外国没有的，例如"全国政协""三个代表"和"豆腐渣工程"等等。这些中国特有的词汇在对外传播译介中都要做积极的特殊处理。从译介策略上讲，归化翻译法使外国读者易于理解和接受，而异化翻译法凸显中国文化的特质和中国在世界舞台上不可忽视的角色与作用，这些都是为取得对外传播的良好效果而服务的。从译介技巧上讲，可以采用增益手法或在文后加注，对某个名词的内涵进行恰当解释，避免读者误读、误解。文化空缺词语在对外传播译介的实践中应针对源语文本的性质、特点，综合考虑传播媒介等各种因素，灵活选择译介策略和方法。

3."中式英语"问题

Chinglish 一词是由 Chinese 与 English 掐头去尾而组成，指的是中式英语，即那种畸形的、混合的、在用词或搭配上不符合英语习惯用法的、既非英语又非汉语的语言文字。曾在中央编译局工作过多年的美国专家琼·平卡姆在她编著的《中式英语之鉴》（The Translator's Guide to Chinglish）一书中，将其称为 English with Chinese Characteristics（中文特色的英文）。琼·平卡姆对中国式英语的论述也表明了中国人在对外传播译介中容易产生中文特色的词语，即中式英语。这种中式英语往往是受汉语思维影响和相应文化背景的干扰，过分拘泥原文字句，导致某些译文生硬晦涩，可读性差，在对外交际与文化交流中起阻碍作用，从而达不到理想的对外传播效果。因此，在对外传播译介中我们绝对不能低估中式英语对中国形象造成的不良影响，尤其是当这种影响以我们无意识的方式存在时。

（二）译者主体性问题

译者主体性问题是对外传播译介研究的重要问题。从狭义上讲，译者主体性即译者在尊重译介对象的前提下，为实现译介目的而在译介活动中表现出来的主观能动性。对外传播译介的目的是让译文受众明确无误地理解和把握译文所传递的信息，最终取得良好的传播效果，因此对外传播译介中译者主体性的两个方面即译者素质、译者责任感是同等重要的。文化全球化背景下的对外传播译介绝不是将对外传播内容简单地进行语言转换的过程，其实质是以译者为中心的适应与选择的过程，是译有所为。对外传播译介的译有所为至少体现在译介目的的针对性与时效性，积极主动地针对不同地区和国家、不同层面的译入语受众以及不同的时间，把中国文化的精华译介介绍到世界各国，让全世界能够全面、及时、准确、真实地了解中国。对外传播译介需要译者在语言转换中做必要的"调适""顺应"，以达到影响外国读者的宣传目的。对外传播译者主体性表现为改写、增删和重组行为的实施。所以，译者在对外传播中充分发挥自己的才智，增强责任意识十分重要。例如，在统计一个地区的外资总量时，一些部门由于政治敏锐性不强，习惯将外国投资和港澳台投资通称为"外资"，译成英，若不改写成"investment from outside the mainland"，简单地译成"foreign investment"，就会出现严重的政治问题。

（三）译者培养问题

译介人才的培养是一个十分重要和复杂的问题。对外传播译者素质包括广博的知识面、较强的双语驾驭能力和良好的职业道德。对对外传播译介来说，译者的学科素养、语言素养和职业责任感构成了一个合格译者的基本条件，三者同等重要。

然而，目前的译介人才评价指标对译者的政治意识和职业忠诚意识的还不很重视。从某个角度而言，译介工作不仅仅是一种职业，它属于代表一个国家的形象和国民意识形态塑造的整体性长远事业。译者传播什么，向谁传播，怎样传播，将影响整个国家的发展，而不仅仅是一个工作岗位的问题。因此，外传播译介人才的培养无论怎样重视政治意识的培养都不过分。理雅各在总结《圣经》译介的发展时指出："近代圣经的译介注重将原作者的意思，用各民族自己的话讲给他们听，所以看重文字的意义。"这种译经法的改变要归功于一些"爱主的人类文化学家和语言学专家"。这里的"爱主的人类文化学家和语言学专家"就道出了圣经译介人才的素质问题。也就是说只有"爱主"，只有成为真正的"文化学家"和"语言学家"之后，译者才能真正在跨文化的语境中成功地从事经典的译介。这就启示我们，中国的对外传播译者的培养要确保译者之"爱国"，同时培养译者跨文化意识和译介技能。只有这三个方面有机结合，译者才能真正担当起对外传播译介工作的重大责任。

高端译介人才的缺乏，特别是对外传播事业中亟须的高水平中译外专业人才匮乏，是中国译介界面临的一个不争的事实，译介人才队伍的严重"断层"造成译介质量上的问题，影响了我国的对外形象，而且这个瓶颈在短期内较难消除。要加大对译介人才培养的投入力度，高等院校要进一步重视译介学科建设，特别是要加大中译外人才培养的力度，加快培养一支能够担当日益扩大的对外传播使命的高素质、专业化译介人才队伍。

## 二、提高对外传播译介品质的对策

对外传播译介质量和效果的提升是一个复杂的系统工程，其中既涉及个体译者，也涉及各级政府特别是对外传播主管机构的政策、理念、格局等的深刻转变。仅就国家的层面，可以遵循以下策略。

### （一）建立多样化的寻译和译文把关制度

针对缺少寻译和译介沟通机制这一问题，各地区可以成立自己的译介协会，其成员可向所在地高校、企事业单位、译介公司等机构选聘高素质的译介人才，组建一支正规稳定的译介队伍。在条件允许的情况下，还可建立译介人才库，不断发掘高素质的译介人才，以便不断补充、随时聘用。针对重大的对外传播译介项目，可以向译介协会甚至全社会招标，在译介供求双方之间架起一座桥梁。机译协会之类机构的组建也有利于具有专业资质的高水平译者及时了解社会译介需求。这些高水平译者也应通过其他渠道加强自我宣传，扩大自己的知名度，以便形成完善的供求双方联系机制，最大限度地提高对外传播译介的质量。有必要建立健全译文审核把关制度，对译介协会会员所译介的译文也不能一路绿灯，协会也应组织人员进行审核把关，可以组织一些在当地工作的外国专家学者，聘请其参加对外传播译介的审阅把关工作，利用其语言优势对译文的用词、语法、地道性、可读性及总体质量进行把关，凡未通过审阅的译文，由审阅专家提出修改意见。

### （二）加大对外传播译介人才培养力度

加强对外传播译介人才的培养是提高对外传播译介质量的根本措施，各地区与部门可通过各种途径培养自己的译介人才。

1. 高校培养

设置有外语专业的高校应立足于所在地经济、社会发展，培养应用型、复合型译介人才，以满足本地区的经济、社会发展需求，建立、健全完善的译介人才培养方案，发挥市场的导向作用，面向市场和社会需求明确课程设置和培养目标上，培养就业能称职、发展有后劲的译介人才，确保外语专业学生毕业后能从事包含对外传播在内的各种译介工作。译介是一门综合性、跨度大的学科，有着自身的专业性和复杂性，这些性质决定了其对译介人员的综合素质要求较高。译介人员知识是多方面的，不仅包括基本的语言知识与能力、跨文化交际能力，还包括对社会、科技、经济、文化等领域知识的了解，因此只有经过专业教育和大量实践锻炼的人员才可以胜任译介工作。译介教育要避免重理论轻实践，应把译介实践作为学生训练的重点，在条件允许的情况下，可成立译介工作坊，让学生接受高强度的训练，使其"在操练中学习译介""在合作中学习译介""在讨论中学习译介"，不断提高自身的译介能力，并通过课堂交互学习，感悟、领悟、把握译介的真谛，为其日后独立从事译介活动或运作译介项目打下坚实基础。鉴于外语水平等级考试及全国译介专业资格考试已成为衡量个人英语水平及评价译介专业人才水平和能力的指标，高校的译介人才培养模式应当是"外语水平等级证书＋译介资格证书"，这是培养应用型、复合型译介人才的有效手段，它将专业知识教育和职业方向教育有机结合，利于夯实学生的听、说、读、写、译的综合应用语言能力，又可引导学生考取与就业紧密相关的职业资格证书。

2. 社会培养

面对社会对对外传播译介人才的巨大需求，仅靠高校的人才培养很难解决燃眉之急，而且由于学生基础还不是太扎实，学习时间又较短，再加上缺少职业历练，译介能力还有待进一步提高，当前的外语专业本科阶段教学中，仅在高年级阶段才开设译介课。事实也证明，外语专业学生经过毕业后几年的实战历练方能成为优秀的译介人才。因此，社会培养是学校专业培养的重要补充。社会培养多以培训和岗位提高的形式出现，培训是指聘请有着丰富教学经验或译介实践经验的专家进行集中授课，岗位提高是指各行业部门要重视译介人才，让其在工作岗位上得到锻炼和提高。各行业部门可制定出台相关的政策，将译介人才的培养规范化、制度化，创造利于译介人才成长进步的环境，鼓励他们参加各种译介交流活动，这样才可以吸引和培养更多优秀人才参与对外传播译介工作。

（三）设立对外传播译介监管部门

鉴于对外传播译介对提升国家、城市、地区形象及对社会、经济发展的重要作用，提高对外传播译介质量，政府部门责无旁贷，应负起自己的监管责任。我们认为对对外传播译介工作有必要实施更进一步的规范管理，各地区可根据自己的实际情况，设立监督管理部门或赋予相关的语言文字工作机构监督对外传播译介的任务，对对外传播译介的质量进行评估和监督。

为规范语言的使用，我国在 2000 年颁布了《中华人民共和国国家通用语言文字法》，其中虽未对外语的使用做出明确的要求和规定，但这并不意味着面向外国民众的、与中文相对应的外语译文的规范化就可以忽视。因此，负责对外传播译介监管的部门有必要早日制定对外传播译介监管条例。有了相应的管理机制和制度保障，各部门单位在寻译过程中，会更加慎重，相关的译介人员在译介过程中为规避条例所规定的责任，自然会更加认真仔细，一些不具译介资质的人员和机构也会被淘汰。

我国各地区与部门的对外交流日趋频繁，对外传播已成为扩大影响力的重要途径之一，在这种形势下，对外传播译介的作用与地位显得越发重要，对外传播译介质量的高低在很大程度上决定了对外传播的效果，影响着国外民众对我国的理解和认识，也是我国对外交流水平与人文环境建设的体现。但是，当前我国各地区与部门的对外传播译介仍存在不少问题，究其深层原因，主要是对对外传播译介的重要性、严肃性认识不够，译介需求方缺乏寻译与译介沟通机制，高素质对外传播译介人才相对缺乏。各地区与部门应高度重视对外传播译介，让更多的人意识到对外传播工作的重要性与严肃性，加大对外传播译介人才的培养力度，不断提高其业务水平和整体素质，译介需求方应建立多样化的寻译和译文把关制度，政府部门也应负起相应的监管责任。只有这样，对外传播译介的质量才能从根本上得到保证，才能有利于树立各地区与部门的形象，促进与外界的各项交流，让世界了解中国，让中国走向世界。

## （四）建立协调谈判机制

从国际经验来看，中国首先需要在国际框架内尽快建立协调谈判机制，加强贸易部门和文化和旅游部门的沟通，要在国家战略层面上，先协调好文化和旅游部和商务部在文化产业和经济上的发展，再会同外交部门制定文化外交策略；其次需要加强文化产业和领域的立法，虽然我国在 2003 年之后陆续出台了一系列法律法规，如《出版物市场管理规定》《文化部关于支持和促进文化产业发展的若干意见》《外商投资电影院暂行规定》《艺术品经营管理办法》等，但多为部门规章，效力和范围非常有限，需要在符合国际贸易规则的前提下，通过提高技术和内容上的准入条件，为文化领域设置必要的进口准入门槛和机制；最后需要从文化外交的角度制定长期、明确的文化产品和产业的发展规划，应借中国共产党第十七届六中全会中关于文化体制改革的"东风"，将文化外交纳入整个文化体制改革中，专门协调各方力量制定发展战略，并对其进行持续的监督和指导。

### （五）定位我国传统体育文化的"世界形象"

#### 1.构建我国特色社会主义休闲体育

休闲是一个国家进入现代文明的显著标志。越来越多的人正在寻求自己的休闲生活，这在全世界范围内具有普遍性。休闲能使个体身体机能恢复，并得到放松，还能使个体心灵得到净化，正如亚里士多德所说，"休闲耕耘了心灵、精神和个性"，休闲更能体现个体对文化的信仰程度。中华传统文化中蕴含着丰富多彩的体育文化资源，存在大量具有游乐精神和游艺娱乐特色的体育活动，是一种呈现现代文化多样性的"原生态"体育资源，与现代健康生活不谋而合，急待开发和利用。中国传统体育充分反映了生态、环保、绿色的优势和特点，这是现代人休闲所要考虑的。传统体育中的保健养生体育项目、武术等深受中国传统文化影响，演绎出健身、修心、养性等休闲娱乐功能，这些功能与现代社会提倡的休闲具有异曲同工之处，也越来越得到西方人士认可，更多的"西方人视东方文化为解决当今文明诸多缺陷的方法"。美国学者费里乔夫·卡普拉认为："由于东方哲学和宗教传统总是倾向于把精神和身体看作一个整体，因而东方发展出大量的从身体方面来解决意识的技术是不足为奇的，这种沉思方法用于治疗的意义在西方正逐渐被认识到。"西方人尚且认可中国民族文化价值，中国人更没理由不信仰本民族文化，没理由不去开发和利用中国传统体育，用它构建中国特色社会主义休闲体育。

#### 2.重构以爱国主义为核心的民族体育精神

中国竞技体育取得巨大成绩与中国体育界提出的"祖国至上""敬业奉献""科学求实""遵纪守法""团结友爱""艰苦奋斗"等体育精神分不开。中华体育精神，严格地讲，应该凸显出中华民族精神，然而，它只是在意识形态允许范围内对部分西方人文精神的皈依，体育仅为载体，并无多少中华传统特色。西方人文精神和中国人文精神各有特性和优势，对于西方竞技体育和我国传统体育，一个是征服，一个是和合；一个是分，一个是统；一个是个人本位，一个是社会本位；一个是竞技，一个是教化。这些差异决定着中华民族精神在现代社会应以传统的人文精神为主导，同时不能忽视西方人文精神的存在，不仅要表现民族个性，还要遵从"以人为本"的普世价值。要构建民族精神，我们必须要正确理解在核心价值体系中提出的以爱国主义为核心的民族精神，所谓爱国主义精神应基于民族文化个性为前提，如果一个国家连自己民族文化都不传承与弘扬，又谈何爱国。所以，要把中国传统人文精神文化理念贯穿到生活中、工作中，让每一个中华儿女牢固树立这种爱国主义思想。传统体育是一个很好的载体，尤其是流传在民间的中国武术。我们要发掘武术人文精神，积极开展武术教育，让更多国人认识到中国传统的民族精神，并树立适应当代社会发展的以爱国主义为核心的民族精神。

### 3. 维护我国民族文化生态

文化生态与生物生态是相对而言的，可以理解为"文化在各自不同社会环境中生存与发展的状态"。民族文化生态可以反映出一个国家文化软实力的强弱。西方文化作为一股强势文化，渗透到了我国民族文化发展中，同时产生了一些中西文化交融的产物。对于外来文化，我们一直持吸纳和包容的态度，但我们必须要清醒地认识到，不对民族文化进行积极保护和开发是很危险的，这与一个大国屹立于世界是不相称的。只有积极维护我们的母体文化，才能抵御外来文化的渗透和西方化，我们要把握主动，建立主体文化观念，不能因为引鉴西方文化，从而掩盖和丢失我们民族文化的个性和作用。维护民族文化生态，开展传统体育活动是一个重要途径。传统体育在中国土壤孕育，深深烙印了中华民族固有的生存观念和特有的文化价值观念，健身养性、休闲娱乐已经成为中国传统体育发展的主导方向。积极开展传统体育，有利于这些传统的价值观念在民众生活中根深蒂固，同时有效抵制西方文化的渗透，维护我国民族文化的生存与发展。中国非物质文化遗产保护工程的实施，让部分传统体育提升至了不同层次的保护体系中。但是，保护的意义不仅在于"保护"，更应着力于挖掘与运用。当前，我们最迫切、最需要做的是怎样挖掘与运用我国的传统体育项目。

### （六）充分利用现代传播媒介

近年来，在文化外交的众多形式中，多媒体或新媒体形式受到广泛欢迎。除了传统的电影和电视等，专题片和纪录片也备受青睐。中国最早以国家行为通过宣传片形式传播中国形象的是商务部与中国商会策划拍摄的《中国制造》宣传片。在其影响下，国务院新闻办公室组织了相关单位和人员，通过招标的方式最终选择了几家公司和团队进行国家形象宣传片的制作和投放。其后关于中国对外宣传的作品如雨后春笋般涌现。体育文化作为宣传作品的有机部分，参与到对外文化传播中。如，《中国国家形象片——人物篇》选取了中国体育界的明星：郎平、郭晶晶、姚明、丁俊晖、邓亚萍，这些体育人身上充满着无穷的耐力和爆发力，故将他们的主题词定为"振奋"。《中国国家形象——角度篇》也从政治、经济、社会、文化、科研、教育、环境、民族等方面力图全景式地展现中国形象。在《中国国家形象》系列中，传统体育文化随着荧屏展示给世界人民。在制作上，策划者本着"主要给外国人看"的目标，结合外国受众的客观需求，迎合外国受众的心理，按照不同阶层、不同个体的特点进行准备，更加注重细节和文化差异上的不同，收到了很好的效果。孔子学院也是我国文化外交上的经典案例。它虽然由政府主导，但它主要以教学的形式展开，故将孔子学院相关的内容放在第三节学校这一对外传播措施中来论述，宏观政府方面不再赘述。

　　从21世纪初我国明确提出"走出去"工程以来，我国文化走出去从宏观到微观的政策已初步形成。2005年7月出台的《关于进一步加强和改进文化产品和服务出口工作的意见》和2006年的《关于鼓励和支持文化产品和服务出口的若干政策》，确定了我国文化"走出去"政策的基本思路和框架。2011年十七届六中全会将文化强国上升为国家战略，提出"实施文化走出去战略，不断增强中华文化国际影响力"等一系列政策，或是分行业，或是从政策支持的途径、重点指导目录、奖励办法等方面，确定了支持文化走出去的范围和相应的规范。作为走出去的先驱，"中国图书对外推广计划"（CBI）通过政府推动、企业主导、市场化运作的方式，支持国内外出版机构在国际市场出版中国主题图书。计划实施的5年间，中国引进外国图书和出口国内图书的比例从15：1缩小到3：1。"十二五"期间，"中国图书对外推广计划"还将推动中国的数字出版"走出去"。此外，被称为"中国图书对外推广计划"的"加强版"的"中国文化著作翻译出版工程"、以重点资助学术经典和文化经典著作对外出版发行的"经典中国"国际出版工程、中国出版物国际营销渠道拓展工程等多个工程，也进行得如火如荼。在2009年中国文化部进行的一项关于中国文化的调查中显示，在美国、德国、印度、俄罗斯4个国家的受访者之中，长城是最能代表中国文化和最受欢迎的符号；想学汉语的人的数量是学过汉语的人的数量的3倍；20%多的受访者一年吃过10次以上的中餐；中国文化"有吸引力"是20多个形容中国文化词中出现频度最高的。在文化的横向竞争力比较中，中国文化在这几个国家中也是第一。

# 第三节　民间与社会积极广泛参与和互动

## 一、与政府比肩的民间与社会力量

"国之交在于民相亲"，国家关系的基础在于民众间的理解和友谊。中国奉行独立自主的和平外交政策，遵循和平共处五项基本原则，全方位、多层次、宽领域地开展民间对外友好工作，从而做到增进了解、发展友谊、加强合作，巩固中国与世界各国友好关系，推动建设持久和平、共同繁荣的和谐世界。中国的外交有官方的、半官方的和民间与社会的，三者是紧密结合的。要搞好外交，非三者密切结合不可。本节叙述的对外友协和友城工作是起桥梁作用的民间与社会力量。

### （一）民间与社会力量的基本含义及主要任务

民间与社会力量与官方并列而在官方之外，因此就本身的意义而言，民间与社会力量是一种非官方的外交，是指政府外交以外的民间性的对外交往和交流活动。它不同于一般的人员往来和文化交流，而是特指那些属于民间层次的外交活动，它是政府所进行的官方外交的一个重要补充。民间与社会力量的内容和范围是很广的，它既可以同政府高级官员进行上层交往，也可以同各种行业、各种倾向的政党、团体和个人建立联系，甚至可以深入到基层了解情况，可以涉及政治、经济、科技、文化和体育等各个领域。周恩来曾指出，国际经济、科学技术、文化艺术、卫生、教育等方面的合作交流以及和平团体（组织）、红十字会、救济团体的活动都属于民间与力量的范畴，民间与力量的主要任务是配合官方外交。

中国民间与社会力量的光荣使命，概括起来就是：以世界各国人民为对象广泛交友，为中国革命（在当前就是中国特色社会主义事业）争取国际同情，为中国与世界各国建立良好关系奠定社会基础；通过民间对外友好交往的渠道，贯彻我国的对外政策，发展同各国对华友好组织、社会团体和各界人士的友好合作关系；通过相互访问，举行纪念会、座谈，参加国际会议和交换资料等形式，增进相互了解和友谊；开展维护世界和平的活动；声援各国人民争取民族解放和维护民族独立的正义斗争；开展对外文化交流；推动我国地方同外国建立和发展友好城市关系，为维护世界和平与稳定服务；为我国的社会主义现代化建设服务，为我国在平等互利基础上与其他国家开展各个领域的交流与合作服务。

**（二）民间与社会力量的特点**

1.民间与社会力量具有明确的政治目的性

民间国际活动是我国总体外交中的一个重要组成部分，是围绕并服从和服务于政府的正式外交工作的，因而是一项具有高度政治性的工作。在中国，官方和民间与社会力量机构是一个屋里两个相通的房间，民间与社会力量要在一定的范围内贯彻党和国家的对外政策要求，传递国家的外交信息。民间与社会力量又指民间往来中有官方背景和支持，自觉地、有意识地代表国家的利益，实现国家政策的民间友好活动。实际上，民间与社会力量是"半官半民"的外事活动，而纯粹私人性质的出国探亲访友，参观旅游，出国留学、讲学，参加学术会议等，虽然也能增进国家或国民间的相互了解和交流，但只是普通意义上的"民间对外交往"，不具备外交的一般特征。

2.民间与社会力量具有灵活性

民间与社会力量通过非官方渠道开展外交活动，因此可以摆脱国家关系的束缚，不拘礼宾规格的限制，比较自由地开展对外活动，可进可退，可快可慢，可冷可热，可高可低，见机行事，相机抉择。此外，民间对外交往不受组织形式和礼宾程式的限制，可以深入到各领域了解情况，主动开展工作，广交朋友，深交朋友，以弥补官方外交的不足，是国内民意在对外交往领域得到表达的一种途径。

3.民间与社会力量内容丰富，渠道众多，形式多样

民间与社会力量可以包括政治性的友好往来，也可以包括经济、文化和科学技术方面的交流。政党、组织、团体、个人、各类协会、城市等都可作为民间与社会力量的渠道，其方式有个别接触的、双边的、多边的，领域宽、交际面广、影响大。它亦官亦民，能上能下，交往对象十分广泛，从而为中国与世界各国建立良好关系奠定了坚实的社会和民意基础。

总的说来，民间与社会力量是一种多层次、多渠道、范围广泛、灵活多样的外交方式。中国的进步离不开世界，人类在道义上的同情和世界各国在各种不同方式上的援助，为国交友、为中国特色社会主义事业争取同情就自然成为一项不可或缺的重要工作。中国外交在本质上说是交友外交，因为我们的本意并不是与任何国家为敌，当然要四方结好、广交朋友。对于某些怀有恶意的国家，他们一定要与中国为敌，为了应付挑战，我们也要和世界上尽可能多的国家建立友好合作关系，借以改善我们的国际环境。中国交友外交的真正基础，就是以人民的名义在人民中间交友的民间与社会力量。

### （三）民间与社会力量的作用

民间与社会力量工作是我国总体外交工作的一个重要组成部分，中国领导人一贯十分重视民间与社会力量工作的开展。早在民主革命时期特别是在抗日战争时期，中国共产党曾利用一切有利条件和合适时机积极开展民间与社会力量活动。这一活动的成功开展，对于打破国民党的包围封锁、扩大中国共产党在国内外的政治影响、改变国际舆论对中国共产党的态度，起到了重要作用；对减少国共摩擦、争取抗日战争的最后胜利做出了重大贡献；同时为中国共产党了解世界，日后走向国际政治斗争的大舞台创造了有利条件，并为中华人民共和国成立后大力开展民间外交积累了丰富有益的成功经验。

中华人民共和国成立后，由于以美国为首的西方资本主义国家长期顽固地执行敌视中国的僵化政策，致使我国的官方外交活动领域相对狭小。在打破这一僵局的努力中，中国政府在外交工作中坚持"人民，只有人民，才是创造世界历史的动力"这一历史唯物主义的基本观点，反复强调"是人民决定问题"，积极开展民间外交，打破西方国家的包围、封锁。在具体工作中，周恩来又多次指出，外交工作虽然是"以国家为对象，是通过国家和国家的关系这个形式来进行的，但落脚点还是在影响和争取人民，这是辩证的"。他说："现在的外交不一定先由政府和政府之间建立，而是可以先由人民之间建立，来推动国家之间的邦交的建立。""两国人民之间的关系不能单靠职业外交家来进行，更多地应该依赖两国人民直接进行。"

经过新中国历代领导人的创造性的实践，我国的民间外交积累了丰富的经验，产生了广泛的国际影响。民间与社会力量作为官方外交的重要补充，为贯彻国家各个重要历史时期的外交战略方针发挥了独特的作用。

面向未来，我国的民间与社会力量不仅有着更为广阔的发展空间，而且有着良好的社会条件。在当今世界全球化趋势日益加强、"民间社会"的作用不断增大的背景下，仅重视在国家和官方层面上开展对外交往活动是远远不够的。只有大力开展民间外交，拓宽对外交往的渠道，才能使国家间的关系得到更好的发展，国家间的矛盾和冲突得到有效控制，进而使双边关系具有一种"韧性"和良好的防冲击能力。在这方面，民间外交的作用不仅不可替代，而且随着时间的推移，其重要性和迫切性愈加突出。因此，依靠民间与社会力量不应仅仅成为一种退而求其次的被动选择，而应该是一种立足长远、积极主动的理性设计。

民间与社会力量从不同角度对各国的政治、经济和社会生活产生影响，体现了世界多极化和经济全球化大背景下国际社会发展的作用。

（1）民间与社会力量的一个重要目的就在于促进各国民众之间的相互了解，不同文明之间的相互沟通，而民众之间的相互了解和文明间的相互沟通是构建和谐世界的一个必不可少的前提条件。

文化方面的合作与物质方面的合作有着本质区别。比如，你有一个苹果，我有一个苹果，彼此交换之后，各人还是只有一个苹果。尽管效用有可能不同，但差别毕竟不可能太大。你有一种思想，我有一种思想，彼此交换之后，各人就同时拥有两种思想。在日益频繁的民众交往中，不同的观点经过碰撞相互融合，和平理念会逐渐成为共识。

（2）在减少对抗、增加互信、促进合作、互相帮助上，民间与社会力量还有着政府无法比拟的特殊优势。

与政府外交明显的目的的直接性和反应的应急性相比，民间与社会力量因具有稳定性、灵活性和包容性等鲜明特征，能起到春风化雨、润物无声的理想效果。中华民族五千年的文明史上，"和"一直被视为最高境界。近代以来，"强国梦""复兴梦""现代化之梦"是中国人孜孜不倦的追求。2012年11月，习近平在参观《复兴之路》展览时首次提出，"实现中华民族伟大复兴"是新的"中国梦"。这一"中国梦"凝聚了几代中国人的夙愿，是中华儿女的共同期盼。当今世界最大的特征是全球化，在各国利益高度融合的时代，实现"中国梦"不仅需要我们自己苦干实干，还需要维护好与外部世界的关系，学习和借鉴其他国家追求梦想的经验和教训。

（3）民间社会的不断发育和日趋成熟，客观上也为开展民间与社会力量沟通、加强不同文明之间相互交流、构建"和谐世界"提供了有利条件。

就隐性层面而言，民间社会的成熟、民间组织的发展，可为政府的外交决策提供信息和咨询，并在培养公众意识的基础上，形成制定对外政策的舆论环境。正如美国"公民外交"运动发起人之一的谢里·李·米勒说的那样："公民外交这个概念的意思是，每位公民在每次与外国人握手时都有责任和义务帮助塑造美国的外交关系。无论你是坐在外籍同学身旁的学生、在国外比赛的运动员、迎接外宾的官员、摇滚明星还是海外商务代表，你都是一名公民外交家。"❶

（4）中国政府一贯高度重视并充分发挥民间与社会力量在促进相互了解和加强国际合作中的重要作用，从而为在新的历史条件下通过开展民间与社会力量交流构建和谐世界积累了宝贵经验。

---

❶ 张胜军.新世纪中国民间外交研究：问题、理论和意义[J].国际观察，2008（5）:12-18.

历代中央领导集体对民间与社会力量的高度重视并身体力行地带头实践，为在新的历史条件下构建"和谐世界"积累了宝贵经验。在一些官方不便、不必或不能出场的情况下，民间与社会力量完全可以起到弥补官方外交不足或缺场的作用。"和谐世界"的构建需要世界上一切积极因素共同发挥建设性的作用，民间与社会力量正是其中一支不可或缺的重要方面。

## 二、发挥政府和民间文化交流的合力作用

在当代，要通过对外文化交流，增强中华文化的国际影响力，不仅需要政府间的合作，还需要民间的文化交流。需要把政府间文化交流与民间文化交流结合起来，发挥各自优势，实现优势互补。

### （一）国家层面文化交流的弊端

1978 年改革开放以来，在国际文化交流方面，中国政府一直扮演着主要的甚至是关键性的角色。无论是孔子学院的开办，还是近些年在法国、俄罗斯、美国、德国、荷兰、瑞士、意大利等国举办的"文化年""文化季""文化月""文化周""文化节""艺术节"等活动，大多都是在政府的直接领导下运作的。中国政府在对外文化交流活动中的亲力亲为的确起到了集中资源办大事的作用，然而就文化交流的成果而言，中国官方管道下对外文化交流、传播的效果却不甚理想，与预期相差太大。其原因在于：

其一，政府的任何传播行为都可能被他人看成是一种宣传举动。"宣传"（propaganda）一词源自拉丁文"to sow"，它本身是一个中性的词汇，意思是"必须被散布的事物"。哈罗德·D. 拉斯书尔（Harold D. Lasswell）为宣传所下的定义是："以消息、谣言、报道、图片和其他种种社会传播的方式来控制意见的做法。"但是从第一次世界大战以后，propaganda 一词开始被认为是"不诚实、操纵性的和洗脑子的"。第二次世界大战结束之后，宣传一词先是被法西斯德国所滥用，后又与美苏意识形态对立与冲突、冷战相结合，从而导致西方社会对宣传的进一步憎恶。英语中的 propanda 一词终于演变成为不折不扣的贬义词。梅尔文·L. 德弗勒和埃弗雷特·E. 丹尼斯 1981 年在其著作《大众传播通论》中对"宣传"的定义是："以改变受众的信仰、态度和行为为目的的大众传播内容（不论是新闻报道、广告、戏剧还是别的形式）。"所以在西方国家特别是英美人眼中，政府的行为常常被视为一种意识形态宣传，而普遍不被人们所认同。对大部分西方民众而言，非政府组织的可信度最高，其次是媒体，最后才是政府。显然，官方色彩过于浓厚的中国文化传播、交流媒体作为中国对外传播的主流媒体，也必

然会被西方社会的受众认作是政府宣传而使得中国对外文化交流的被接受度大打折扣，从而影响文化交流、传播的公信力和效果。"道理很简单，过分的地域文化宣传和某一语言的推广可能直接或间接地导致接受国有意无意的抵制，更不用说我国在意识形态领域与很多国家尚有差异。"

其二，文化交流的根本目的都是以影响他国的文化价值为战略取向的，所以任何对外行为都离不开各国人民之间自觉、能动的文化互动。因为文化交流、传播说到底是对内容的消费，所以同受众建立起长期的文化沟通、互动是实现文化双向交流的关键一环，否则文化传播过程便不复存在。文化交流是不同文化背景的人民之间的心灵沟通和对话。传受双方是在个人经验背景下创造和理解信息的。因此，传受双方所拥有的共同经验越多，双方的经验领域越能重合，他们就越能更好地理解对方。

因此，在交流、传播过程中完全不考虑目标受众的文化差异和心理感受，只从本国的战略目的出发，按照自己的利益考虑去选取自己希望传递出的文化信息，其最大的弊端就是把本来的双向文化交流变成单向的文化"独白"，而失去文化受众合作与配合行为的"自说自话"的文化交流，很可能还会引起目标受众的排斥，带来与活动发起者意愿相悖的负面效果。在长期的对外文化交流过程中，中国一贯秉持的是以我为中心的战略理念。这种不注意对传播对象的定位分析，一味地"以我为主"的文化交流模式，不仅把双向性的文化互动变成了单向灌输式的文化公关活动，而且可能在不同的文化环境中导致水土不服，不利于中国文化"软实力"的提升。

与政府文化交流活动存在的问题相反，民间文化交流恰恰能够起到政府文化交流所起不到的作用。这是因为：① 民间与社会力量没有明确的政治目的性；② 民间与社会力量具有灵活性；③ 民间与社会力量不仅范围广泛，渠道众多，而且内容丰富，形式多样；④ 民间与社会力量具有广泛性。民间与社会力量领域宽、交际面广、影响大。总的说来，民间与社会力量是一种多层次、多渠道、范围广泛、灵活多样的外交方式。它容易得到国际人士的接受，可以弥补官方对外文化交流传播内容上的一些缺陷。尤其是在关系紧张的国家，民间与社会力量比政府外交更有说服力，更富有实效，甚至可以实现官方外交目标和国家整体利益。中华人民共和国成立 60 多年来，民间与社会力量所从事的文化交流，为化解不同意识形态国家间的对立，以民促官，推动国家间关系的发展曾做出过重要贡献。例如，享誉世界的中美"乒乓外交"就是明证。总之，"民间力量因为不带有意识形态色彩和功利性，在商业活动、文化交流、人际传播、友好往来等过程中，将中国人的价值观、文化传统自觉不自觉地传播给了海外受众，并很容易被其接受"。正因如此，冷战结束以来，蓬勃发展的民间与社会力量日趋成为国际政治舞台上一道独特的风景线。

### （二）走"政府＋民间"与社会力量并举的互动模式

如上所述，美、韩、日等国的成功经验表明，推动非国家行为体参与国家对外文化交流活动发展是增强软实力、提升国家影响力关键环节。因此，大力鼓励和扶持非政府力量的发展，为中国的对外文化交流提供多元化的渠道，是新时代中国对外文化交流的重要选择。

与西方发达国家不同，中国传统上是一个中央集权的国家，中国的对外文化交流长期以来以政府间交流为主，而民间力量和各类专业团体的交流力度远远不够。正如约瑟夫·奈所指出的，中国没有完善的文化市场与支撑组织，没有好莱坞那样的文化产业，没有与美国相媲美的大学教育，特别是缺乏像美国那样为数众多的非政府组织所创造的丰富文化软实力。因此，我国应在继续加强政府间文化交流的同时，充分发挥民间非政府组织对外文化交流的积极性。

#### 1.继续推进政府文化交流

在当前，我国主要应从以下三方面着手。

（1）整合对外文化交流力量。作为国家上层建筑的重要构成部分，对外文化交流活动是一个由相互制约、相互作用、相互促进的多种要素、多个层面组成的有机系统工程。如果处理不当，协调不好，不但无法促进对外文化交流的深入开展，反而会适得其反，甚至会产生"1+1<2"的负面效应。从中国来看，目前从事文化交流的机构众多，既包括国务院新闻办公室、外交部、文化和旅游部、宣传部、外联部等国家机构，也包括人民日报、新华社、中央广播电视总台等大型国家媒体，但是总体而言，文化力量分散，条块分制，部门分工模糊，且互不干预，各自为政。美国参议院外交关系委员会前主席卢格就曾指出，中国莫名其妙地将公共外交分散给了三个独立的政府机构：国务院新闻办公厅负责"软实力"；外交部负责正式的公共外交；教育部负责"汉办"。这种政出多门、多头管理的文化现象不仅无助于传播效率的提高，也不利于中国对外文化的合作与交流的深入开展。尽管近年来，为顺应国际社会文化外交勃兴的现实，中国也成立了专门负责公共外交事务的专门机构——公共外交处，但它只是隶属于外交部的一个部门，行政级别低，权威性不强，难以对国家其他部门的文化交流工作起统筹领导作用。对此，应借鉴国外发达国家的成功经验，并结合中国的国情，尽快统合对外相关文化交流机构，成立一个灵活、高效的全国性对外文化交流领导机构，专

门负责对外文化交流的管理与协调，为国家文化软实力的塑造与提升提供组织上的保障，否则，国家文化软实力塑造的效果将大打折扣。

（2）加快文化外交立法工作。改革开放以来，中国的文化外交虽然取得了令人瞩目的成就，但也存在着文化战略不够系统、完整的缺陷，缺少"顶层"意义上的制度设计，甚至在对外文化交流、传播活动过程中还存在着零散的游击式或"突击式"的情况。这从总体上削弱了中国文化的世界影响力。加强文化外交立法，以健全、完善的制度为基础，既可以使文化外交沿着正确轨道前进并取得实效，又能确保文化外交长期稳定，有效防止急躁冒进。当前，文化外交立法要切实做到目标体系明确，制度体系完善，运行体系健全。

（3）拓展对外文化交流形式。对外文化交流的形式多种多样。目前，中国的对外文化活动多以文艺表演、展览为主。中国前驻法大使吴建民在接受媒体采访时曾说："中国人对文化有一个狭隘的理解，总以为文化就是唱歌、跳舞，搞点文艺活动。法国人理解的文化是大文化。这个大文化层面上的互动带给双方的影响是深远的。"法、日等国普遍重视利用多种文化手段来展示本国文化，宣传自己的价值观，扩大国家的世界影响力，如日本为通过文化输出实现其政治大国的战略目标，不但召开有关日本问题的国际学术会议，举办各种形式的交流活动宣传日本政策、主张，还积极参与国际与区域组织的文化交流与援助活动。中国要提升自身的价值和文化的世界影响力，也必须借助文化外交、公共外交，通过艺术、媒体、教育、人文交流等多种形式向世界展示自己，以增进不同国家、不同民族之间的了解。

2.大力开展民间文化交流

民间与社会力量是中国总体外交的重要组成部分。针对中国软实力建设过程中非政府组织对外文化交流参与较少的问题，中国要加大政策引导和投入。引导社会资本和人力投向民间交流，"继续广泛开展民间外交，扩大对外文化交流，增进人民之间的友谊，推动国家关系的发展"。

（1）为非政府社会组织的生存发展创造空间。随着国际关系民主化的发展，非政府、非官方的民间力量日益成为重要的国际文化交流、传播主体。同西方发达国家相比，中国的非政府组织目前还处于初步发展阶段。这与中国对非政府组织设立的门槛高、成立的条件控制严和成立后的监管严有很大关系。因此，中国缺少真正意义上的非政府组织。这不仅影响了中国文化交流的国际公信力，还因对民间力量的运用不够而引起国外的质疑，从而削弱了中国的软实力。

在新形势下，要激发非政府组织和力量的活力，拓宽非政府组织的对外文化交流效应，中国政府就必须在法律规范和制度创新方面双管齐下，用一系列相互补充、相互促进的政策举措开发中国民间对外文化交流的潜力和空间，使其成为政府文化交流的有力"帮手"和"推手"。一方面，要健全和完善相关的法律法规，为非政府组织的发展提供一个良好的法律环境；另一方面，要敞开非政府组织独立发展的空间，使其在一个具有包容力与开放的社会文化环境下健康成长。唯此，才能发挥政府和民间两种力量的共振效应，使非政府组织和力量更好地协助中国政府推进对外文化交流的深入开展。

（2）积极开展不同形式的民间交流，全面开展非政府性民间交流。

第一，大力开展同国际非政府组织的文化交流与合作。作为联系政府和民众的中介，非政府组织社会力量具有信誉良好、专业化水平较高和非政治化等优势。利用自身民间性、灵活性和包容性的特点，大力发展与国外非政府组织的文化关系，既有利于为中国文化在世界的传播和发展提供一个方便的平台，又有助于"以民促官"，影响对方国家政府的外交政策，改变对方国家的政治文化生态，进而实现中国对外文化交流的目的。

第二，加强与包括联合国在内的政府间国际组织的文化交往。联合国是政府间多边外交的平台，也是非政府组织多边外交的舞台。近年来，几乎所有的国际非政府组织都同联合国及其所属机构开展了密切的合作。联合国与非政府组织之间形成了紧密的"天然盟友"的关系，而在与联合国建立合作关系的各机构中，既见不到中国非政府组织的身影，又听不到其发出的声音，这严重削弱了中国的软实力。对此，中国要积极拓宽双方合作的渠道，丰富双方合作的内容。这样才能在联合国的体系内影响联合国的决策或协议，充分发挥联合国以点促面的作用，推进中国的文化交流，扩大中华文化的世界影响力。

3.要调动公民文化交流的积极性

国家之间的交往归根到底是人与人之间的交往。根据现代传播学的效果分析，人际间的传播对人态度的影响和改变远远大于大众媒体所产生的影响。正如美国"公民外交"运动发起人之一谢里·李·米勒所说："公民外交这个概念的意思是每位公民在每次与外国人握手时都有责任和义务帮助塑造美国的外交关系。无论你是坐在外籍同学身旁的学生、在国外比赛的运动员、迎接外宾的官员、摇滚明握，还是海外商务代表，你都是一名公民外交家。"现在中国每年有1200万人次出国，而到中国来的外国人也有2400万人次。其中，中国出国留学人员已经超过百万。每一个走出国门的中国人都是中国的名片，是民间与社会力量使节。公民通过面对面的文化与思想的直接交流，不但能够消除外国民众对中国的错误认识，使外国民众了解中国人民热爱和平的文化传统和和平发展的外交政策，而且能够拉近双方人民之间的感情，在一定程度上推动两国政治经济关系的友好发展。

除了政府的官方行为和企业的经济行为，文化外交还需要通过民间补充，鼓励普通民众和社会组织更多地关注在华经商、旅游、探亲、访友、留学的外国人，尤其是外国驻华新闻、文化官员，也包括海外的华侨和华裔，跨国公司、人权或宗教组织等与中国联系较为紧密的个人和群体，以日常生活的文化影响和感染这批最贴近中华文化的代表。毕竟，文化的影响非一日之功所能达到，是日积月累的要求。

## 第四节　以学校与社区为主体的译介与传播

### 一、中国跨文化传播的典型——孔子学院

自从 2004 年 11 月在韩国首尔创办第一家孔子学院，截至 2018 年 12 月 31 日，全球 154 个国家和地区已建立 548 所孔子学院，1193 个孔子课堂，孔子学院 147 国（地区）共 548 所，其中亚洲 34 国（地区）126 所，非洲 43 国 59 所，欧洲 41 国 182 所，美洲 24 国 160 所，大洋洲 5 国 21 所。孔子课堂 83 国（地区）共 1193 个（缅甸、瓦努阿图、格林纳达、莱索托、库克群岛、安道尔、欧盟只有课堂，没有学院），其中亚洲 22 国 114 个，非洲 18 国 41 个，欧洲 30 国 341 个，美洲 9 国 595 个，大洋洲 4 国 102 个。孔子学院已成为中国文化"走出去"的重要模式之一，这是中国的文化、意识形态在国外产生越来越大影响的表现。

孔子学院的办学性质主要是由大学承办，是中国高校对外交流的重要组成部分。高校是中国文化对外交流的主要平台，通过国际交流，代表中国知识文化最高水平的高校才能具备国际视野，进而培养出能够走向世界的学生。

### 二、孔子学院产生的合理性

#### （一）语言传播

随着经济全球化的到来，文化、政治等方面也逐渐形成全球化的局面，人们生活在一个语言、文化多样却需要相互理解的世界。为了能够使本国的语言、文化传播海外，很多国家开始创办语言推广机构，如歌德学院、塞万提斯学院、法

语联盟等。与其他国家的语言文化推广机构一样，孔子学院也是通过传播中国语言文化来提升中国文化的世界影响力的。

孔子学院章程的第一条即其办学宗旨："孔子学院致力适应世界各国（地区）人民对汉语学习的需要，增进世界各国（地区）人民对中国语言文化的了解，加强中国与世界各国教育文化交流合作，发展中国与外国的友好关系，促进世界多元文化发展，构建和谐世界。"可以看出，孔子学院的建立不仅是一个汉语教学的培训机构，还以语言交流为媒介，致力促进大学间、区域间进行深层次的文化交流。

语言是人类沟通的桥梁，是国家之间交往的主要工具。近年来，在各国开始与中国展开越来越广泛的交流与合作时，外国人开始希望能够更多地了解中国。

对于很多外国学员，特别是欧美国家的学员来讲，学习汉语很难。但是，这种"难"不是语言学角度所定义的"难"学习，而是学习者主观感受上的"难"。因为以字母为基础的欧美语言在起源、发展、构成等方面同以拼音、方块字为基础的汉语有很大的差异。

目前，孔子学院的教师主要由国内的高校选派，尽管他们都具备丰富的中国语言文化知识和教学经验，但是对外国人学习汉语的特点还需进一步研究。另外，目前的对外汉语教材的内容多以中国人视角组织内容，很多内容外国人无法理解，更不够贴近外国人的生活，如中国的经典寓言"愚公移山"，外国人无法理解，甚至会觉得不可思议。事实上，很多外国汉语学习者更希望能够学习到贴近他们生活，并从汉语语言学习中了解中国人的生活习惯、思维方式。比如汉语中的谐音，"年年有余（鱼）"和"岁岁（碎碎）平安"都具备一定的文化内涵，要使外国人在这些简单的词语中掌握其真正的寓意，必须通过汉语的字音、字义甚至是字的构造逐渐深入讲解，让外国人感受到其中的趣味性。

### （二）"孔子"形象的世界构造

儒学始终影响着世代中国人。纵观中国思想史，一直在"尊孔"与"反孔"之间反复周折，这种特殊现象正体现了儒家思想对中国人的影响之深。随着孔子学院如雨后春笋般在世界各国落地生根，中国国内也涌动着对儒家文化的热忱。《百家讲坛》中，于丹讲《论语》吸引了千千万万的观众，引发"孔子热"，进而从北京大学、清华大学开始，高校开设"国学班"。2010年，计划投资1.5亿元的电影《孔子》上映，这都表明了中国传统文化的回归。

孔子学院在文化传播上重点突出的是儒家思想中的"仁"，"仁义道德""仁者爱人"等道德教化思想是中华民族的智慧结晶。这种思想在国际环境中仍然适用。当前，国际局势纷繁复杂、人与自然关系紧张、民族间的矛盾愈演愈烈，中国提出的"和谐"思想为这些问题的解决提供了理论依据。孔子学院的设立为中国儒家文化找寻到了其现代意义，它虽然同西方自由主义思想有一定的差异，但是儒学能够从人性本善的角度认识人性，主张个人服从集体的观念，从而确立了一套完整的道德自律体系，这是西方个人主义思想所难以企及的。孔子学院在进行文化传播的同时，并不是一味灌输儒学道德观，而是挖掘儒家思想与现代的民主思想、西方个人主义思想的共通之处，实现其现代价值。

### （三）中国传统文化

中华文化的博大精深是汉语能够走向世界的重要基础。2008年，世界第一所中医孔子学院在伦敦南岸大学成立，它除了向学员开展中国语言文化教学，还开设了针灸按摩、中医护理等保健专业。2009年，美国滨汉顿大学成立了一所戏曲孔子学院，教授外国学员学习中国的戏曲、舞蹈、演唱、武术、脸谱等，让他们在学习汉语的同时很好地了解了中国的传统艺术。意大利那不勒斯孔子学院则通过举办"中国家庭俱乐部"让学员亲身体验中国尊老爱幼的家庭文化，在感受中认同中国的这种积极健康的价值观。

孔子学院的功能不能止于教外国人学汉语，它不能只是一所语言教学机构，而应成为中国与外国互相理解和沟通的桥梁。孔子学院在教授汉语的同时，还应让学生体验中国的风俗习惯。每逢中国的传统节假日，孔子学院都举办主题活动，让学员切身体会中国人的生活习惯，如用筷子、包饺子等。

## 三、孔子学院带来的"中国热"

### （一）汉语热

据国家汉办统计，2014年，国外通过各种方式学习汉语的人数超过1亿人，而且每年都有稳定增长。从国外汉语教学机构的数据来看，全球100多个国家已经有2500余所大学在教授中文。在美国，汉语已经成为学习人数增长最快的外语。这种情况在受中华文化影响较大的亚洲地区更为明显，如日本几乎每所大学都有汉语学科，汉语更成为中学生高考的可选外语之一。

"汉语热"的原因不仅在于中国的综合国力已经位居世界大国行列，还在于中国政府对设立孔子学院的大力支持。孔子学院与国外其他汉语培训机构相比，在教育资源、师资力量上都有明显的优势，这对确立孔子学院在汉语推广上的核心地位至关重要。

在"汉语热"的推动下，孔子学院所确立的课堂教学标准及汉语考试标准得到海外教学机构、企业的认可，成为其对人才能力评估的重要依据之一。2010年，新加坡政府颁布法令，将 HSK 考试作为政府人员晋升、加薪的依据。印度尼西亚、马来西亚、澳大利亚、英国等地都将汉语考试纳入其教育体系。韩国三星、德国奔驰等世界名企更明确将汉语资格证书作为选人标准。

（二）文化产业

据媒体报道，英国以语言教学、语言服务为主要方式，每年创收 302 亿欧元。随着世界各地的"汉语热"及孔子学院的建立，中国也完全有能力复制英国等发达国家利用语言文化传播而形成的文化产业链，从而获得必要的经济利益。目前，仅汉语水平考试（HSK）一项就已从原来的每年需要国家补贴而发展为可赢利的文化产业。

中国民营企业从中看到了商机。在 2008 年的巴黎语言博览会上，太原一家公司出版的汉字教材，对汉字的偏旁部首进行拆分并以多媒体的画面表现出来，受到了外国消费者的欢迎，被一抢而空。这说明国内的一些出版机构已经意识到汉语教学的市场效应，有意将对外汉语教材制作成既能准确传播汉语文化的工具，又能够符合国外消费者使用习惯的商品。2009 年，大庆红光科技有限公司开发的"汉字通"将电脑键盘的 26 个英文字母与汉字的 26 个基本部件字相对应，实现了电脑快速输入汉字的功能，这项产品很快适应了海外市场的需要，并投入批量化生产，创造了新价值。可见，不仅汉语教材成为该产业链上的重要产品，孔子学院还能催生出更多的与文化传播、汉语学习相关的产品。

（三）新媒体覆盖

互联网已经是当今最重要的传播媒介。孔子学院除了汉语课堂及"中国年""汉语桥"等文化活动之外，也开始运营网络孔子学院。目前，已经建成英、法、德等 9 个语种的"学习中心"。网络孔子学院利用互联网传播快、传播面广的优势，加大宣传推广力度，并在网站上设置丰富多彩的主题活动。目前，网站注册用户已达 10 万余人。

孔子学院与韩国新闻网 Pressian 采取更为新颖的合作方式，在其网站上设置"孔子学院""中国近现代人物"等栏目，这种检索关键字的形式为读者提供了极大的便利。而与之共同建立的中国文化学校则聘请中韩两国专家举办讲座，介绍中国国情、文化，让人们在娱乐的同时学习汉语，感受中国当代文化。

在宣传推广上，孔子学院的运作已经比较成熟，除了新兴的互联网宣传，孔子学院并未放弃纸媒的影响力，如在 2009 年 4 月开始与韩国《现代报》合作开设中国名人专栏后，已经刊登了 80 篇文章。

### （四）高校交流

以北京大学为例，2006 年以来，北京大学先后与日本、德国、英国等多所大学、教育机构合作建设孔子学院，并由合作双方的校级领导组成理事会进行沟通交流。这种方式在中国高校间普遍流行，其原因就是可以依托孔子学院的设立搭建与世界高校之间交流合作的平台。

在世界高校排名中，中国高校的学术水平、学科建设等与世界顶尖高校有一定距离。建设孔子学院，不仅能够加快本校教育国际化的进程，还能通过这个平台促进学科间的交叉融合，有助于培养具有国际视野的新型人才。

孔子学院这种以高校为依托的语言文化推广方式吸引了其他国家语言推广机构的注意，像德国歌德学院这种运营比较成熟的教育机构都宣称愿意"复制"孔子学院的传播模式，与各国的大学、图书馆合作建立德语中心。美国也提出要在中国的高校设立"美国角"。这种利用高校传播的方式无疑是非常有效的，而中国高校也在这种交流合作中取长补短，优化资源配置，提高了自身的办学水平。

## 四、孔子学院的对外传播建议

### （一）走多种传播方式并存的模式

孔子学院的传播模式是以汉语教学班级为单位，汉语教师通过自身的魅力和知识水平影响学员，这种人际传播的模式能够让学员更容易融入孔子学院所设置的文化氛围中。

随着科技的发展，孔子学院开始逐步通过电视孔子学院、广播孔子学院、网络孔子学院等大众传播媒介来扩展自己的影响力，这种传播方式不仅让学员更好地学习汉语，还能够结交朋友，学习更为便利。

尽管孔子学院在传播方式上做了很多努力，但还是缺少能够引发媒体持续关注的创意活动。比如，孔子学院围绕北京奥运会在当地举办了一系列的活动，但是奥运会一结束，这些活动就陷入了停滞状态，这种单纯地以中国为中心的活动设置本身就是有问题的。孔子学院想要扎根国外，必须融合当地生活，不能仅限于关注国内发生的大事件，而应立足于当地的日常生活，举办一些可持续性的活动来提升传播效果。

### （二）深化孔子内涵

发展对外文化交流，其目的不仅在于通过文化的融合，激发本国文化的活力，凝聚民心民力，还在于通过文化的融合，增进不同国家人民的了解，树立国家良好的国际形象。而要达到这样的文化效果，其中必不可少的一个条件，就是文化传播的信息具有高度的可靠性、可信性。可信性是有效的文化传播活动所要遵循的首要原则。这主要包括两方面的内容：一是内容的可信性。文化自身是否具有客观的真理性、现实的解释力从根本上决定着文化的可信性。二是传播者本人的可信性。只有传播者可信，文化交流和传播才有效，才能扩展文化的影响力。

有效性与文化国际影响力之间成正比关系。目前，国外存在的现状是在孔子冠名的全球性中国文化的传播机构里暂时只有孔子的名称或塑像、画像，而没有能够反映孔子的思想和中国文化精髓的作品的引入和推介。这或许会成为孔子学院传播中国文化的瓶颈。这不仅不能树立起中国积极的国家文化形象，还会让海外汉语言学者因为文化传授环节的缺失而失去中国语言学习的兴趣。因此，中国在今后汉语言的国际推广过程中应在教授基础性的汉语语言之外，有意识、有针对性地加强中国传统文化和现代文化的传授，使文化受众在潜移默化中逐渐接受中华文化，并在充分领略中华文化风采和独特魅力的同时，自觉充当中华文化的代言人和"文化大使"，从而更好地传播中华文化。

（三）跟进译介，宣扬中国传统文化

近年来，孔子学院开设了"翻译出版中外文化读物的成果"论坛。论坛的代表认为，翻译出版中外文化读物是跨文化教育、跨文化传播和跨文化交流沟通的桥梁，翻译是阐释文化的过程，不仅是文字的转换，更是文化的传递。目前，中国文化读物翻译缺乏系统性和针对性，而一些大学有选择性地翻译当代中国文化作品，设立翻译档案，举办国际翻译研讨会，这些都在一定程度上促进了中国文化的推广。

另外，文化读物不应仅限于文化作品或语言教学类读物，应扩展到电影和其他音像制品。代表们向总部建议：①以专项资金的方式资助现有的优秀翻译家，并培养中文翻译人才；②设计一个系统性的工程，出版一套适合所有中国语言类、文化类、历史类或现代中国方面的系列丛书；③以国别为单位成立专家组进行图书的选择，在孔子学院的平台上开展翻译工作；④用好《孔子学院》院刊和网络资源，介绍与推广当代中国文化；⑤用优秀的翻译资源进行中外文化读物的翻译出版工作，并和国内高校及出版社的翻译资源组成孔子学院出版联盟。

# 第七章　文化软实力影响下的优秀传统体育文化跨文化传播策略

## 第一节　文化软实力与优秀传统体育文化的互动关系

### 一、提升国家文化软实力的重要性

当今世界，不同文化间的交流越来越频繁。一些西方发达国家企图凭借其经济科技优势对我国实施西化，所以当下维护我国文化安全的任务十分紧迫。与此同时，随着社会主义市场经济的深入发展，我国经济运行方式、利益关系和分配方式日趋多样化，促使社会意识形态多样化。在这样的国际国内形势下，提升我国文化软实力意义重大。

（一）提升国家文化软实力是增强综合国力的需要

全球化时代，文化软实力在国际竞争当中的作用和地位越来越突出。文化与经济日益紧密结合，文化产品已经越来越成为非常重要的经济商品，成为独立的贸易形态。在一些发达国家，文化产品的出口已上升到各行业出口量的首位，并加快利用其科学技术和优秀文化抢占世界文化市场。另外，文化领域也是国际政治斗争和意识形态竞争的主战场。西方国家凭借其经济科技优势向其他国家大规模输出其大众文化产品，对其他国家进行思想文化渗透。作为一个发展中的社会主义国家，面对如此激烈的国际竞争，只有不断提升我国文化软实力，才能在日益激烈的国际竞争中掌握主动权。

（二）提升国家文化软实力是全面贯彻科学发展观的需要

科学发展观就是全面协调可持续的发展观。改革开放以来，我国的现代化建设取得了举世瞩目的成就，工业化、城市化也快速推进，经济持续高速增长，人民生活水平得到大幅的提高。看到成就的同时我们应看到，目前我国的社会经济结构正在发生本质性的变化，产业升级、技术进步和城市化进程加快，第一产业、第二产业比重明显降低，第三产业处于加速发展的转折点，但因为粗放型的增长方式还没有根本改变，精神文明建设也明显跟不上物质文明建设的脚步。在这种状况下，努力提升我国文化软实力有利于加快技术创新和产业升级，协调物质文明建设和精神文明建设之间的关系，是全面落实科学发展观的需要。

**（三）提升国家文化软实力是巩固国际地位的需要**

中国软实力的提高能够帮助中国在国际上塑造一个崭新的形象。当国际社会对中国的认识由威胁、恐惧已逐步转变为肯定、支持，甚至愿意学习与效仿的时候，中国的国际地位和国际动员能力就得到了大幅度的提升。这就意味着中国的发展模式被国际社会认可，中国软实力的提高获得了其他国家的认同，中国对国际社会的建议也能够被多数国家关注和支持，中国的国际地位不断上升并日趋稳固。

## 二、文化软实力与优秀传统体育文化的互动关系

**（一）强劲的文化软实力是立足世界强国之林的重要条件**

软实力是相对于经济、科技、军事等有形硬实力而言的，虽不同于经济、科技、军事，但对一个国家的影响却非同小可，也越来越得到各国政府的高度重视。可以说，它是一种信息，一种资源，更是一种看不见的体现国家实力的优势。软实力思想的重要贡献是它引导人们在当前国际舞台上要特别关注那些抽象和非物质的实力因素。文化软实力是一个国家软实力的核心因素，它在当今各国综合国力之争中的作用越来越突出。"国民之魂，文以化之；国家之神，文以铸之。"文化是民族的血脉和灵魂，是国家发展、民族振兴的重要支撑。一个国家要屹立于世界强国之林，不仅要有有形的军事、科技等硬实力作为基础和后盾，还要有无形的文化软实力作为支撑，文化软实力可以"不战而屈人之兵"，以情感人，以文化人。在全球化的今天，谁占据了文化发展的制高点，谁拥有了强大的文化软实力，谁就能在激烈的国际竞争中赢得主动。一个国家、一个民族一旦在文化上失去了抵抗能力，特别是失去了该民族文化的传统和特性，也就失去安身立命的根本，就会成为别国的附庸甚至走向消亡。只有发展民族文化，形成文化优势，才能取得主动，筑就国家文化安全的坚固防线。一个国家要立足于世界强国之林，就必须有过硬的文化价值观念来武装国民头脑。

**（二）发展传统体育是我国文化软实力提升的重要形式**

文化软实力主要体现在文化的民族性和文化的现代性上。一个民族有没有个性，有没有话语权，文化民族性比文化现代性更为重要。文化民族性是一个民族

与其他民族区分的重要标志，是彰显一个民族文化个性的重要条件。正如斯大林指出的："一个民族一定要有共同的地域、共同的经济、共同的语言及表现共同心理的共同文化，才成其为民族。"这种共同语言就是文化的民族性，即民族文化。可见，民族文化对一个民族立于世界的重要性。文化的民族性发展是历史赋予我们的责任。一个国家文化软实力的提升，就要着重发展民族文化。我国是一个民族文化十分丰富的东方文明古国，浓厚的东方文明特色曾使我国一度成为世界焦点。而中华传统体育是在中华民族文化思想孕育中形成的，承载着中国民族文化的精髓，也是中华民族文化运用与发展的重要载体之一。2008 年北京奥运会的成功举办，"人文、绿色"奥运理念的提出，让世界认识到了中国的"和合"观、仁爱、自然等文化思想，这是对中国传统体育文化价值观念的一种真实写照。可以说，传统体育未来发展如何，一定程度上影响着中国民族文化实力的提升。体育作为文化软实力的一种主要载体形式，越来越得到各国认可。基于文化民族性发展的重要性，发展传统体育是我们振兴民族文化，实现民族复兴的重要手段，也是我国提升文化软实力的重要形式。

### （三）国家文化软实力提升有助于我国传统体育发展

尽管竞技体育与民族体育都是提升国家文化软实力的手段和形式，但是民族体育的发展比竞技体育发展更具有意义。从某种程度上讲，竞技体育代表的是西方文化，民族体育代表的是民族文化。今天的奥运席卷全球，说明了西方文化在全球的话语权，其他民族要在全球中占有一席之地，没有过硬的文化底蕴是很难与西方文化对话的。2008 年北京奥运会"人文、绿色"奥运理念的提出，显示了中国文化特有价值理念对西方奥运理念的渗透，从另一个层面上讲，凸显了中国民族文化的重要性。中国民族文化正在被世界许多国家了解、认识和运用。现代英国哲学家罗素认为："中国至高无上的伦理品质中的一些东西，现代世界极为需要。这些品质中我认为和气是第一位的，这种品质若能为全世界采纳，地球肯定会比现在有更多的欢乐和祥和。"传统体育国际化能起到传递中国文化思想的作用，有利于世界各国人民了解中国文化，借鉴中国文化。一个国家文化软实力提升，一方面看本民族人们对民族文化的自信、自觉程度；另一方面，看本民族文化对其他民族文化的影响力如何。一旦一个国家民族文化被其他国家民族接受和喜爱，那么它就为这个国家的文化载体搭建了国际化发展的平台。人们认识、了解一个国家的文化价值观念，也总是通过对该国家一个具体的文化载体的了解来实现对其文化认识的目的和意义的。近年来，"中国模式"发展，北京奥运会的成功举办，给许多国家民族带来了震撼，越来越多的国家正在探索中国文化,以寻求发展。无疑,这为我国传统体育国际化发展提供了有利的国际空间。

**(四)传统体育在文化软实力建设中的重要地位**

**1.优秀传统文化发展与传承对我国社会文化建设刻不容缓**

2011年10月18日,中国共产党第十七届中央委员会第六次全体会议一致通过《中共中央关于深化文化体制改革 推动社会主义文化大发展大繁荣若干重大问题的决定》(以下简称《决定》),提出建设优秀传统文化传承体系,弘扬中华民族优秀传统文化。强调要全面认识和认知祖国传统文化,取其精华,古为今用,坚持保护利用、普及弘扬并重,加强对优秀传统文化思想价值的挖掘和阐发,维护民族文化基本元素,使优秀传统文化成为新时代鼓舞人民前进的精神力量。《决定》还提出,要加强文化典籍整理和出版工作,推进文化典籍资源数字化。加强国家重大文化和自然遗产地、重点文物保护单位、历史文化名城、名镇、名村保护建设,抓好非物质文化遗产保护与传承。深入挖掘传统节日文化内涵,广泛开展优秀传统文化教育普及活动。发挥国民教育在文化传承创新中的基础性作用,增加优秀传统文化课程内容,加强优秀传统文化教学研究基地建设。从中可见,传统文化对我国社会发展之重要性以及今天我国政府对传统文化发展的重视程度。可以说,没有文化的积极引领,没有全民族精神力量的充分发挥,一个国家、一个民族不可能屹立于世界民族的东方。因此,我们应该培养国民高度的民族文化自觉性,增强国家文化软实力,弘扬中华民族文化,努力建设社会主义文化大国。

**2.传统文化是国家文化软实力的重要构成**

党在十七大报告指出:"当今时代,文化越来越成为民族凝聚力和创造力的重要源泉、越来越成为综合国力竞争的重要因素。要坚持社会主义先进文化前进方向,兴起社会主义文化建设新高潮,激发全民族文化创造活力,提高国家文化软实力。"这说明提升文化软实力已经上升为国家的战略高度。在文化软实力研究和建设上,中国传统文化有着义不容辞的使命。

中华传统文化是文化软实力的重要构成。在世界文明古国之中,唯有中华文化得以完整传承和延续。历史需要延续,文化需要传承。中国传统文化内容体系是以"人"为重要核心,与当前国家倡导的"以人为本"理念相一致。中国传统文化基于它对人的规定性,是一种以人为主体的传统,而非以自然或社会为主体的传统。它更为注重协调人的内心平和,强调人与人之间关系的和谐、人与自然关系的和谐。它更多的是一种方法论,是判断和协调人与社会和自然关系的方法论。传统文化在国家文化软实力中具有举足轻重地位。

3.传统体育文化满足世界社会文化价值需求

毫无疑问，文化要现代化，要建设与现代化进程相一致的现代文化。传统体育文化要传承和发扬优秀文化传统，更要通过与西方文化的接触积极创新，逐步向文化现代化的方向发展。对传统体育文化应进行必要的引导、保护、调控，做到既抓住西方文化冲击的历史机遇，又协调发展不使其走上灭绝的道路。我国传统体育文化的民俗性、健身性、习惯性、娱乐性以及群众性也显示了巨大的社会文化价值，可以借此文化融合的机遇走向世界，让世界人民认同我国优秀的传统体育文化。

# 第二节　文化软实力提升目标下的优秀体育
# 文化的传播发展模式

改革开放以来，我国发生了天翻地覆的变化。综合国力的增强与人民生活水平的不断提高，使大到整个国家，小到每一个国民的思维意识形态都发生了重要的转变，已经由对物质的追求上升到对精神文化的追求。特别是国家对文化软实力的建设。中华民族要想在复兴之路上加快步伐，就需要传统文化的回归。所以，在这个时期的传统体育的发展走向从旧时的技能传习发展到了今天的文化传承。在国家全力提升文化软实力的环境下，一定要利用好传统体育这个重要载体，通过对传统体育文化的推广，对传统文化进行广泛的传播。当前，传统体育的整体传播已经发生了从量到质的飞跃。正是在这种历史契机下，传统体育获得了前所未有的发展契机。

21世纪中国已经成为一个全面开放的社会，世界各国的文化包括体育文化在内迅猛涌入，造成了对中国文化（包括体育文化）的冲击及影响，这是促进中国各传统体育发展的文化动因。未来，中国体育文化想要在世界体育文化中崭露头角，融入世界体育文化，参与世界体育文化的交流与对话，就要以民族体育文化为导向，寻找出传统体育有效的发展路径。

## 一、竞技化、民族化模式

就目前来看，传统体育发展存在最根本的问题是传统体育文化与现代体育文化的脱节。对中华传统体育进行竞技化模式发展，是指以科学求实的态度，从世界的高度来审视中华传统体育，积极参与世界文化的交流，自觉摒弃一些不符合

179

科学原理、缺乏时代感的原始因素，借鉴现代体育竞赛规则、运动技战术、教学训练手段、竞赛组织与管理的基本理论方法，对一些传统体育项目进行改造、整合，使之既富于时代性又保持民族特色，实现自身的创新发展，促进国际体育文化的进步。

如今，全面开放的中国正敞开胸怀拥抱世界，这为传统体育走向世界提供了条件。NBA、欧洲杯、美洲杯、跆拳道、柔道等体育项目与竞赛吸引着世界各地不同种族的人们，已成为大多数国家体育的主体，这正是和世界传统体育产生互动的结果。我国传统体育正处于一个全新的环境，要以自身价值为根基，跟上时代的节奏，不断创新，融入世界，如此才能与世界文化共繁荣。

我国的各省、市、自治区基本上都已形成开展传统体育运动会制度，这是为各个民族的传统体育项目提供了发展的舞台。从第九届民族运动会获得奖牌情况看，各民族地区在一些传统体育（或相近似）运动项目上，展示了较强的民族优势。如内蒙古自治区由于开展"那达慕"大会，因此在马术、摔跤等项目上占有优势。

事实上，中国传统体育的项目是具有多样性的体育特征的。我国传统文化的主体主要杂糅在河谷平原的摇篮中发育成长，同时包容森林文化、草原文化、高原文化、海洋文化以及渔猎文化、游牧文化，因此繁衍出不同特色的传统文化，孕育了中华民族体育文化的多样性，使中国的汉民族体育文化和少数民族体育文化一起构造出了一个波澜壮阔的文化丛林。每个民族都要发展自己民族所特有的个性文化，自立于世界民族之林，那么体育活动便是其中重要的组成。假如苗族没有了"摆手舞"，蒙古族停止了"那达慕"，傣族忘记了"泼水节"，南方中断了"赛龙舟"……将会造成民族文化的巨大损失。

目前，已有学者提出将"中国少数传统运动会向东方运动会转型"的战略设想。"东方运动会"表达的是一种理念，是以东方的哲学思想为自己的文化背景，提出东方运动会的哲学思想应该是多元化的，只有包容了日本、印度、西亚、东南亚各国的思想精髓，东方运动会才能赋予新的生命力。强调东方运动会必须区别于奥林匹克运动的哲学思想，要更体现人性，更少功利的追逐，更富有亲和力，更强调多民族文化的融合和相互理解。以全新的活动模式，注重对健康、健身、休闲的表达，关照老年人、妇女等群体的体育参与倾向，以及对一些人群寻求新的体育形式的时尚性关注。运动会、赛事的举办在一定程度上可制造一些有利于传统体育生存与发展的文化氛围。民族体育运动会如民运会、农运会以及一些单项比赛对维持部分传统体育的生存状态起了一定的促进作用。因此，我们要利用一切尽可能的条件，积极开展传统体育比赛活动。

总之，提升国家文化软实力，发展传统体育是很有必要的。尽管发展路上困难重重，但是"文化的历史是不能够中断的，传统文化需要延续，这已经不是人们是否感兴趣的问题，而是人们必须面对的一种决策，与传统文化割裂的民族是没有出路的"。今天，唯有站在提升国家文化软实力的高度，积极主动创新、推广、传播传统体育，才能为我国民族文化的发展和和谐社会的构建创造条件，这是历史赋予我们的责任。

## 二、生活化模式

随着当今社会的快速发展，人们的价值观念以及生活方式发生了很大的变化，形成了传统体育文化现代化发展的社会需求动因。振兴我国传统体育，面向全社会的推广、普及工作至关重要。因为任何一个国家和民族的体育形式要想为世界人民所接受，必须在自己国家具有广泛的群众基础，形成文化上的认同和融合。我国传统体育要想可持续发展，走"生活化"道路是一个重要途径。

随着我国综合国力的不断提高，整个社会物质财富的极大丰富，人们的生活需要从关注基本的物质生活转变为提高生活质量。从人们的生活需要内容看，精神生活需要同物质生活需要并举，且具体需求丰富多样；从需要层次看，生存需要作为生活主体的最基本的需要已经不是最主要的内容。具体表现为生活主体对更多、更好的精神成果和物质成果的实际享用，从而得到满足、舒适和惬意。提高自身素质，发挥自身潜能和促进自身全面发展，这就构成了人们日常生活需要的多面性和多样性。

自动化、工业化的大机器生产在给人类创造巨大财富的同时，给人类健康带来隐患。现代社会的"文明病"成为日益严重的社会问题，使"每天锻炼一小时，健康生活一辈子"的体育观念日益盛行。在当今物质充足的时代，人们对健康的追求越来越高，从体育运动中获得健康、长寿的体育价值取向日益增强。传统体育项目以别具一格的民族艺术、民族情感及意蕴深厚的健身观、古朴自然的休闲性、娱乐性悄然融入人们的生活，不仅为时下紧张而繁杂的生活增添了丰富多彩的意趣，还体现了卓有成效的健身功效。

由此可见，传统体育肩负着提高人类自身质量的社会使命，极大地丰富了它的内涵和存在价值。人们将传统体育作为奠定追求幸福生活的基础，将对人类的生存和健康发展产生不可估量的影响。实际上，20 世纪 60 年代，以武术为代表的中华传统体育文化就已经走出了亚洲、走向了世界，走进了西方人用以逃避现代工业文明和工具理性对人们健康生存权的吞噬的自我保护的生活方式中。目前，中国古老的太极拳运动已走出国门，在国际社会中产生了强烈的反响。很多国家上至政府，下至广大民众，都把太极拳作为一种健身防病的有效手段，为提高国民体质发挥了积极的作用，受到世界越来越多国家的欢迎。应该说，我国现行实施的《全民健身计划纲要》为我国传统体育提供了一个有利的发展空间。因此，应该把握机遇，正确、全面地认识传统体育，分清其精华和糟粕，使更多的人理解并参与其中。同时，可利用中国传统节日适时地推出一系列传统体育活动，使中华民族形成强大的凝聚力，促进中华传统体育在国内外的广泛传播，使传统体育活动超越国家和民族的界限，为全世界所接受，成为全人类共同的财富。

传统体育项目往往是一个民族发展的缩影，同时反映了这个民族的某些特征。中国有近千项传统体育运动项目，其数量和形式丰富多彩，堪称世界之最。其活动方式的灵活性、独特性、趣味性形成的得天独厚的优势是现代体育所缺乏的。目前，由于大多数竞技运动项目耗资巨大，一般群众仅满足于观赏，受场地、经费、技能学习等诸多因素的限制而被禁入。因此，着眼于发展群众体育，走健身愉心的传统体育生活化道路，是体育短暂异化的回归，顺应了当前的社会需求。

传统的体育生活方式作为一种文化模式，积淀于民族的文化心理之中，具有极强的生命力和稳定、坚韧的结构形态，世代传承。我国各民族由于生活地域不同，风俗习惯、宗教信仰等方面也各有差别，产生了许多丰富多彩的节日活动。

在这些众多的民族节日中，有些是直接用单项传统体育项目命名的。这些节日不管是祭祀性与纪念性的，还是庆贺性与社交娱乐性的，都与传统的体育活动有着不解之缘。例如，"花炮节"是贵州、湖南、广西相毗邻的侗族地区最热闹的传统节日之一；广西壮族聚居的地方，每年都要举行有名的体育盛会"陀螺节"。还有一些节日虽然不是以体育项目命名的，但其中也揉进了较多的体育成分。节日为体育活动提供了良好的场所，体育活动又为民族的节日内容增添了绚丽多姿的色彩，两者相得益彰，相辅相成。

现代国家的节日有三个主要来源：政治性的、宗教性的和传统节日。岁时节令及习俗是民族文化传统的重要组成部分，是增强社会成员的文化认同，保存、传递文化传统的重要途径。中国的传统节俗是可以与现代生活合拍的，世界各地的华人都以大致相同的习俗度过春节、清明、端午、中秋、重阳这些传统节日。在一些华人地区和国家，不少民族节日已经被设为法定假日。因此，利用节假日、周末、交易会因地制宜地开展丰富多彩的群众性体育活动是民族节日中不可缺少的重要内容。我国也通过立法把元宵、清明、端午、中秋等中国传统节日作为法定节日确定下来，使之成为春节之外的一些重要的民族节日。丰富多彩的民族节日与传统体育活动是我国全民健身运动的合理内核，将为中华传统体育走"生活化"模式的道路奠定坚实的基础。

## 三、市场化模式

人类社会已经进入第三代生产力时代，即电子时代的智能生产力时代。第三代生产力的显著标志是文化与经济崭新关系的建立，其重要特征是"文化的经济化"和"经济化的文化"，以及由此产生的当代文化经济的一体化趋势。文化的经济化是指文化进入市场，文化进入产业，文化中渗透的经济的、商品的要素，使文化具有经济力，成为社会生产力中的一个重要组成部分。而文化的商品性被解放出来，其本身的造血功能也就得到了增强，就可能进入良性循环的发展机制。

市场经济的发展给中华传统体育提供了新的发展机遇。大量事实证明，体育已成为应对现代工业社会对人体可能造成的健康危机的首选方式。不同年龄、不同性别、不同职业、不同健康状况的人们所选的体育手段和方法可能各不相同，但追求生理和心理健康的目标是一致的。中华传统体育只有顺应市场经济的发展要求，才能获得生存与发展。

中华传统体育要发展就必须面向市场、面向大众。大众消费的潜力是体育发展的动力。面向大众，从人群来讲，首先，社区将是我们今后发展的重点。尽管现在社区体育发展不尽如人意，但社区体育的发展将是中国未来的发展方向，是提高人民生活质量的一个通道。其次，农村体育必须得到重视。如果中国的现代化将农村和农民排斥在外，必将是一种"伪现代化"，中国体育亦是如此。现在农村体育是非常薄弱的，但是市场潜力很大。"随着经济的精神化，起决定作用的已不再是物质生产，而是如何借助物质载体更好地满足人们的精神需求。"各行业、部门在借助大众传媒给自身带来了巨大效益的同时，带动了传统物质生产的精神经济的改造，如在民运会比赛期间，体育用品和体育纪念品的生产、销售保持强劲的增长势头，从运动鞋、运动服装到体育用品、健身器械等不一而足。

但是，不同体育项目有不同的产业化方式，不能用一个模式套。体育也分为企业式经营的，事业式经营的，也有完全公益性的。体育产业起码要划分为两大部分，一是体育活动自身的经营，如广告、门票收入、体育中介经纪等；二是与体育相关的产业，如运动服装、体育器材、体育保险、运动旅游、体育彩票等。体育产业有本体的，也有为体育服务的，还有很多具体的分类。情况不同，体育产业化的程度就不一样，方式就不一样。国家进行体育管理，就有一个协调各种体育产业类型使之全面发展的任务。

就产业化而言，长年流传于人民日常生活中的传统体育深受广大群众喜爱，有着广泛的群众消费基础，加之传统体育投入少、价值低，在目前的经济水平下，符合大众的消费能力。因此，一些已具备市场发展条件的项目或活动可以进入市场开发。现阶段，一些传统体育项目已经走上了产业化道路，如舞龙、舞狮等，并实行了较好的市场运作方式。

传统体育因其独特的魅力，经济开发价值非常大。如果能很好地运用市场规律，学习和借鉴一些优秀项目和团队率先走入市场的经验，引入良好的现代运作手段和形象品牌包装，逐步把具备市场前景的一批传统体育运动项目推向市场。

## 第三节　文化软实力提升目标下的优秀体育文化的传播发展方略

我国文化"走出去"的前提是我们的文化是优秀、先进、可操作的。而优秀文化的形成需要对传统文化进行甄选，选出代表中国文化的、能被世界广泛接受的文化。就体育领域讲，需要国内先进行一系列的努力，为体育文化"走出去"奠定基础。

我国传统体育是在中国民族文化思想孕育中形成的，厚载着中国民族文化之精髓，是中国民族文化运用与发展的重要载体之一。目前，我国一些传统体育项目已被纳入国家非物质文化遗产保护体系中，这说明我国政府已高度认识到了传统体育对国家国际地位影响的重要性。但是，保护不能仅是为了保护，更重要的是要发展，成为中国特色，代表中国形象，然后走向世界，提升我国的综合国力。今天，面对西方体育文化地位的强势以及我国农耕文明土壤的现代转变，我国传统体育究竟还有没有生存的空间和价值，我们又该怎样把其价值观统一到我国特色的社会主义核心价值体系上来，这些思考对我国民族文化软实力的提升具有重要的理论意义。

## 一、挖掘特色体育项目重点发展

传统体育项目繁多，规划好它的发展有利于民族文化发展和国际形象的提升。目前，政府并没有这方面的发展规划。规划传统体育的发展，一方面，要全面做好挖掘整理工作，全面掌握传统体育目前生存状况；另一方面，要确定好重点发展项目，既要拟定国家级重点发展项目，力争打入国际市场，又要拟定地方重点发展项目，力争成为群众喜欢的区域性发展项目，同时要做好其他项目的文化保护与开发工作。在地域上要有所侧重，要针对各个地域的不同发展适合此地域的优势特色项目，不要"一窝蜂"上项目，要紧扣地域传统文化，以该地域特色精品项目为龙头，规划品牌发展战略。

传统体育项目众多，形式多样，在社会发展进程中积淀了深厚的文化底蕴，并对我国社会在不同年代的发展有着不同的重要的影响，其中既有促进社会发展的文化因子，又有阻碍社会进程的文化因子。当社会进入信息化时代，传统体育能否为我国社会主义现代化建设服务，需要我们站在现代社会的角度重新审视传统体育的价值，需要我们构建一套科学的价值标准来评估传统体育的社会价值。构建传统体育价值评估体系可以让民众客观认识传统体育的价值所在，可促进民众对民族文化的认同，保障传统体育的发展方向。构建价值评估体系应结合传统观念与时代精神，一要对传统体育项目在健身养性、娱乐、竞技、消遣放松等方面进行评估，评定其是否具有特色社会主义休闲体育价值；二要对传统体育项目的核心思想、生存理念、价值观念以及民俗习惯进行评估，评定其是否有利于我国社会主义文化教育建设；三要对传统体育物质层面和制度层面进行评估，评定其是否具有文化旅游价值。

## 二、做好传统体育文化与现代体育文化的衔接工作

传统体育作为农业文明和特定社会的产物，必然是精华与糟粕并存。我们要在传统基础之上对传统体育进行新的改造，即对精华部分进行合理的吸收，使之成为新型体育文化的积极因素，成为体现民族体育文化的根；而对于一些落后、不符合现代体育科学原理，甚至与社会主义现代文明相悖的东西，则应坚决摒弃。现代体育发展到今天，面临商业化、职业化、滥用兴奋剂等各种严峻挑战，这些现象与奥林匹克主义谋求把体育运动与文化和教育相互融合起来，创造一种在努力中寻求欢乐，并发挥良好榜样作用，尊重基本公德原则的生活方式的思想内涵之间已有相当大的背离。现代体育所体现的以奋发与竞争为核心的精神价值

乃是传统体育所缺乏的。因此，传统体育的现代化应在保持民族特色的基础上，积极借鉴现代体育文化的优秀成果，在技术方法层面运用现代体育科学理论与方法进行理性判断与创造，在制度层面借鉴现代体育文化的成功的组织制度迅速发展壮大自己，而在价值层面借鉴现代体育奋发与竞争的精神价值，这是传统体育实现现代化转型的核心与关键。

早期的传统体育因为社会生产力水平的低下和自然条件的隔绝而在各自封闭的条件下独立成长。现如今，随着生产力的发展，交通、通信条件的改善，尤其是全球信息互联网络的形成使全球紧密联结成一个彼此联系、彼此依存和相互联动的整体。而体育已形成一个较经济和其他社会活动更为明显的全球化态势，尤其是在中国加入 WTO 与 2008 年奥运会在北京成功举行以后，在中国社会更加全面地走向世界的背景下，进行传统体育的综合创新必须树立全球意识，使传统体育的文化被世界各国人民所了解、接受，提高传统体育的知名度。同时，充分利用全球化与民族文化双向影响的原理，加速民族交往与加深文化交流并重，实现传统体育的现代化发展。保护传统体育文化并不是像对待古代文物那样把它与周围世界隔绝开来，而是要让传统体育文化在与现代体育文化的不断碰撞中得到锤炼与发展。面向未来，就是要以传统体育文化的现在为基点，对自身精华和现代体育文化优秀成果进行创造性吸收与借鉴，特别是要立足于时代视野对两者的不足进行自觉的反思与批判，把握前进的方向，着眼于未来的发展，将现在和过去已经取得的成果作为进一步发展的基础，构建一种超越现代体育文化的新型体育文化体系。

中国近年来掀起了非物质文化遗产保护热潮，从国家到各省市县都在积极保护非物质文化遗产保护项目，为文化创新积蓄能量，提供支点，努力使我国民族文化呈现出新景观。做好传统体育非物质文化遗产保护与开发工作，对传统体育项目进行挖掘整理，把传统体育项目所涉及的文物、器具、服饰、动作以及风俗文化等进行统计、归纳、整理、说明，对其所处"原生态"到"次生态"进行深入研究，从中探寻演变规律，结合发展环境与文化特征进行综合研究。遗产申报是一项繁杂细致的工作，政府在人力、物力、财力、设备等方面均应给予政策倾斜。各级政府部门要从思想上、行动上予以重视，全力安排专职人员、专项经费、专门设备进行申遗工作。同时，要及时组织力量做好对本地区传统体育开发、运用研究工作，包括对民众的引导和鼓励，对一些民间艺人进行必要的资助和扶持，等等。在传统体育遗产申报中，保护传承人、培养传承人、开发教育资源、开展竞赛娱乐活动、出版书刊与音像制品等都是要考虑的内容。加强对传统体育多途径开发利用，实现其多元价值，要结合社会发展需要，在物质、制度、精神等层面进行开发，探寻可利用的价值，拓宽成果转化途径，提供条件，让研究成果能及时转化为社会效益。

### 三、加快国内体育产业化升级

产业化既是当今三大产业的趋势，又是必经之路。体育形成产业化有助于形成具有特色的产业链条。发展经济、发展民生是开展传统体育产业化建设的重点和归宿。国家应组织力量充分挖掘整理本地传统体育资源，确定开发项目，将开发项目与本地民族节庆活动、自然景观、其他人文旅游资源结合起来，制定旅游线路，通过宣传渠道宣传造势，努力打造传统文化精品旅游线路，特别是一些少数民族民俗体育项目。自然景观、民俗风情、体育活动形式共同构成了少数民族民俗体育，而民俗风情是不同群体选择旅游时着重考虑的重要因素，人们对不同景观、民俗风情有着浓厚兴趣，更想切身体验少数民族的体育乐趣和生活习性。因此，一些民族地区要借助自然景观资源优势，选择一些娱乐性、趣味性、观赏性较强的少数民族民俗体育项目，在本地区中开展富有民族特色、地方风情的民俗体育活动，并邀请游客参与进来，让他们在感受到自然山水风光美的同时，能领略到极富特色的民俗风情，这样既发展了旅游文化事业，又宣传、推广了民族体育文化事业。

同时，要逐渐开展传统体育健身、培训、信息服务、体育器材、体育服饰及体育吉祥物等方面的产业开发活动，并将它们融入旅游产业中共同开发，最终形成区域性传统文化旅游产业。以创新的理念和思路推动区域体育资源向体育产业转化，地方政府尤其要消除对传统体育以及传统体育产业的狭隘、模糊甚至错误的理解，充分认识体育产业在区域发展中的重要地位和作用，要从本地经济发展水平出发，深入研究本地区具体的传统体育情况，着重抓"一地一品"特色体育资源的开发，坚持使区域传统体育产业走品牌发展之路。

### 四、加强媒体宣传，拓展经费途径

媒体宣传是政府一系列方针政策、法规文件对外展示的有效途径和手段。我们要加强媒体宣传力度，把媒体宣传制度纳入有关传统体育法规条例中，通过制度提高媒体的宣传力度，规范、督促媒体的宣传行为。通过媒体宣传促进民众对各传统体育项目的了解和交流。因此，我们要积极运用电视媒体，通过电视新闻、专题报道等进行宣传造势，吸引更多民众的眼光；要充分利用网络工具对我国传统体育挖掘整理的资料进行数字化处理，通过网络传播让更多工作人员能及时了解有关信息，并能快速为我所用；要大力出版优秀传统体育科普读物，大力制作优秀传统体育项目音像制品，让更多群众通过这些读物和音像制品了解传统体育的有关知识，并能学习到自己喜欢的休闲、娱乐、健身养生等传统体育项目；村委会、居委会要积极利用墙报，通过墙报宣传有关政策、训练方法等有关知识，促进保健养生体育项目走进社区和村落。在宣传内容上要做到以宣传国家发展传统体育的方针政策、宣传传统体育对国家发展的重要影响、宣传传统体育重大活动和事件为主。

拓展资金渠道可改善政府对传统体育发展经费投入的单一和不足，我们要多渠道融集开发资金，并努力做好政府资金、社会资金、公益资金的合理投入和使用。除了各级政府要根据地方财政情况适当加大传统体育发展资金投入外，还要重点发动社会企业、事业单位、公司、个体等社会力量的积极参与，争取更多的社会资金，投入传统体育开发中。可通过相关配套政策发动社会力量参与传统体育开发，如广告、商标使用权，用地审批、国家税收等优惠政策。经费投入要合理安排，除适当兼顾一些民族地区项目的发展外，要将重点放在开发项目的挖掘、保护、运用上，包括对民间艺人的生活扶持以及有关物质文化层面的整理、保护、创新等。体育彩票公益资金要合理分配和使用，尽可能将更多资金运用到以传统体育为主的群众体育事业发展中来，改善有关配套设施和条件。

## 五、对外积极传播体育文化传承体系

### （一）推进全民健身体系

人民群众的喜爱和推崇使民族传统体育有良好的群众基础。建立在中国哲学与传统中医学基础上的中华民族传统体育对引导现代人追求健康、关爱生命发挥着重要作用。民族传统体育内容丰富，项目繁多，健身效果显著，深受广大群众的喜爱。它具有广泛的群众基础和广阔的发展空间，不受性别、气候、时间、年龄、场地的限制，经济实惠。随着我国民众生活水平的提高，人们对体育活动和健身活动的需求不断增强，尤其是"全面健身计划"在我国的实施，无论在哪个地方、哪个时间、哪种形式，到处都可看到民族传统体育的"身影"。由此看来，民族传统体育在全民健身运动中将进一步普及和发展，定能成为人们休闲娱乐和人际交往的纽带与桥梁。因此，要将民族传统体育课程纳入我国民族传统体育指导员的培训和考核计划之中，使民族传统体育指导员具有传承民族传统体育的意识，并系统地掌握民族传统体育项目的技术和文化内涵，促进民族传统体育在社区的传播。

（二）重视教育体系

中国民族传统体育不仅追求人体技能的提高，还力求在心理上得到愉悦的体验。中国民族传统体育在形式和内容上随意性强，运动量可大可小，可根据自身的情况加以改造，适应不同个体的素质水平和能力。这就摆脱了技术对人的制约，容易形成运动习惯，对终身进行健身活动有很大的帮助。所以，它进入学校是可行也是必需的。每所学校都是传播体育文化最初的摇篮，是原始体育形态走向科学化、规范化、普及化的必经之路。民族传统体育进入各类学校将极大地丰富学生的视野以及体育教学的内容。

学校教育是人类有意识的文化与文明传递过程的最优化形式之一，加强学校体育中的民族传统体育教育，对促进民族传统体育的现代化进程具有战略性的意义。一方面，要有计划地将民族传统体育项目加入学校公共体育课的教材中，并在学校积极开展民族传统体育活动，这一点在民族地区尤为重要；另一方面，采取有效措施，在高等体育院系特别是在民族地区的高校中推广民族传统体育课程，并将其列入正式的教学计划，让学生系统地学习和掌握当地主要的民间传统项目。这不仅可以继承和发扬传统体育文化资源，为培养民族传统体育活动的骨干和指导者创造有利条件，还可以加速民族传统体育现代化的进程。

（三）传播休闲娱乐体系

如今的民族体育套用竞技体育竞赛体制导致了自身的异化，民族体育竞技化趋势发展的弊端是显而易见的。脱离了源头的民族体育很难与现代竞技体育一决雌雄，大多数情况下民族体育得不到发展，反而慢慢地退出历史舞台。

人们普遍认为，中华民族传统体育是弱竞技性的体育文化形态。无论追溯到历史上民族传统体育对西方竞技运动的模仿，还是从民族传统体育的文化发展以及传播看，民族传统体育都不具备像西方竞技运动会那样成熟的竞技特点，中华民族传统体育发展陷入了尴尬的境地。历史表明，民族传统体育只有要有自己独特的实质内容，才能取得突破。在诸多奥林匹克运动项目发展到高水平高科技化的今天，中国少数民族的大量传统游戏仍极具生活情趣与乐趣，以人为本，从利人出发，彰显了丰富的娱乐内容。原生态的民族体育游戏构成了民族体育在其原始发展阶段的主体，它们多少带有些许的原始宗教和巫术的色彩，并逐步仪式化。那些原生形态的身体活动并没有消失，而是转化为民族民俗活动的一部分延续下来。民族传统体有被赋予了人文色彩，功能也随着社会的变革而发生改变。

民族体育游戏使体育的民族文化特征得以突出表现，成为促进民族认同、民族团结的手段。当然，民族传统体育有自己独特的文化个性，即对娱乐和休闲的推崇，这也是民族传统体育在核心价值观层次上的主导理念。

### （四）弘扬竞技健身体系

在承认中华民族传统体育弱竞技性特质的同时，我们并不否认中华民族传统体育的文化多样性。尤其在少数民族传统体育中，也有一些极具竞技性的传统体育项目，如现在比较流行和受欢迎的民族式摔跤、抢花炮、龙舟等项目中华民族传统体育事实上无法抛弃竞技，这是由竞技的本质决定的，而且也表现了中华民族传统体育多样性的文化特征。然而我们必须认识到，这种竞技与以奥林匹克为代表的西方竞技运动有着本质的差异。中华民族传统体育中所蕴含的竞技精神被赋予了鲜明的伦理学色彩，展现了与西方竞技运动的不同本质。

从西方竞技体育发展过程看，体育文化的传播必须与国家对外交流同步。因为传播文化和接受文化是意识形态领域里的交流，文化在局部传播是很容易的，但是想被世界各国真正接受则非常困难，只有通过全国上下坚持不懈的努力才有可能实现这一目标。民族传统体育从内容上看，很多丰富多彩的项目都能在现代竞技体育竞赛中找到类似的地方，如"轮子秋""铃刀舞""踏脚""格畅"等项目分别类似于"体操""体育舞蹈""跆拳道""保龄球"，要想使将这些项目实现国际化十分困难。普及程度低是制约民族传统体育发展的关键。目前，我们对民族传统体育的认识还停留在其为中华民族的优秀文化，具有很好的文化价值、健身价值上，也认识到这一优秀文化应为全世界所共享。但是，各级政府机关对其重视度不高，民族体育开展较好的地方基本都集中在少数民族聚居地，国内尚未广泛地推广，何谈向世界普及。从竞技体育发展历史的角度看，没有完整的比赛体系是民族传统体育发展缓慢的又一重要原因。就当下国内情况而言，民族传统体育竞赛体制尚没有形成或者说还停留在最初级阶段，全国大型的比赛只有"民运会"是专门性的，其他均为地区性的比赛，要求和制度都不规范。任何一个竞技体育项目要想在国内外争得一席之地，就必须具有一套系统的竞赛体系作为前提保证。从竞赛表演的角度看，民族性体育节的严重缺失使民族单项或者综合项目得不到展示。

"技击"是武术的真正意义，即是说武术是一种精神层面的东西，而形式也就成为表达这种精神的工具。程大力先生精辟地概括道："西方的许多文化形态存在着明显的技术化倾向；东方的许多文化形态则存在着浓厚的艺术化倾向。这就造成了不同的文化特征，即西方艺术往往显得有些技术化，而东方技术往往显得有些艺术化。"作为东方体育文化的代表，武术本身具有庞大繁杂的系统和独特的魅力，它与现代奥运会完全是平行的两种文化形态，武术本身与奥林匹克运动的核心存在巨大的不同，甚至是格格不入的。由此观之，中国武术乃至中华民族传统体育的竞技精神体现着中华民族传统文化的个性。

**（五）加强对外体育文化交流与合作保护传承体系**

文化是民族的血脉，是人民的精神家园，优秀的传统文化是维系一个民族的生命线，是一个民族自立于世界民族之林的支柱。中华民族文化是世界文化宝库中的璀璨明珠，而传统体育文化遗产不仅是中华民族的文化瑰宝，还在世界体育文化宝库中独放异彩。近代以来，以奥运会为主的现代体育已成为世界各国体育的主体，形成了一种较经济和其他社会活动更为明显的全球化形势。但是，体育竞赛全球化并不意味着民族体育文化的消失，各国在采用相同的现代体育手段的同时，大力发展本国的传统体育文化，一些传统体育项目还发展成新的世界性体育项目。在当代频繁的对外体育文化交流与合作中，各国传统体育发挥着展示民族悠久历史文化重要载体的作用，使当代体育的发展呈现多元交融的全球化趋势，世界性和民族性在新的基础上得到统一。因此，在对外体育文化交流与合作中，积极推出我国独具民族特色的传统体育文化，既可以展示我国文明古国的风采，又使传统体育文化遗产保护传承获得一个独具特色又不可或缺的支持体系。

# 参考文献

[1]  Mcdougall B S..World literature, global culture and contemporary Chinese literature in translation[J].International Communication of Chinese Culture, 2014, 1 (1–2): 47–64.

[2]  Frade C.Legal translation in Brazil: An entextualization approach[J].International Journal for the Semiotics of Law–Revue internationale de Sémiotique juridique, 2014, 28(1): 1–18.

[3]  Park K E, Shin K H, Kim K S. Research on limitations of indirect literary translation and aspects of cultural vocabulary translation[J].Neohelicon, 2015, 42(2): 603–621.

[4]  Takiguchi K.Translating erased history: Inter–Asian translation of the national Changgeuk company of Korea's Romeo and Juliet[J].Journal of World Languages, 2016, 3(1): 22–36.

[5]  袁英. 从文化身份角度重新审视徐志摩的译介实践 [C]// 中国英汉语比较研究会第六次全国学术研讨会暨学会成立十周年庆典论文集, 2004.

[6]  毛卫强.《红楼梦》译介与民族文化传播 [J]. 江苏大学学报 ( 社会科学版 ), 2009, 11(5): 54–57.

[7]  王宏印, 王治国.集体记忆的千年传唱: 藏蒙史诗《格萨尔》的翻译与传播研究 [J]. 中国翻译 , 2011(2): 16–22.

[8]  吴莎. 跨文化传播学视角下的《孙子兵法》英译研究 [D]. 长沙 : 中南大学 , 2012.

[9]  吴斐, 杨永和, 罗胜杰. 少数民族文化走出去译介模式研究——以湘西民族文化为案例 [J]. 西南民族大学学报 ( 人文社科版 ), 2015, 36(10): 39–43.

[10]  陶丹丹. 多元共生视角下越地非物质文化遗产的异化译介 [J]. 绍兴文理学院学报 ( 哲学社会科学 ), 2015, 35(5): 76–79.

[11]  吴丹. 蒙古族非物质文化遗产文献跨文化传播与英译 [J]. 边疆经济与文化 , 2016(4): 89–90.

[12] 王艳 . 译介学视角下非物质文化遗产外宣译介研究 [J]. 湖北函授大学学报 , 2016, 29(18): 66–67.

[13] 宋婷 . 国家非物质文化遗产池州傩文化 "走出去" 译介研究 [J]. 重庆文理学院 学报 ( 社会科学版 ), 2016, 35(4): 11–15.

[14] 黄永新 , 张尚莲 . 中国民俗文化的译介、出版和国际化传播 [J]. 河北广播电视 大学学报 , 2017(3): 86–89.

[15] 陈艳华 . 全球本土化语境下非物质文化遗产关键词英译策略研究 [J]. 重庆文理 学院学报 ( 社会科学版 ), 2018, 37(4): 28–32.

[16] 张慧 , 闫正坤 . 蚌埠市非物质文化遗产的译介现状及对策探析——以花鼓灯为 例 [J]. 赤峰学院学报 ( 汉文哲学社会科学版 ), 2018(2): 75–78.

[17] 汪升 , 朱奇志 . 中国武术文化对外译介的内容、原则与方略 [J]. 西安体育学院 学报 , 2018(2): 198–205.

[18] 白蓝 . 困境与出路 : 中国民族体育文化对外译介传播研究 [J]. 成都体育学院学 报 , 2018, 44(3): 65–69.

[19] 薛宏波 , 程宇飞 . 新时代我国优秀传统体育文化译介缺失及破解路径 [J]. 体育 文化导刊 , 2018(10): 21–25.

[20] 姚重军 , 薛锋编 . 民族传统体育文化概论 [M]. 兰州 : 甘肃民族出版社 , 2008.

[21] 卢兵 . 中华民族传统体育文化导论 [M]. 北京 : 民族出版社 , 2005.

[22] 王洪珅 . 中国传统体育文化的生态适应论 [M]. 北京 : 中国商务出版社 , 2018.

[23] 王海军 . 民族传统体育文化的传承发展与保护研究 [M]. 长春 : 东北师范大学 出版社 , 2017.

[24] 李刚 , 柴春胜 , 冯锦华 . 解读民族传统体育文化 [M]. 北京 : 中国商务出版社 , 2009.

[25] 王岗 . 民族传统体育与文化自尊 [M]. 北京 : 北京体育大学出版社 , 2007.

[26] 田祖国 . 国家文化软实力与民族传统体育发展的制度保障研究 [M]. 北京 : 民 族出版社 , 2016.

[27] 黄银华 , 卢兵 . 民族传统体育文化研究 [M]. 武汉 : 武汉出版社 , 2007.

[28] 谢天振 . 译介学增订本 [M]. 南京 : 译林出版社 , 2013.

[29] 鲍晓英 . 中国文化 "走出去" 译介模式研究以莫言英译作品译介为例 [M]. 青岛 : 中国海洋大学出版社 , 2015.

[30] 袁静 . 新媒体时代体育文化传播策略创新浅析 [J]. 新闻爱好者 , 2018(12): 89– 91.

[31] 徐海朋.新媒体视角下的传统体育文化传播策略探析 [J].新闻传播，2018(24): 46–47.

[32] 平静.中华民族传统体育文化认同与文化传播 [J].淮南职业技术学院学报，2018, 18(6): 127–128.

[33] 韩文娜，何劲鹏.民族传统体育文化的功能取向变迁与现实选择 [J].体育文化导刊，2018(10): 15–20.

[34] 薛宏波，程宇飞.新时代我国优秀传统体育文化译介缺失及破解路径 [J].体育文化导刊，2018(10): 21–25.

[35] 王洪坤，韩玉姬，梁勤超.论中国传统体育文化发展的生态适应 [J].首都体育学院学报，2018, 30(4): 309–313, 370.

[36] 廖金果.新媒体环境下 CBA 篮球文化传播的特征与策略研究 [D].武汉：武汉体育学院，2018.

[37] 程耀明，陈妙华.大众传媒对民族体育文化传播的影响探析 [J].新闻战线，2018(10): 53–54.

[38] 白蓝.困境与出路：中国民族体育文化对外译介传播研究 [J].成都体育学院学报，2018, 44(3): 65–69.

[39] 刘迪.体育文化产业国际化背景下体育英语翻译人才培养研究 [J].科技创新导报，2017, 14(6): 205–206.

[40] 刘迪.体育文化产业国际化背景下体育英语翻译人才培养研究 [C]//2016 年第十二届全国体育信息科技学术大会论文摘要汇编（体育外语教学研究）.中国体育科学学会体育信息分会：中国体育科学学会，2016: 1.

[41] 张杰，刘英辉，李科.我国传统体育项目对外宣传及其翻译的文化视域 [J].山东体育学院学报，2015, 31(2): 114–118.

[42] 吴丹.目的论视野下的体育新闻报道英译汉研究 [D].福州：福建师范大学，2013.

[43] 张颖.儒家传统文化与当代中华体育精神的构建 [M].北京：文化发展出版社，2017.